# 龍　樹

中村　元



講談社学術文庫

龍樹（ナーガールジュナ，チベット所伝）

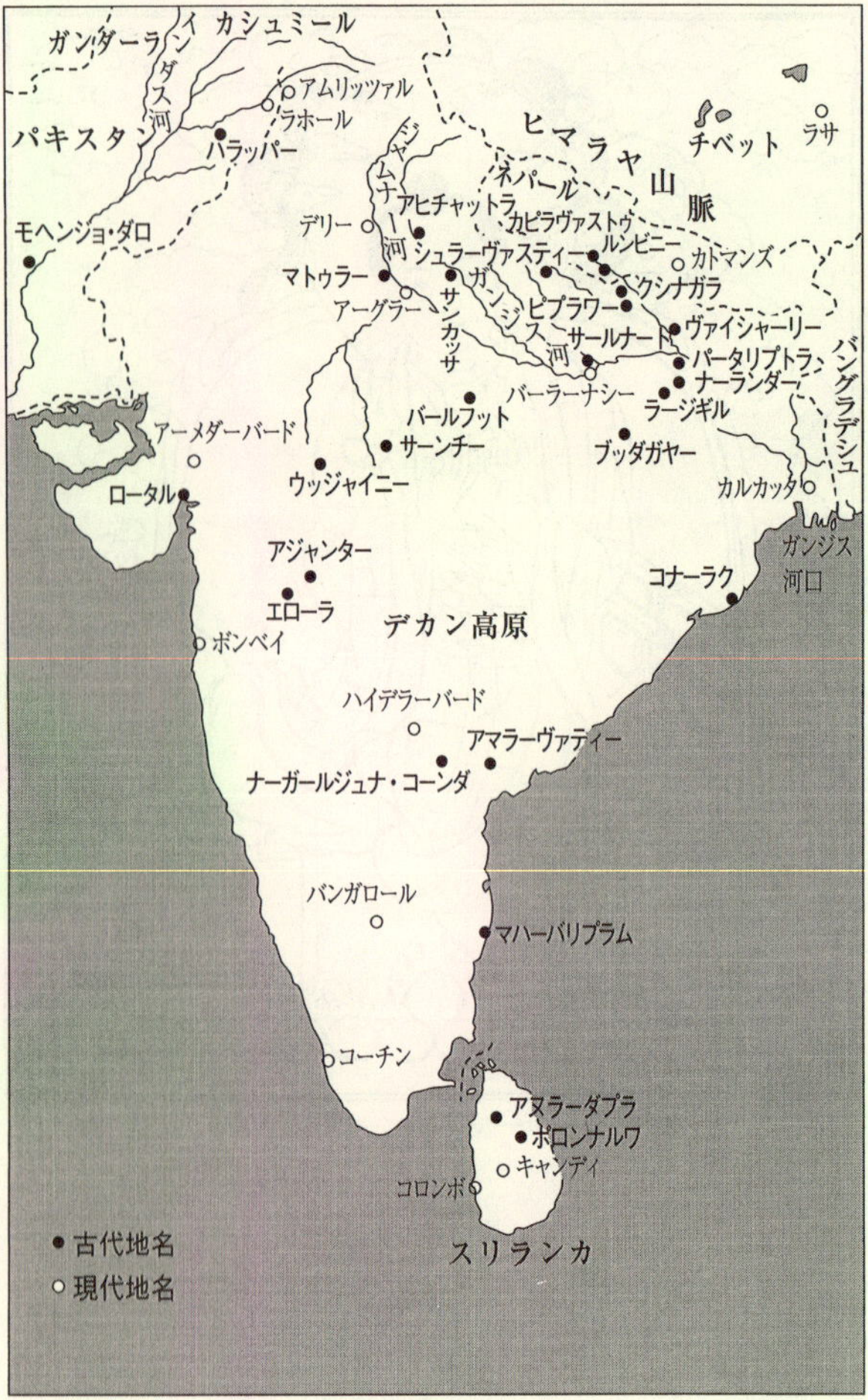
ガンダーラ
インダス河
カシュミール
アムリッツァル
ラホール
パキスタン
ハラッパー
ジャムナー河
ヒマラヤ山脈
チベット
ラサ
ネパール
アヒチャットラ
カピラヴァストゥ
ルンビニー
カトマンズ
デリー
モヘンジョ・ダロ
シュラーヴァスティー
マトゥラー
ガンジス河
クシナガラ
ピプラワー
アーグラー
サンカッサ
サールナート
ヴァイシャーリー
パータリプトラ
ナーランダー
バーラーナシー
ラージギル
バングラデシュ
バールフット
アーメダーバード
サーンチー
ブッダガヤー
ウッジャイニー
カルカッタ
ロータル
ガンジス河口
アジャンター
コナーラク
エローラ
デカン高原
ボンベイ
ハイデラーバード
アマラーヴァティー
ナーガールジュナ・コーンダ
バンガロール
マハーバリプラム
コーチン
アヌラーダプラ
ポロンナルワ
キャンディ
コロンボ
スリランカ
● 古代地名
○ 現代地名

関係地図

# まえがき

仏教の伝統的用語では「空《くう》」の思想を「空観《くうがん》」とよぶ。空観とは、あらゆる事物（一切諸法）が空であり、それぞれのものが固定的な実体を有しない、と観ずる思想である。この思想は、すでに原始仏教において説かれていたが、大乗仏教の初期の『般若経《はんにゃきょう》』ではそれをさらに発展させ、大乗仏教の基本的教説とした。その後この空観を哲学的・理論的に基礎づけ、大乗仏教の思想を確固たるものにしたのが龍樹《りゅうじゅ》（以下、ナーガールジュナ）である。このためナーガールジュナは仏教史においてひときわ重要であり、わが国では「八宗の祖師」と仰がれている。

ナーガールジュナは第Ⅲ部で紹介するように多くの著作を残している。その中で代表的著作は『中論』であるが、同書の思想はインドの深い哲学的思索が生み出したものの中でも最も難解なものの一つとされている。したがって本書では、第Ⅰ部に「生涯」をおき、ナーガールジュナの全体像をあらかじめ浮かびあがらせることにつとめ、第Ⅱ部に「思想」をおき、『中論』を中心にかれの思想を詳述することにした。また第Ⅲ部の「著作」で、『中論』の現代語による全訳を試みたが、それを読んだだけでは、『中論』をとうてい理解することはできない。第II部で多くの紙数を費やした理由はここにある。『中論』は、わたくしが東京大学の卒業論文として手がけたものであり、以後現在にいたるまで、四十五年もの間にわたってナーガールジュナの思想と取り組んできたことになるが、思えば感慨深いものがある。第II部「思想」についての論稿は近年、雑誌『現代思想』に連載したが、このたびこのシリーズの趣旨に合うように、さらに加筆した。

最後に本書の刊行に際しては、わたくしの原稿に対して松濤誠達氏にひとかたならぬ助力にあずかった。氏の助力なくしては本書は誕生しなかったであろう。また講談社の朝倉光男、遠藤卓哉の両氏が本書のために多大の時間を費やされた。三氏に深甚の謝意を表する。

一九八〇年七月十日

中村　元

# 目次

# 龍樹

# I　ナーガールジュナ（龍樹）の生涯

# はじめに

## 〈空〉の思想

大乗仏教は、もろもろの事象が相互依存において成立しているという理論によって、空《くう》（śūnyatā）の観念を基礎づけた。空（śūnya）とは、その語源は「膨れあがった」「うつろな」という意味である。膨れあがったものは中がうつろ（空）である。われわれが今日数学においてゼロと呼んでいる小さな楕円形の記号は、サンスクリット語ではシューニャ（空 śūnya）と呼ばれる。それが漢訳仏典では「空」と訳されているのである。ゼロはもともとインド人の発見したものであるが、それが西紀一一五〇年ころにアラビア人を通じて西洋に導き入れられたのである（アラビア数字はその起源に関するかぎり、インド数字なのであって、アラビア数字ではない）。

大乗仏教、とくにナーガールジュナを祖とする中観《ちゅうがん》派の哲学者たちは次のように主張した。——何ものも真に実在するものではない。あらゆる事物は、見せかけだけの現象にすぎない。その真相についていえば空虚である。その本質を「欠いて」いるのである（śūnya という語はサンスクリット語においては「……を欠いている」という意味に用いられる）。

無も実在ではない。あらゆる事物は他のあらゆる事物に条件づけられて起こるのである。〈空〉というものは無や断滅ではなくて、肯定と否定、有と無、常住と断滅というような、二つのものの対立を離れたものである。したがって空とは、あらゆる事物の依存関係（relationality）にほかならない。

## ナーガールジュナの出現

ナーガールジュナの思想の根本はこの〈空〉の思想である。これは、すでに大乗仏教の般《はん》若《にゃ》経典の中に空観《くうがん》ということが述べられていたが（六〇ページ参照）、それの発展したものである。般若経典は膨大なものであるが、その中では、ただ、空ということが高らかに強調され、くり返されている。しかし、それを理詰めに論議するようなことはなかった。ところが、後に空の思想を積極的に理論的に説明する人々が現われてきた。その発端となったのが、ナーガールジュナである。

ナーガールジュナのことを漢訳の仏典では、「龍樹《りゅうじゅ》」と書く。「ナーガ」というのが「龍」という意味で、アルジュナというのは昔の英雄の名で、音写して「樹」とするした。およそ一五〇―二五〇年ごろの人と推定されている。まだ、ヒンドゥーイズムが盛んになる以前の人であるが、彼のはじめた学派は、その後ずっとヒンドゥー期を通じて存続した。

インドにはナーガールジュナの像の彫刻は何も残っていない。絵もない。ところが、日本には、想像にもとづいてつくったものが残っている(たとえば、金剛頂寺にある)。このナーガールジュナが空の思想を理論的に基礎づけた。大乗仏教とよばれるものは、みなかれから出発したのである。そのため日本では、かれは南都六宗・天台・真言の「八宗《はっしゅう》の祖師」と仰がれている。のちの仏教のいろいろな思想は、かれに負うところが非常に多い。

ナーガールジュナの生涯の伝記としては、主として次のものが典拠とされている。

(1)『龍樹菩薩伝』クマーラジーヴァ(鳩摩羅什《くまらじゅう》)訳。サンスクリット原典はなく、漢訳にのみ存する。古来、中国・日本ではナーガールジュナの生涯はこの書にもとづいて理解されている。

(2)プトン『仏教史』のうちのナーガールジュナに関する記述。

(3)ターラナータ『仏教史』のうちのナーガールジュナに関する記述。

以下においてこれらを現代語に訳出して、のちに総括的な評言を加えることにしたい。

なおそのさい、原典の前には§をおき、原典の始まることを示した。また、〈 〉内で見出しを付した場合もある。〔 〕は著者が語句を補ったもの、( )内は仏教語あるいは語の説明である。

# 1　『龍樹菩薩伝』

『龍樹菩薩伝』一巻は姚興《ようこう》にはじまる後秦のクマーラジーヴァ（鳩摩羅什 Kumārajīva 三四四―四一三年）の訳したものとして伝えられている。『大正新修大蔵経』五〇巻、一八四ページ以下（大正蔵、二〇四七）におさめられているが、宋本、元本《げん》、宮内庁本（旧宋本）はほぼ一致して一本をなし、他方、明本《みん》はやや長文であるが、実質的には大差ない。この書のサンスクリット原文もチベット訳も伝わっていない。以下においては、宋本、元本にしたがって全訳した。

§

求道者《ぐどうしゃ》（菩薩）であるナーガールジュナは、南インドのバラモンのカーストの出身であった。天性聡明で、不思議にものわかりがよく〔一度聞いたらすぐ理解するので〕、どんなことでも再び告げる必要がなかった。まだ乳をのみ、食物を口に入れてもらっている時期に、もろもろのバラモンが四つのヴェーダ聖典――それぞれ四万の詩句があり、一つの詩句は三十二のシラブルより成る――を誦《とな》えているのを聞いて、その文章を諷吟して、その意義を理解した。弱冠にして名を馳せ、諸国に独り歩み、〔他人の追随を許さなかった。〕天文、地理、未来の予言、およびもろもろの道術――すべて体得しないものはなかった。

かれには契《ちぎ》りを結んだ親友が三人あったが、これらの人々もまたその当時の傑出した人であった。かれらは互いに相談した――「天下のことがらで、心を啓蒙し奥深い道理（幽旨）を悟るべきほどのものについては、われらはすべてこれを究め尽した。今後は何によって自ら娯《たの》しむことにしようか。情を騁《は》せ欲を極めることは最も一生の楽しみである。しかるに、もろもろのバラモンや修行者たちは、王公ではないから〔快楽を極めるだけの力がないから〕、何によって快楽を達成することができるであろうか。ただ隠身《おんしん》の術というものがある。これによってこそ快楽を達成することができるであろう」。四人は互いに相手を見つめたが、誰も反対する人がいなかった。そこでともに隠身の術を心得ている大家《たいか》のところへ行って、〈隠身の法〉を教えてくださいとたのんだ。隠身術の教師は心の中で思った――「この四人のバラモンは名を一世にほしいままにして、人々を草や芥《ちりあくた》のようにみなしている。しかしいまは、この隠身術を得たいために恥をしのんで、われに就いて学ぼうとしている。このバラモンたちは絶世の秀才であるが、かれらが知らないのはただこの隠身の術という〈賤しい法〉だけである。もしもわれがかれらにこの術を授け、かれらがそれを得たならば、必ずわれを捨てて、もはやわれに屈するということはありえない。まずしばらくかれらに薬を与えて用いさせ、術を知らせないならば、薬が尽きたとき、必ずわれのところに来て、永くわれを師とするであろう」。そこでめいめいの人に〈青薬〉を一丸だけ与えて、かれらに告げて言った――「汝らは静かな処で、それをくだいて水で溶かして、それを瞼《まぶた》に塗ったならば、汝らの身体は隠れてしまって、見る人がいないであろう」。

ナーガールジュナはこの薬をくだいていたときに、その香気をかいでただちにみなこれが何であるかを識って、分量の多少、ごくわずかな少しの重さについても、あやまつことがなかった。薬を教えてくれた師のもとにかえって告げて言った――「さきにあなたからいただいた薬は七十種のものがまじっています」と、その分量の多少をあてて言ったが、すべて師の処方のとおりであった。薬を与えた師は問うて言った――「汝はどうしてそのことを知ったのか」。ナーガールジュナは答えて言った――「薬にはそれぞれ香気があります。どうして知られないことがありましょうか」。師はそこで感服して言った――「このように〔すぐれた〕人のことは、聞くのさえもむずかしい。まして相い遇《あ》うというのはなおさらである。〔こういう秀才に会ったのだから〕われの賤しい術は、どうして惜しむに足るだろうか」。そこでかれに術をすべてくわしく授けてしまった。

右の四人は、仙術を体得してから、勝手気ままなことをして、いつも自由に王宮に入って、宮中の美人をみな犯してしまった。百余日たってから、後宮のうちの女官で懐妊する者がでた。〔彼女たちは〕心にはじ、恐れながら、このことを王に申し上げ、罪を処罰しないでくださいと願った。ところが王ははなはだ不機嫌で、「どうしてこんな不吉な怪しげなことがあるのだ」と言った。そこで智慧のゆたかなもろもろの臣下たちを召して、このことを相談した。そのとき、ある古老の臣が言った――「およそこのようなことが起こるについては、次の二通りのうちのどちらかであろう。鬼魅《きみ》がとりついたのか、あるいは誰かが方術〔仙術〕を行なっているのであろう。細かな砂土をすべての門の中にまき、役人に注視させて、行く者のすべてが誰であるかを決定させよう。もしも、〔入って行く者が〕仙術をたしなむ者であるならば、その足跡がおのずから現われるであろうから、兵士をつかって除きほろぼせばよい。しかし、もしも鬼魅が入って来るのであれば、足跡をのこすことがないから、〔呪法の〕術でもってそれを滅ぼせばよい」。

そこで門を護衛する者に命令して周到なてだてで試みてみたところが、四人の足跡を見つけたので、大急ぎでおもむいて、右の旨を王に奏聞した。王は力士数百人をひきつれて宮廷に入り、すべての門をことごとく閉じて〔怪しげな者が外へ出られないようにして〕、すべての力士に刀をふるって虚空を斬らせてみた。そこで〔仙術を使った者どものうちで〕三人はすぐさま死んだ。しかしただナーガールジュナのみは、身をちぢめ呼気をおさえて、王の頭の側にいた。王の頭の側七尺のうちには〔何人《なんぴと》も入ってはならぬとされていたので〕、刀も及ばなかったのである。このとき、始めてかれは悟った――「欲は苦しみの本であり、もろもろの禍《わざわい》の根である。徳をきずつけ、身を危くするということは、みなここから起こるのである」。そこでみずから誓って言った――「わたしがもしもここからのがれることができたならば、修行者（沙門《しゃもん》）のところへおもむいて、出家の法を受けよう」。

家を出てから山に入って一つの仏塔（ストゥーパ）に詣でて、そこで出家受戒した。九十日のうちに三蔵（経〈教説〉、律〈戒律〉、論〈註釈〉という経典の総称）をすべて読誦《どくじゅ》しおえた。さらに異なった別の経典を求めたが、どこでも得られなかった。ついに雪山《せっせん》（ヒマーラヤ）に入った。そこでは山の中のストゥーパの〔境内の〕うちにひとりの老いた修行僧（比丘《びく》）がいて、大乗〔仏教〕の経典をかれに与えた。誦《とな》えて教えを受け、愛楽《あいぎょう》して、その真実の意義を知ったが、まだすっかりは通達することができなかった。そこで諸国を周遊して、さらに他のもろもろの経典を求めて、インド全体のうちで遍《あま》ねくまだ得られなかったものを求めた。外道《げどう》（仏教以外の宗教家・修行者）の論師や沙門の立てている教義をすべてことごとく摧《くだ》いて伏してしまった。

外道の弟子は、ナーガールジュナにのべて言った――「師はすべてのことを知っている人（一切智人）であるのに、いま仏弟子となっている。弟子の道というものは、〔自分に〕足りないところを諮《はか》り承《う》けることである。〔あなたは〕あるいはまだ足りないのであろうか。もしも一つのことでもいまだ足りないのであるならば、あなたは〈すべてを知っている人〉ではないのだ」。ナーガールジュナは返事のことばに窮し、こころに屈辱を感じたので、そこであやまった慢心を起こして、みずからこころのうちに思った——「世界のうちに説かれている教えのうちには、道が甚だ多い。仏の経典は絶妙で、すぐれてはいるけれども、理《ことわり》をもってこれを推《お》しはかってみると、いまだ〔理を〕尽していないものがある。〔理を〕尽していないものについては、推しはかってこれを演《の》べ、それによって悟って、後学の人々をして理に違わないように、またことがらについて過失のないようにさせよう。このようなことをするのは何の咎《とが》があるだろうか」。そう思って、ただちにそれを実行しようとして、〔一般には〕師から授ける〔こととなっている〕教えと戒律を立て、さらに〔独自の〕衣服をつくり、仏法に付属（従属）させたが、そこにわずかの差異があるようにした。そうして「衆人のまよいのこころを除き、まだ戒律を受けていない人々に戒律の実践を示そう。日をえらび、時をえらんで〔戒律を〕授けよう」といって、弟子が新しい戒律を受け、新しい衣を着けるように、と思った。〔自分では〕独り静かな処で、水精《すいしょう》（水晶）の房室のうちにいた。

大龍である菩薩は、ナーガールジュナがこのように〔思い上っているのを〕見て、惜しんで愍《あわ》れみ、ただちに〔彼を〕引きつれて海に入って、宮殿の中で、七宝《しっぽう》よりなる蔵《くら》を開き、七宝よりなる華函を発《ひら》いて、〈もろもろの方等《ほうどう》（大乗経典）、深奥なる経典、無量の妙法〉を授けた。ナーガールジュナはそれを受けて、読むこと九十日のうちに、意義を通じ解することが甚だ多かった。かれの心は〔経典の教えのうちに〕深く入り、真実の利〔ためになること〕を体得した。

龍はナーガールジュナの心を知って、かれに問うていった――「経をしずかに黙読することをすべておえましたか。あるいはまだですか」。ナーガールジュナは答えた――「あなたのもろもろの函のなかにおさめてある経典は多くて無量であるから、とても読み尽すことはできません。ここでわたしの読むべきものは、すでにインドにあるものの十倍もあります」。龍が言った――「わが〔龍宮の〕中にあるあらゆる経典は、諸処あちこちにこのようにあって、もはや数えることができないほどです」。ナーガールジュナはやがて諸経の一箱を得て、深く無生《むしょう》の二忍*に入って完全に達成した。そこで龍はかれを南インドに送り還した。〔そこでナーガールジュナは〕大いに仏教を弘めて、外道を摧《くじ》き伏し、広く大乗を明らかにして、論議として十万の詩句をつくり、また『荘厳《しょうごん》仏道論』の五千の詩句、『大慈方便論』の五千の詩句、『中論』の五百の詩句をつくり、大乗の教えが大いにインドに行なわれるようにした。また『無畏《むい》論』の十万の詩句をつくったが、『中論』はそのなかに出ている。

*無生法忍（あらゆるものの不生《ふしょう》、すなわち空なる真理をさとって、しかと知り、心を安んずること）、つまり、空をさとることに言及しているのである。それに二種あるというのは、人空《にんくう》（個人存在が空であること）と法空（個人存在を構成している諸要素が空であること）をいうのである。『倶舎《くしゃ》論』には二種の「忍」を説いているが、それとは異なるであろう。

時に、よく呪術を知るバラモンがいた。その得意とするところによってナーガールジュナと争って勝利を博そうと欲して、インドの国王に告げて言った――「わたしはこの修行僧を伏することができます。王さまはそれを験《ため》してごらんなさい」。王は言った――「汝は大いに愚か者だ。この菩薩（ナーガールジュナ）は、聡明さでは日月と光を争い、智慧については聖者の心と並び照らすほどであるのに、汝はどうして不遜であって、彼を崇敬しようとしないのか」。そのバラモンは言った――「王さまは智者であるのに、どうして理をもってこのことを験そうとなさらないのですか。どうしてかれが抑えられ挫かれるのを見ないのですか」。王はそのバラモンの言がもっともであるのをみて、ナーガールジュナに請うて言った――「明日の朝、あなたと一緒に政庁の宮殿の上に坐しましょう」。かのバラモンはあとでやって来て、宮殿の前で、呪術をなして、大きな池が広く長く清浄で、中に千の葉のある蓮華をあらわし出して、みずからその上に坐して、誇らしげにナーガールジュナに対して言った――「おまえは地に坐し、畜生と異ならない。それなのに、清らかな蓮華の上にいる大いなる徳と智慧をもつ人であるわたしに抗してものを言い論議しようとするのだな」。

そのときにナーガールジュナもまた、呪術をもって六牙《ろくげ》のある白い象を神通力をもってつくり出し、〔その象に乗って〕池の水の上を行って、その〔バラモンの坐している〕蓮華の座におもむき〔象の〕鼻でバラモンを絞めて上にもちあげ、高く挙げて、地上になげうったところが、バラモンは腰を傷つけてしまった。〔バラモンは〕したがいぬかずいて、ナーガールジュナに敬礼して言った――「わたしは、みずから身のほどを知らないで、偉大な師である〔あなた〕を侮辱しました。どうか、わたしを哀れんで、愚かなわたしを啓発してください」。

また南インドの〔サータヴァーハナ王朝の〕王は諸国をすべて支配していたが、よこしまな道を信用して、仏教の修行僧（沙門釈子《しゃくし》）は、ひとりも見られなくなった。遠くあるいは近くの国々の人々も、みなよこしまな道にみちびかれていた。そこでナーガールジュナは、こころのうちに思った――「樹は、根本を伐らなければ、枝がかたむくことはない。国王をみちびくのでなければ、〔正しい〕道は行なわれない」。その国の政治のしかたは、王家が金を出して、人を雇って〔王家の〕護衛をさせていた。そこでナーガールジュナは募兵に応じて、その〔護衛隊の〕将軍となり、戟《げき》をになって、〔隊列の〕前を駆け、行列を整え、仲間となって、兵士の隊伍を整えた。威は厳ではなかったけれども、命令が行なわれ、法ははっきりとしていたのではないが、人々はかれにしたがった。王は非常にこれを喜んで嘉《よみ》して、「この〔立派な〕将軍は誰であるか」と問うた。侍者は答えて言った――

「この人は徴募に応じてやって来たのですが、上からの給米を食せず、金をうけ取りません。〔事が起こると〕その事について恭しく謹んでいて、このように良い風儀をみならっているのです。かれが心のなかで何を求め何を欲しているのか――わたくしにはわかりません」。

王はナーガールジュナをよび出して、問うた――「おまえは何ものであるか」。

ナーガールジュナは答えた――「わたくしはすべてを知っている者（一切智人）であります」。

王は大いに驚いて、かれに問うた――「すべてを知っている者（全智者）というのは大宇宙にただ一人いるだけである。しかるにおまえは〈自分がそれである〉と言う。何によってそのことを確かめてみようか」。

ナーガールジュナは答えて言った――「智があるかどうかを確かめて知ろうとするならば〈説〉についておたしかめなさい。王さまは、どうぞお問いください」。

王はみずからの心のなかで思った――「わたしが知識ある人、大論説家となって、かれに問うてかれを屈服させたとしても、わたしにとっては、名を高めるには足りない。またもしもかれに及ばないならば、それはただごとではない。しかし、もしもわたしがかれに問わないならば、これはまた一つの屈服をしたことになる」。

王はしばらくの間ぐずぐずしてためらっていたが、やむをえないので、ナーガールジュナに問うた――「天の神々はいま、何をしようとしているのか」。

ナーガールジュナは答えて言った――「天の神々はいま阿修羅《あしゅら》と戦っています」。

王はこのことばを聞いて、ナーガールジュナのことばを否定しようと思っても、それを証明することができないし、またそれを肯定しようと思っても、はっきりと明らかに理解することができなかった。それは、たとえば、人がなにかのどにつまって、もう吐くこともできないし、またのみ込むこともできないようなものであった。

王が〔当惑して〕まだことばを発しないうちに、ナーガールジュナはまた言った――「これは虚《うつ》ろな議論であって、勝利を得るためのものではない。王さまはしばらく待っていらっしゃい。まもなく証拠があらわれるでしょう」。

ナーガールジュナがそう言いおわったところが、空中に、ほこ、たてなどの武器があらわれ、からみあって落ちてきた。

王が言った――「ほこやたては戦うための武器であるが、しかし、どうして神々と阿修羅が戦っているのだということを、おまえは知っていたのか」。

ナーガールジュナは言った――「それは虚言であると、あなたはお考えになっていますね。実際のことがらについて調べてごらんになるほうがよいでしょう」。

かれが言いおわるやいなや、阿修羅の手、足、指、およびその耳、鼻が空中から落ちてきた。そこで王、臣、民衆、バラモンたちに、空中を清らかに掃除して、神々と阿修羅との両軍陣が相対しているのを見させた。王はそこで敬礼して、ナーガールジュナのみちびきにしたがった。宮殿の中には一万人のバラモンがいたが、みな束髪を切りすてて、仏教の完全な戒律を受けた。

このとき、ひとりの小乗〔仏教＝現代では上座部仏教。以下、一般読者の便宜のため、「小乗仏教」と表記する〕の法師がいて、〔ナーガールジュナに対して〕常にいかりをいだいていた。ナーガールジュナはこの世を去ろうとするときに、かれに問うて言った――「あなたは、わたくしがこの世に永く生きながらえていることを、ねがっておられるのですか」。〔その小乗の法師は〕答えていった――「実は〔あなたの長生きを〕願っていないのです」。そこでナーガールジュナは退いて、静かな庵室に入り、いく日もたっても出て来なかったので、かれの弟子が戸を破って中を見たところが、かれはついに蟬のもぬけの殻のようになって死んでいた。

ナーガールジュナがこの世を去ってから今に至るまで百年を経ている。南インドの諸国はかれのために廟を建て、敬いつかえていることは、仏にたいするがごとくである。かれの母がアルジュナという名の樹の下でかれを生んだから、その縁によってアルジュナという語をもって名づけたのである。アルジュナというのは樹の名である。龍がかれの道を完成させたのであるから、龍（ナーガ）という語をもって名づけた。そこでかれの名を「ナーガールジュナ」（龍樹）というのである。

＊「アルジュナ」（Arjuna）という樹の名は一般のサンスクリット文献には出てこない。モニエル・ウィ

リアムスによると、the tree Terminalia Arjuna として Wilson および Apte の辞書を典拠として挙げている。ベートリンク・ロート『大辞典』には Terminalia Arǵuna, ein starker Baum mit Wirksamer Rinde として諸古典辞書、ラーマーヤナ、スシュルタなどの出典を挙げている。

## 2 プトンの伝えるナーガールジュナの生涯

ナーガールジュナに関するチベット資料のうちでとくに注視さるべきは、プトンの『仏教史』のうちの、かれに関する記述であろう。プトン（Bu ston Rin po che）は中央チベットの生まれであり、一二九〇年から一三六四年の人である。ナーガールジュナに関するかれの記述を、ロシアの仏教学者オーベルミラーの英訳から全訳した。チベット文原文を参照できなかったが、その脚註にチベット文またはサンスクリット文が引用されている場合には、それに従って訳出した。テキストは次のとおり。

*History of Buddhism*（*Chos-ḥbyuṅ*）by Bu-ston. II. part. The History of Buddhism in India and Tibet. Translated from Tibetan by E. Obermiller. *Materialien zur Kunde des Buddhismus*, 19. Heft. Heidelberg; in Kommission bei O. Harrassowitz, 1932, pp. 122—130.

プトンの『仏教史』にはナーガールジュナの伝記を次のようにしるしている。

§

ブッダが亡くなってから四百年たったときに、南方のヴィダルバの国に一人の富裕なバラモンが住んでいたが、子どもがいなかった。夢みたときにお告げがあり、もしもかれが百人のバラモンを祭宴に招待したならば、子息が生まれるであろうということであった。かれはそのとおりに実行し、祈ったところが、十ヵ月のちに子が生まれた。〔父が〕占師たちにその子を見せたところが、占師たちは、その子には瑞相があるが、十日以上は生きながらえることはできないであろう、と言った。では、どうしたら助けてもらえるか、と〔父が〕尋ねたところが、「もしもかれが百人のバラモンを祭宴に招いたら、〔その子の寿命は〕七ヵ月の間つづくであろうし、また百人の修行僧を同じように祭宴に招いて〔供養する〕ならば、その子は七年の間生きることができるであろう」と言われた。しかしまた、かれをそれ以上長生きさせることはできない、と言われた。そこで〔父は〕言われたとおりに実行した。その七年の終わりが近づいたときに、両親は、やがて自分たちの子が死に、その死体を見るに忍びないので、一人の召使をつけて、かれを旅に出してしまった。そこでかれはへめぐって、カサルパナ〔という一人の仏〕の顔を見て、ついにナーランダー〔市〕の門に到達した。

そこでかれは〔ヴェーダ聖典のうちの〕『サーマ・ヴェーダ』の詩を誦《ず》しはじめたが、それを、そこに住んでいるバラモン・サーラハが聞き、かれを招いた。かれがこのように旅をしてまわらねばならぬ事情を〔サーラハに〕語ったところが、師〔サーラハ〕は「もしもこの子が修行僧となったならば、寿命をのばすことができるかもしれない」と告げた。そこで、かれは出家し、師はアミターユス（阿弥陀仏）、死王の征服者の円壇で、かれを僧の位につけ、〔アミターユスの〕陀羅尼《だらに》（呪句）をとなえさせた。とくに、七年が経過しおわるころには夕にも夜にも〔この陀羅尼を〕となえさせ、かくしてかれは死王から脱することができた。そこでかれは両親に会ったところが、両親は非常に喜んだ。そののちかれは、バラモン・サーラハについて『ブヒヤ・サマージャ』などの諸原典を習学し、必要な教えをすべて伝授された。そこでかれは〔当時〕ナーランダーの学頭であったラーフラバドラに請うて、自分の戒師となってもらい、正式に出家受戒して、シュリーマーンという修行僧として知られるようになった。

しばらくたってかれがナーランダー大寺院の精舎《しょうじゃ》の番人をしていたときに、〔その地方で〕大飢饉が起こった。シュリーマーンは中間の大陸から黄金を生ずる霊薬を得て、それによって黄金を獲得して教団の人々のために昼食を給して、雨安居《うあんご》（雨季三ヵ月の修行）をやりおおせることができた。しかし教団の仲間の人々は〔かれに〕尋ねた――すべて欠乏し、われらが死を待ち、飢饉に荒廃している〔国〕に住んでいるときに、どうして昼飯を入手することができたのであるか、と。かれが、上述のしかたで飯食を手に入れることができたのであるということを、かれらに語ったところが、かれらは言った――かれは、僧団の許可なしに、不法な手段で食物を得た。だからかれは追放されねばならない。そうして〔罪をつぐなうために〕一千万の精舎と塔院とを建てねばならない、と。

そののちかれは罪ほろぼしをして、世間的また超世間的な神通力を得た。そのときシャンカラという名の修行僧が、百二十万の詩句（シローカ）よりなる『正理《しょうり》の飾り』という書を著して、〔かれと論争した〕すべての人を論破した。この修行僧を説き伏せるために、シュリーマーンはナーランダーで〔仏教の〕教えを論述した。かれが説法しているあいだに、二人の少年がかれの仏教の説法を聴聞し、次いで地下に消え失せた。〔かれが〕この二人は誰であるか、と尋ねたところが、かれらは龍（ナーガ）であると告げられた。師（シュリーマーン）は、自分が建てねばならなかった寺院と塔院とにヤクシャの像をもってくるように、かれら（二人）に命じた。そこでかれらはナーガの王（龍王）に告げて、師を招待するように懇願した。〔王に招待された〕師は、その招待を受けて、〔その招待に応ずるならば、〕偉大な目的を達しうるということを知って、龍宮に入り、そこで〔仏の〕教えを説いた。そのとき龍たちは、かれがそこにとどまることを切願したが、かれは、自分がここに来たのは、塔院を造るための泥土を得るためであり、また十万の詩句より成る〔般若経典〕を将来するためである、と言い、「わたしはここにとどまることはできないが、しかしのちにまたやって来るかもしれない」と言った。そこでかれは多量の泥土と、十万の詩句より成る〔『般若経』〕と、字数の少ない〔『般若経』〕とをもっていった。〔ただし〕十万の詩句より成る

〔『般若経』〕の小部分は龍たちがかれに渡さなかった、ともいわれている。そののちかれは〔この世界にもどってから〕その泥土をもって一千万の塔院などを造り、龍たちはかれの友となった。こういうわけで、かれは、そのとき龍宮にいなかった若干の龍たちを除いて、龍たちの大部分を従えた。それゆえにかれはナーガールジュナという名で知られているのである。

そののち、かれはプンドラヴァルダナで黄金を産出して、豊かに布施《ふせ》を行なった。そのときかれは、ある老バラモンとその妻とに多くの黄金を与えたところ、両人はかれに帰依《きえ》するようになった。その老人はかれの侍者となり、〔かれから〕教えを聞いて、死んだのちには、ナーガボーディ（龍智）師として生まれかわった。

そののち師はバタヴェーシャという東の国に行き、そこで多くの寺院を建てた。ラーダー国でも、かれは同じことをして、鐘のような岩石を黄金に変化させようとしたが、しかし神々に妨げられた。そののちかれは北方のクル州へ行ったが、その途中でサラマという町で、ジェータカという少年に会ったが、その手相を見て、この少年は〔いつか〕王となるであろう、と予言した。クル州に来て、かれは衣を樹の枝にかけて、説いた。そのときクルの人々がかれの衣をもっていってしまったので、「その衣はわたしのものである」といって抗議した。ところがかれらは、かれらの言語においては、したがってかれらの見解によると、

〈わたくしの〉というのは〈われわれの〉と言うのと同じことである、と答えた。そこでかれの使命を達したので、かれは立ち去った。

ところで上述の少年は、王となっていたので、ナーガールジュナに多くの貴重な宝石を贈った。ナーガールジュナは、その代わりに、『〔教えの〕宝石の連列』（ラトナーヴァリー）〔という書を〕説いて与えた。

〔要するに〕教えのためにこの師のなしとげた業績は、次のごとくである。――かれは僧団の侍者となり、多数の塔院や寺院を造って、金剛座（ブッダガヤー）で釈尊がさとりを開いた場所）に金剛石の網のような囲いをつくり、シュリー・ダーニヤカタカのストゥーパには立派な建造物を建てた。

学問の領域におけるかれの活動は次のごとくである。――内明《ないみょう》（形而上学）におけるかれの主要著作は――両極端を避けて、中観の哲学体系を主要論題としているものであり、それらは、

一　中観讃頌《さんじゅ》の集成であり、聖典にしたがって教えが述べられている。

二　〔六つの〕基本的な中観論書であり、論理的な方法によって教えが論述されている。教えの実践面に専念している諸書は『諸経集成』で、聖典にしたがって論述してある。『夢の如意珠の物語』――論理的方法によって〔真理を〕証明し、大乗の人々の心を浄め、

小乗修行者たち（声聞《しょうもん》）の種姓《ゴートラ》（修行者たるべき本性）を発揮するものである。

世俗人の行ないの原則を論述している書は『親友への手紙』であり、修行僧の行ないを主に論じている書は『さとりの群れ』である。

タントラの部門におけるかれの著作は『タントラ集成』――〔タントラの〕理論的、実際的両面の簡潔な解説である。

『さとりの心の解明』――理論が明晰に解明されている。

『要約された修行』――新たに発心《ほっしん》して修行を進める次第が簡潔に述べられている。

『諸経の融成』

『マンダラ儀規』――二十の詩句より成る。

『五次第』――究極の成就を論述している。以上などである。

さらに『ヨーガ百篇』などの医学書をも、かれは著した。

世俗の処世の学問においては、『人間養成概論』をかれは著した。それは目下《めした》の人々に対して〔どう扱うかという〕訓戒を含んでいる。

『知慧百篇』――大臣たちに対して教えを述べている。

さらに『宝石の連列』（ラトナーヴァリー）においては、大乗仏教の教えの理論面と実践面とが国王たちの実修のために説かれている。

さらにかれは『縁起の輪』『浄化ヨーガの宝石の連列』、錬金術の諸書などを著した。以上、これらはすべて独立の論書である。

他の典籍に対するかれの諸註解としては、『グヒヤサマージャ・タントラ註解』『稲幹経《とうかんぎょう》頌《じゅ》』などがある。

『四印決定《しいんけつじょう》』に関しては、それはナーガールジュナの著ではないと『聖典の花房』の中で説かれている。またナーガールジュナ師は同様に『戒律綱要』を著したと、『さとりの行ないへの入門』に対する註のなかで、プラジニャーカラマティが述べている。そのように、ナーガールジュナは〔仏教の〕教えのために六百年間活動した。

そのときアンティーヴァーハナまたはウダヤナバドラという王には、シャクティマト王子という一人の息子があった。かれの母がかれに非常にみごとな上衣を与えたときに、かれは言った――「これは、わたしが王位につくときに役に立つであろう」。これに対して母は言った――「おまえは王位につくことはないよ。おまえの父とナーガールジュナ師とは不老長寿の薬をつくる方法を発見した。〔おまえの父の寿命の長さは〕師の寿命の長さと同じはずだ」。〔それを聞いて、その王子は〕ナーガールジュナ師の住んでいた場所、吉祥山《きちじょうさん》におもむいた。ナーガールジュナは頭をあげて、王子に教えを説き始めた。その若者は刀で師の頭を斬り落とそうとしたが、失敗した。そこで師は言った――「以前に、わたしがクシャ草の茎で虫を割《さ》いたので、虫が死んだことがある。〔その業《ごう》の〕余力がわたしにおおいかぶさっているのである。それゆえに、わたしの頭はクシャ草の茎で切り落とすことができるのである」と。そこでその若者はそのようなしかたで首を斬り落としてしまった。〔そのようなことをしたあとで〕首の根もとから詩句が聞えてきた——

わたしはいま極楽に行くであろう。

しかし〔のちに〕わたしはこの身体のうちにまた入るであろう。

そこで若者は、首をかかえながら、去って行った。しかし〔次いで〕ヤクシャ女がそれを捉えて、〔その身体から〕一ヨージャナの距離のうちに置いた。首と身体とは腐らないで、毎年互いに近づいた。ついに両者は合して、再び教えのために、生きとし生けるものどものためにはたらいた。

「ナーガールジュナ」という名のうちで、ナーガというのは次の意味をもっている。

一〔あたかも実際のナーガ（龍）が海から生まれるように〕、真理の領域（法界《ほっかい》）〔という海〕から生まれた。

二〔あたかも実際の龍が自分の住処《すみか》についてその限界を知らないように、〕常住という極端説と断滅という極端説という二つの極端な見解の二つの極端説に住することがない。

三〔あたかも龍が黄金、宝石の莫大な富をもっているように、〕聖典の宝庫を確保している。

四〔龍の猛き眼にも似て〕赫々《あかあか》と輝く〔火のような〕洞察眼をもっている。

「アルジュナ」というのは、「力を獲得した人」という意味である。それゆえに師はアルジュナである。なんとなれば、

一　教え（正法《しょうぼう》）の王国の守護者、統治者である。

二　敵軍、すなわちこの世のあらゆる罪悪の力、の征服者である。

この二つの部分が結合して「ナーガールジュナ」という合成語をつくられたのである。

それゆえに『プラサンナパダー』（チャンドラキールティによる『中論』の註釈書）という書のうちには、次のように説かれている。

　二つの極端説に対する執著を除去して住し、
　正覚者《しょうがく》（ブッダ）の智慧の海から生まれ、
　正法の蔵の深遠なるゆえんをみずから覚ったとおりに慈悲心をもって説いた、
　その人の見る威力（火の力）は、異端論者の見解という薪《たきぎ》、今日の世人の心の暗黒、を
　焼きつくし、
　その人の無比の智慧とことばは矢の雨の流れのごとく、
　みちびかるべき世人と神々とのために三界の王位の幸を身に受けて、
　ひとの世の敵軍を余すことなく滅ぼすそのナーガールジュナに敬礼する。

また、

かれの首をはねさせ、それを求めてやって来た人にそれを渡して、極楽におもむける求道者ナーガールジュナによってつくられた……。

『大雲経』の中には次のように説かれている、とある人々は主張する。――「わたし（釈尊）の滅後、四百年にしてリッチャヴィ人なるこの人はナーガという名のビク（修行僧）となり、わたしの教えを宣説するであろう。ついに、〈明るい光輝〉とよばれる世界において、かれは〈智蔵光〉という名の仏になるであろう」。また『大雲経』には次のように記されている。――「南方のリシラという国においてヴィパッティチキツァカ（禍を治療する者）という名の王が現われるであろう。この王が八十歳になったときに、正しき教え（仏教）は破壊されるに至り、その残余のみが残るであろう。そのときに、有徳な人々の住む所であるマハーヴァールカ村の近くのスンダラブーティという小川の北岸のブラゴチェンという庶民階級（ヴァイシャ）に属する土地に、リッチャヴィ族の或る青年が生まれるであろう。かれは顔を見せるだけで生きとし生ける者どもに喜びを起こさせるが、かれはわが名を称し、仏の教えを説くであろう。この青年はナーガクラプラディーパ仏の前で、法（真理）と仏とのために自分の生命をささげるという誓いを立てるであろう。教えを宣布してくれるのは、かれである」と。――そのように読まれるが、しかし、この一節が実際にナーガールジュナに言及しているのかどうかは、はっきりしていない。ある人々の意見によると、「わが名を称し」

という句は、ナーガールジュナの出家したのちの名――シャーキヤミトラという――に言及しているのであるという。さらに『大鼓経』によると、ナーガールジュナは第八地（第八の段階）に達すると予言（授記）されたというが、これは同様に検討されねばならない。

## 3 ターラナータの伝えるナーガールジュナの伝記

プトンの仏教史につづいて注目すべきはチベットのターラナータ（Tāranātha, 一五七三—一六一五年?）の『仏教史』であろう。

ターラナータの『仏教史』は、その詳しい正式の書名を、Dam-paḥi chos-rin-po-che ḥphags-paḥi yul-du ji-ltar dar-baḥi tshul gsal-bar bston-pa, Dgos-ḥdod kun-ḥbyuṅ（正法という宝の、聖なる国に弘通《ぐずう》した次第を明示する教説、所願の全き成立）という。

著者ターラナータはチベットのツァン州に生まれ、チベット名をクンガニンポという。チベット仏教のサキヤ派の枝派ジョナン派に属し、一六〇八年、三十五歳のとき、この書を著した。のち蒙古に至り、清《しん》朝皇帝の保護のもとに幾多の寺院を創建して亡くなった。

本書は、仏教の興起したアジャータシャトル王（前三九〇年ころ）の時代から始まって、順次に諸王、諸教師の時代を述べて、後代のパーラ王朝の諸王、ヴィクラマシーラ寺の興廃（一二〇三年）に及び、セイロン島そのほか南方の諸地域への仏教の伝播や、チベットへの仏教の伝流（七世紀中頃）をも付記している。その中間にナーガールジュナに関する記述も出てくる（東北目録＝東北大学所蔵西蔵大蔵経、七〇三七）。すなわち第一五章にナーガールジュナのことが出ているので、それを、主としてシーフナーのドイツ訳と寺本婉雅訳とにしたがって、適宜チベット原文を参照しながら訳出してみよう。テキストは次の通り。

*Tāranāthae de doctorinae Buddhicae in India propagatione narrato*, contextum Tibeticum e codicibus Petropolitanis edidit Antonius Schiefner Petropolis (= Petersburg): Academia Scientiarum Petropolitanae, 1868, pp. 55—64.

*Târanâtha's Geschichte des Buddhismus in Indien*, aus dem Tibelischen Uebersetzt von Anton Schiefner, St. Petersburg: Commissionäre der Kaiserlichen Akademie der Wissenschaften, 1869, S. 69—80.

寺本婉雅訳註『ターラナータ　印度仏教史』（第二冊、国書刊行会、昭和五十二年、一一六―一二二ページ）。

§

〈一　ナーガールジュナの出現と錬金術〉

ついでナーガールジュナ師が教えをまもり、とくに中観説をひろめた。

かれは小乗修行者（声聞《しょうもん》）たちにとっては大層有用〔な人〕であった。とくに教えの要点を踏みはずし修行者たちのあいだで勢威のあった多勢のビク（修行僧）たちや沙弥《しゃみ》（出家見習僧）たちをかれが追放したあとでは、とくにそうであった。

そういう人々がほぼ五千人いたという。そこであらゆる学派がかれを主と仰いだ。そのときに尊師ナンダ、尊師パラマセーナ、尊師サミヤクサティヤが現われて、その三人がヨーガ師*たちの体系を体得して、若干の論書を著した。

＊シーフナーはサンスクリット語の Yogācārya と還元しているが、この語はサンスクリット文献には実際上現われることはない。Yogācāra で「人」を意味する。それが「瑜伽師《ゆがし》」と漢訳されているのである。

この三人はアーラヤ〔識〕を説いたので、この三人の尊師たちは古ヨーガ行者たちとよばれ、アサンガ（無著《むじゃく》）とその弟（ヴァスバンドゥ〈世親《せしん》〉）より〔年代的に〕遅いのちの人々であるとされている。それゆえに、かれら（これらの三人）はかれ（アサンガ）の後継者ではないことは明らかである。

ナーガールジュナ師は、めでたきナーランダー〔寺院〕における大乗の法師たちを多年にわたって財富によってもてなした。その富は、かれが黄金に変化させた物によって獲得したものである。

次いでかれはチャンディカー女神を勧請《かんじょう》して呪縛した。〔すなわち〕この女神がかれを天上に連れて行き、神々の住居にみちびこうとしたときに、かれはこの女神に告げた――「わたく《く》しはさしあたりそこへ行く必要がない。正しい教えのつづく限り、大乗の修行僧たちを供養《よう》しうるように汝を呪縛しておいた」と。このようにして、この女神はナーランダー付近の西方においてヴァイシャバドラー女の姿をとって〔生まれて〕落ち着いた。しかし師は非常に高い石造の文殊《もんじゅ》寺院の非常に高大な壁面に、一人の重さのあるほどの大きなカディラ（担木）の橛《くさび》（すなわち杵）を打ち込んで、この橛が灰に化するまで、汝は僧団に供養しなければならないと命じた。そこで彼女は十二年の間、一切の必要な資具を給して供養した。ところが、ついに不都合なある沙弥の給仕人が、彼女にたびたび愛のさそいをかけたが、彼女は何も答えなかった。しかしあるとき、もしもあのカディラの橛が灰燼に帰したならば、かれと一緒になるだろうといった。この悪い沙弥がかのカディラの橛を焼いて灰に帰したときに、その女神は消え失せてしまった。そこで師はそれゆえに百八の寺院のうちに百八の道場を建て、それぞれの道場のうちにマハーカーラ（大黒）の像を安置して、教えの守護の任務を託した。

〈二　ブッダガヤーの破壊と般若陀羅尼の出現〉

ある象が〔ガヤーの釈尊がさとりを開いた〕金剛宝座において菩提樹を荒し、そこで〔そののち〕多年にわたって菩提樹を荒すことがないように菩提樹の後に二本の石柱を建てた。しかし再び荒されたので、それぞれの石柱の上に、獅子に乗ったマハーカーラ〔の像〕を置き、その手に杵をもたせ、幾年にもわたって保護させた。のちに再び荒され〔破壊され〕たので、〔菩提〕樹の周囲に石の玉垣をめぐらし、その外側には仏像を有する百八の塔院（チャイティヤ）を建てた。めでたき集果塔院は壁で取り囲まれ、壁の内側には百八の寺院を建てた。金剛宝座の東側に大水害の起こったときに、堤のかたちで七個の礫石を置き、その上にムニ（釈尊）の像を彫り、そのようにして水害を防いだ。これを堤の七ムニと称する。堰というのは堤防の呼称であり、〔これらの七個がそのとき〕水中に現われ出た像に似ているかたちを取ったから、そのように〔堤の七ムニと〕言うというのは愚者の言である。これらの〔仏〕像は、ウダヤナ王が教化されたときにできたという人々が言うのは、ヴィナヤ（律蔵、戒律の経典）聖典に矛盾する。そのように語る両者ともに〔信用できないものであるという〕本性を露呈している。

これと同時代にオーディヴィシャ国において、ムンジャ王は一千人の人々とともにヴィデイヤーダラ（一種の半神）の身を受けた（半神の身となって生まれた）。そして西方でマーラヴァ族のトーダハリというところでボージャデーヴァ王は一千人の眷属《けんぞく》とともに、不可見なる真言の道に入り、悉地《しっち》（修行完成）を達成した。

次いで尊師（ナーガールジュナ）は多くの陀羅尼と十万の詩句（頌《じゅ》）の般若〔経〕をもたらしたが、幾多の仏弟子たちは、それらはナーガールジュナの著したものであると見なした。このときよりものちには大乗経典は新たにできることはなかった。実体の存在を想定する仏弟子たち（声聞）の争いを除くために、かれは五部の論理学書などを著した。チベットの諸歴史によると、ビク・シャンカラは大乗を排撃するために、『論理の飾り』と名づけられる論書を著した。それには百二十万頌あるというが、〔それは誤っていて〕それは一万二千頌あったということが、インドの三つの歴史書の一致して伝えるところである。

東方においては、プカムのパタヴェーシャにおいて、またオーディヴィシャとバンガラ（ベンガル?）とラーダーにおいて多くの寺院が建てられた。そのときマガダ国においてはバラモン・スヴィシュヌが、めでたきナーランダーに百八の寺院を建て、大乗、小乗のアビダルマ（法の研究）が衰滅しないように百八のアビダルマ学院を建てた。

〈三　ナーガールジュナの晩年とウダヤナ王〉

聖なるナーガールジュナは晩年には南方におもむき、ウダヤナ王を教化して、多年にわたって教えを護った。南方のドラヴァリ国にマドゥとスプラマドゥという二人のバラモンがいたが、かれらは無尽の財富をもっていた。かれら二人とナーガールジュナ師とは、バラモンの学問、四ヴェーダ、十八種の学問などについて競った。しかしバラモンたちは、師（ナーガールジュナ）のもっている知識の百分の一さえも達成していなかった。——バラモンは語った——「バラモンの子息よ。汝は、三ヴェーダにもとづくあらゆる学問を根底的に学習した。汝がシャーキヤ（ここでは釈尊）の沙弥となったのは何故であるか」。

ナーガールジュナが、それに対して、ヴェーダは称讃さるべきではないということ、〔仏法の〕諸法則の称讃さるべき意義を、かれらに説明したときに、かれらは非常に信仰心深いものとなり、大乗を尊敬した。

師がついでマントラ（真言）〔の教え〕に入っていったときに、最初の人は弁才天を成就《じょうじゅ》し、第二の人はヴァスダラー女神を成就し、また両人ともに二百五十人の大乗の説法者を供養した。最初の人は十万頌般若経を、一日、二日、三日のうちに書写し、これによってビクたちに多くの書冊を贈与した。第二の人はビクたちに何でも必要な資具を与えた。この師（ナーガールジュナ）は、いまや聴聞と説法と修習と、寺院建築と、僧団への給与と、非人（半神・夜叉・悪鬼）を益するための活動と外道（異教徒）の攻撃を反駁することなど、あらゆるしかたで正法を守護したので、かれは無比の大乗仏教擁護者であった。大バラモン（ラーフラバドラまたはサラハ）と尊師ナーガールジュナの伝記は、（ターラナータの著した）「七付法統伝宝蔵」、すなわち宝石の鉱床にたとえられる説話において詳説しておいたから、それについて知るべきである。

# 4　結　語

## 所伝の共通点

以上、ナーガールジュナの生涯と活動とを『龍樹菩薩伝』、プトン、ターラナータにしたがって紹介したのであるが、それらの所説は必ずしも一致しない。どこまでが歴史的事実であって、またどれだけが空想的伝説であるか、さらに空想的伝説の下に何らかの歴史的事実があるかどうかも、はっきりしない。

なお以上のほかにも検討すべき種々の所伝があるが、いまここでは省略することにしよう。

ただ、以上の所伝を通じていえることは、次の諸点がほぼ共通である。

一　かれは南インドと関係があった。そうして南インドのサータヴァーハナ王朝と何らかの関係があったのではないか、と想像されている。南インドのアンドラ・プラデーシュ州にあるナーガールジュナ・コーンダという古代港市の遺跡では多数の仏教寺院の遺跡が発見されているが、しかし大乗仏教の哲学者ナーガールジュナと関係があったかどうかは不明である。古碑銘にも何ら証跡はない。そうしてその地で発見された古碑銘によると、そこに栄えていたのは、伝統的保守的仏教、いわゆる小乗仏教であったことが知られている。

二　かれはバラモンの生まれであった。

三　かれは博学であって（とくにバラモンの）種々の学問を修めた。だから、かれの哲学思想にバラモン教のほうの哲学思想の影響があったという可能性は充分に考えられる。

四　かれは一種の錬金術を体得していた。ところでインドでは錬金術をシヴァ教の一派の水銀派なるものが昔から行なっていた。この水銀派の開祖をやはりナーガールジュナという。ナーガールジュナに帰せられている水銀派の諸典籍はまだ刊行されていないようであるが、それらとの対照研究は今後の課題である。

### ナーガールジュナ複数説

ところでナーガールジュナに帰せられる著作が多数あるが、それらがすべて同一人によって書かれたかどうかは、大いに論議のあるところである。甲書と乙書とが別の人によって書かれたという主張を考慮すると、複数のナーガールジュナが考えられる（各著作については第Ⅲ部の「著作概観」参照）。

一　『中論』などの空思想を展開させた著者

二　仏教百科事典とよぶにふさわしい『大智度論』の著者

三　『華厳経』十地品《じゅうじぼん》の註釈書である『十住毘婆沙論《じゅうじゅうびばしゃろん》』の著者

四　現実的な問題を扱った『宝行王正論』などの著者
五　真言密教の学者としてのナーガールジュナ
六　化学（錬金術）の学者としてのナーガールジュナ

右のうちで、五、六は一と大分色彩を異にしているので別人ではないかと思われるが、これも、後の研究にゆだねることにしよう。

# II　ナーガールジュナの思想——『中論』を中心として

# 1　大乗仏教の思想

第I部の冒頭でふれたように、ナーガールジュナは、大乗仏教にいたって強調された『般若経』の〈空〉の思想、いわゆる空観《くうがん》を理論的に基礎づけた。いいかえるならば、かれは『般若経』の思想を継承しつつ、大乗仏教に哲学的基礎を与えるとともに、その思想を確立したわけである。

ところで、その大乗仏教とはいかなるものであったのだろうか。以下、ナーガールジュナの思想論に入る前に、その思想を概略することにしよう。

## 大乗仏教の興起

紀元一〇〇年前後の仏教界においては、伝統的保守的仏教が圧倒的に優勢な社会的勢力をもっていたが、一般民衆ならびにその指導者であった説教師の間では新たな宗教運動が起こりつつあった。それがいわゆる大乗仏教である。これに対して旧来の伝統的・保守的仏教は一般に小乗仏教とよばれているが、それは大乗仏教の側から投げつけた貶称《へんしょう》であって、旧来の仏教諸派はそのようには称していない。旧来の諸派は自ら仏教の正統派を以て任じ、大乗仏教を無視していた。

まず第一に、旧来の諸派は、たとえ変容されていたとしても、歴史的人物としてのゴータマの直接の教示に近い聖典を伝えて、伝統的な教理をほぼ忠実に保存している。これに反して大乗仏教徒は全然あらたに経典を創作した。そこに現われる釈尊は、歴史的人物というよりもむしろ理想的存在として描かれている。

第二に旧来の仏教諸派は国王・藩侯・富豪などの政治的・経済的援助を受け、広大な荘園を所有し、その社会的基盤の上に存立していた。ところがこれに反して大乗仏教は、少なくとも初期の間は、民衆の間からもり上がった宗教運動であり、荘園を所有していなかった。そうして「国王・大臣に近づくなかれ」といって権力者に阿諛《あゆ》することを誡《いまし》め、その信仰の純粋にして清きことを誇りとした。また富者が寺塔を建立《こんりゅう》し莫大な富を布施することは非常に功徳《くどく》の多いことであるが、しかし経典を読誦・書写し信受することのほうが、比較にならぬほどはるかに功徳が多いといって、経典の読誦を勧めている。

正統的仏教諸派は以上のような社会的勢力を有し、莫大な財産に依拠し、ひとり自ら身を高く持し、自ら身を潔しとしていたために、その態度はいきおい独善的・高踏的であった。かれらは人里離れた地域にある巨大な僧院の内部に居住し、静かに瞑想し、坐禅を修し、煩《はん》瑣《さ》な教理研究に従事していた。

## 利他行の実践と諸仏・菩薩への信仰

大乗仏教はかれらのかかる生活態度をいたく攻撃した。かれらの態度は利己的・独善的であるといって蔑視し、かれらに「小乗」という貶称を与え、自らは利他行《りたぎょう》を強調した。大乗仏教では慈悲の精神に立脚して、生きとし生けるもの（衆生《しゅじょう》）すべてを苦から救うことを希望する。自分が彼岸の世界に達する前に、まず他人を救わなければならぬ。かかる利他行を実践する人を菩薩《ぼさつ》（bodhisattva 大士《だいし》・開士《かいじ》）と称する。出家したビク（修行者）でも、在家の国王・商人・職人などでも、衆生済度《しゅじょうさいど》の誓願（悲願）を立てて、それを実践する人はみな菩薩である。

ところでかかる慈悲にもとづく菩薩行は、理想としては何人《なんぴと》も行なわねばならぬものであるが、一般の凡夫《ぼんぷ》にはなかなか実践しがたいことである。そこで他方では、諸仏・諸菩薩に帰依し、その力によって救われ、その力にあずかって実践を行なうことが説かれた。したがって信仰の純粋なるべきことを強調し、信仰の対象としては、ブッダはますます超人的なものとして表象された。

大乗仏教においては、三世十方にわたって無数に多くの諸仏の出世および存在を明かすに至った。諸仏の中でも阿閦仏《あしゅくぶつ》・阿弥陀仏《あみだぶつ》・薬師如来《やくしにょらい》などがとくに熱烈な信仰を受けた。また、菩薩も超人化されて、その救済力が強調された。弥勒《みろく》菩薩・観世音《かんぜおん》菩薩・文殊《もんじゅ》菩薩・普《ふ》賢《げん》菩薩などはとくにその著しいものである。かれらは衆生を救うためには種々なる身を現じてこの世に生まれてくる。そうして衆生に対する慈悲のゆえに自らはニルヴァーナ（さとりの境地、涅槃《ねはん》）に入ることもない。

諸仏・菩薩に対する信仰が高まるにつれて、それらの身体を具体的なかたちに表現してそれを崇拝したいという熱望が起こり、多数の仏像および菩薩像が作製された。中央インドのマトゥラー市と西北インドのガンダーラ地方とが仏像製作の中心地であった。前者はアショーカ王以来のインド国粋美術の伝統に従っているが、後者にはギリシア美術の影響がいちじるしい。

大乗仏教の教化《きょうげ》方法は、当時の民衆の精神的素質あるいは傾向に適合するようなしかたによらねばならなかった。そこで仏・菩薩を信仰し帰依するならば、多くの富や幸福が得られ、無病息災となると説いている。とくに注目すべきこととしては、教化の重要な一手段として咒句《じゅく》（陀羅尼《だらに》）を用いた。かかる教化方策は非常な成功を収めた。しかし同時に大乗仏教がのちに堕落するに至った遠因をここにはらんでいるのである。

初期の大乗仏教徒はいまだ整った教団の組織を確定していなかったし、細密な哲学的論究を好まなかった。むしろ自分らの確固たる信念とたぎりあふれる信仰とを華麗巨大な表現をもって息もつかずに次から次へと表明し、その結果成立したものが大乗経典である。大乗経典は、それ以前に民衆の間で愛好されていた仏教説話に準拠し、あるいは仏伝から取材し、戯曲的構想をとりながら、その奥に深い哲学的意義を寓せしめ、しかも一般民衆の好みに合うように作製された宗教的文芸作品である。

### 般若経典における空観

空観《くうがん》とは、一切諸法（あらゆる事物）が空《くう》であり、それぞれのものが固定的な実体を有しない、と観ずる思想である。すでに原始仏教において、世間は空であると説かれていたが（たとえば、「常に心に念じて、〔何ものかを〕アートマン（我）なりと執する見解を破り、世間を空であると観察せよ。そうすれば死を度《わた》るであろう」『スッタニパータ』一一一九）、大乗仏教の初期につくられた般若《はんにゃ》経典ではその思想を受けてさらに発展せしめ、大乗仏教の基本的教説とした。般若経典としては『大般若波羅蜜多経《だいはんにゃはらみったきょう》』（六百巻、玄奘《げんじょう》訳）は一大集成書であるが、『般若心経《はんにゃしんぎょう》』『金剛《こんごう》（般若《はんにゃ》）経《きょう》』『理趣経《りしゅきょう》』などはとくに有名である。

当時、説一切有部《せついっさいうぶ》などのいわゆる小乗諸派が法の実有《じつう》を唱えていたのに対して、それを攻撃するために特に否定的にひびく〈空〉という語を般若経典は繰り返し用いたのであろう（「法」については八三ページ以下、また「法の実有」については九五ページ以下参照）。

それによると、われわれは固定的な「法」という観念を懐《いだ》いてはならない（『金剛経』六節）。一切諸法は空である。何となれば、一切諸法は他の法に条件づけられて成立しているものであるから、固定的・実体的な本性を有しないものであり、「無自性《むじしょう》」であるから、本体をもたないものは空であるといわねばならぬからである。そうして、諸法が空であるならば、本来、空であるはずの煩悩などを断滅するということも、真実には存在しないことになる（『金剛経』二七節）。かかる理法を体得することが無上正《むじょうしょう》等覚《とうがく》（さとり）である。そのほかに何らかの無上正等覚という別なものは存在しない。

実践はかかる空観に基礎づけられたものでなければならない。たとえば『金剛般若経』の第一〇節では、「まさに住するところなくしてその心を生ずべし」（「応無所住而生其心《おうむしょじゅうにしょうごしん》」）と説いている。菩薩は無量無数無辺の衆生を済度《さいど》するが、しかし自分が衆生を済度するのだ、と思ったならば、それは真実の菩薩ではない。かれにとっては、救う者も空であり、救われる衆生も空であり、救われて到達する境地も空である。また身相（身体的特徴）をもって仏を見てはならない。あらゆる相はみな虚妄であり、もろもろの相は相に非ず、と見るならば、すなわち如来を見る。かかる如来には所説の教えがない。教えは筏《いかだ》のようなものである。衆生を導くという目的を達したならば捨て去られる。

かかる実践的認識を智慧の完成（般若波羅蜜多《はんにゃはらみった》）と称し、与える（布施《ふせ》）・いましめをまもる（持戒《じかい》）・たえしのぶ（忍辱《にんにく》）・つとめはげむ（精進《しょうじん》）・静かに瞑想する（禅定《ぜんじょう》）という五つの完成と併せて〈六つの完成〉（六度《ろくど》、六波羅蜜多《ろくはらみった》）と称する。

### 在家仏教運動

空観からの論理必然的な結論として、輪廻《りんね》とニルヴァーナとはそれ自体としては何ら異ならぬものである、と教えられた。しからばわれわれの現実の日常生活がそのまま理想的境地として現わし出されねばならぬ。理想の境界はわれわれの迷いの生存を離れては存在しえない。空の実践としての慈悲行《じひぎょう》は現実の人間生活を通じて実現される。この立場を徹底させると、ついに出家生活を否定して在家の世俗生活の中に仏教の理想を実現しようとする宗教運動が起こるに至った。

その所産としての代表的経典が『維摩詰所説経《ゆいまきっしょせつきょう》』である。そこにおいては維摩詰《ゆいまきっ》という在家の資産者（居士《こじ》）が主人公となっていて、出家者たる釈尊の高足の弟子たちの思想あるいは実践修行を完膚なきまでに論難追及してかれらを畏縮せしめ、その後に真実の真理を明かしてかれらを指導するという筋書きになっている。その究極の境地はことばでは表示できない「不二《ふに》の法門」であり、維摩はそれを沈黙によって表現したという。

在家仏教の運動の理想は、やや後代に現われた『勝鬘経《しょうまんぎょう》』のうちにも示されている。それは、釈尊の面前において国王の妃である勝鬘夫人《しょうまんぶにん》が諸問題についての大乗の法を説くが、釈尊はしばしば賞讃の辞をはさみつつ、その説法を是認するという筋書きになっている。

## 『華厳経』における菩薩行の強調

『華厳経《けごんきょう》』の趣意は、現象界の諸事象が相互に密接に連関しているという、いわゆる事事無礙《じじむげ》の法界縁起《ほっかいえんぎ》の説にもとづいて菩薩行《ぼさつぎょう》を説く。菩薩の修行には自利と利他との二方面があるが、菩薩にとっては、衆生済度《しゅじょうさいど》ということが自利であるから自利即利他である。
　この経の十地品《じゅうじぼん》では、菩薩の修行が進むにしたがって心の向上する過程を十地（十種の段階）に分けて説く。また入法界品《にゅうほっかいぼん》のうちでは、善財童子《ぜんざいどうじ》の求道という中心の筋書きが注目さるべきである。かれは菩提心を起こして、菩薩行を完全に知らんがために南方に旅して五十三人（または四十四人）のもとを訪ねて教えを乞い、最後に普賢菩薩の教えを受けて究極の境地に到達する。

**浄土教**

　一部の大乗教徒は現世を穢土《えど》であるとして、彼岸の世界に浄土を求めた。阿閦仏《あしゅくぶつ》の浄土たる東方の妙喜国、弥勒《みろく》菩薩の浄土である上方の兜率天《とそってん》などが考えられ、これらの諸仏を信仰することによって来世にはそこに生まれることができると信じていたのであるが、後世もっとも影響の大きかったのは阿弥陀仏《あみだぶつ》の浄土である極楽世界《ごくらくせかい》の観念である。阿弥陀仏の信仰は当時の民衆の間に行なわれ、諸大乗経典の中に現われているが、とくに主要なものは左の浄土三部経《じょうどさんぶきょう》である。
『仏説無量寿経《ぶっせつむりょうじゅきょう》』二巻　曹魏、康僧鎧《こうそうがい》訳
『仏説観無量寿経《ぶっせつかんむりょうじゅきょう》』一巻　宋、畺良耶舎《きょうりょうやしゃ》訳
『仏説阿弥陀経《ぶっせつあみだきょう》』一巻　後秦、クマーラジーヴァ（鳩摩羅什《くまらじゅう》）訳浄土経典は五濁悪世《ごじょくあくせ》の衆生のために釈尊が阿弥陀仏による救いを説いた経典であるということを標榜《ひょうぼう》している。阿弥陀仏とは原語音訳の省略であって、その意義を訳して無量寿仏《むりょうじゅぶつ》（Amitāyus）または無量光仏《むりょうこうぶつ》（Amitābha）という。阿弥陀仏は過去世に法蔵比丘《ほうぞうびく》という修行者であったが、衆生済度の誓願（四十八願）を起こして、長者・居士・国王・諸天などとなって無数の衆生を教化し諸仏を供養して、ついにさとりを開いた。

この世界から西方に向かって十万億の仏国土を過ぎたところに極楽世界があり、かの仏は現にそこにましまして法を説いている。そこには身心の苦がなく、七宝より成る蓮池があり、美しい鳥の鳴声が聞え、天の音楽が奏せられている。阿弥陀仏に心から帰依する者は、その極楽世界に生まれることができる。この仏が過去世に修行者であったときに立てた四十八の願のうちの第十八願に、「もしわれ〔未来の世に〕仏となることを得んに、十方の衆生が至心に信じねがって、わが国に生まれんと欲し、乃至十たび念ずるも、もし〔わが国に〕生ぜずんば、われは正覚《しょうがく》を取らじ（仏とはならず）」と誓ったが、いまや仏となりたもうたから、仏を念ずる人は必ず救われるはずであるというのである。善男子《ぜんなんし》あるいは善女人《ぜんにょにん》が無量寿仏の名号《みょうごう》を聴聞し、心に念ずるならば、その人の臨終に当たって無量寿仏は声聞および菩薩の聖衆《しょうじゅ》をつれてかれの前に立つ（来迎《らいごう》）。そこで現世の意義が後代の浄土教では大いに問題となるが、すでに経典の中で六度の実践の意義が強調されている。

## 一乗思想と久遠の本仏の観念

大乗仏教徒は小乗仏教徒を極力攻撃しているけれども、思想史的現実に即していうならば、仏教の内の種々の教説はいずれもその存在意義を有するものであるといわねばならない。この道理を戯曲的構想と文芸的形式をかりて明瞭に表現した経典が『法華経《ほけきょう》』である。『法華経』はとくにクマーラジーヴァ訳『妙法蓮華経《みょうほうれんげきょう》』八巻によって有名であるが、その前半十四品《ほん》（迹門《しゃくもん》）においてはただ声聞乗《しょうもんじょう》（釈尊の教えを聞いて忠実に実践すること）・縁《えん》覚乗《がくじょう》（ひとりでさとりを開く実践）・菩薩乗《ぼさつじょう》（自利利他をめざす大乗の実践）の三乗が一乗《いちじょう》に帰するということを、非常に力強く主張している。従来これらの三乗は、一般に別々の教えとみなされていたが、それは皮相の見解であって、いずれも仏が衆生を導くための方便《ほうべん》として説いたものであり、真実には一乗法あるのみである、という。また、一つの詩句（一《いち》偈《げ》）を聞いて受持せる者、塔や舎利《しゃり》（遺骨）や仏像を礼拝する者、否、戯れに砂で塔を造る真似をし、爪で壁に仏像を書いた幼童でさえも、仏の慈悲に救われる。仏の慈悲は絶対である、という。

　ところで種々の教えがいずれも存在意義を有するのは何故であろうか。それらは肉身の釈尊の所説ではない。それらを成立せしめる根源は、時間的・空間的限定を超えていながらしかもその中に開顕し来る絶対者・諸法実相（二八一ページ参照）の理にほかならない。これが久遠《くおん》の本仏《ほんぶつ》である。世間の一切の天・人は釈迦如来がシャカ（釈迦）族から出家し、修行してさとりを開き、八十歳で入滅したと考えているが、実は釈尊は永遠の昔にさとりを開いて衆生を教化しているのであり、常住不滅である。人間としての釈尊はたんに方便のすがたにほかならない（以上後半十四品《ほん》、本門《ほんもん》）。仏の本性に関するかかる思索を契機として、その後仏身論が急速に展開するに至った。また『法華経』の宥和的態度はさらに発展して、『大薩遮尼乾子所説経《だいさつしゃにけんじしょせつきょう》』や『大般涅槃経《だいはつねはんぎょう》』においては、仏教外の異端説にもその存在意義を認めるに至った。

# 2　空観はニヒリズムか

空の論理は何をめざしているのであろうか。

空の思想は伝統的な用語では「空観《くうがん》」とよばれている。空観を理論的に基礎づけたナーガールジュナは、第III部の「著作概観」にもみられるように多くの著書を残しているが、それらのうちで最も有名な、また最も特徴的なものは、『中論《ちゅうろん》』とよばれるものである。かれの他の著書である『大智度論《だいちどろん》』『十住毘婆沙論《じゅうじゅうびばしゃろん》』などは、それ以前に『中論』の成立を予想しているし、また理論的にもそれらの著書は、『中論』を背景としている。『中論』はナーガールジュナの代表的著作とみなしてさしつかえない。したがっていまここに『中論』を中心として空観の意義を明らかにしたいと思う（なお、『中論』の註釈書については、第II部の第4章第1節と第III部の「著作概観」を、また、中観派の流れについては、第IV部第1章を参照）。

### 虚無論者と解された中観派

『中論』の思想は、インド人の深い哲学的思索の所産の中でも最も難解なものの一つとされている。その思想の解釈に関して、近代の諸学者は混迷に陥り種々の批評を下している。そもそもナーガールジュナが何らかの意味をもった立言を述べているかどうかということさえも問題とされているのである。

中観派《ちゅうがん》を評して、ベルギーのL・ドゥ・ラ・ヴァレ・プーサン、ドイツのP・ドイセン、インドのS・ダスグプタらの学者は虚無主義（Nihilism）であるといい、ドイツのM・ワレーザー、イギリスのA・B・キースなどは否定主義（Negativism）であるといい、ドイツのO・フランケはさらに最初期の仏教をも含めて否定主義であると主張する。これらの解釈に対し、ロシアのTh・スチェルバツキーはむしろ相対主義（Relativism）であると批評し、フランスのR・グルッセーがこれに賛意を表している。また出発途上の記号論理学に大いに興味をもっていたポーランドのS・シャイエルは、「中観派は哲学史上最も徹底した唯名論者（der radikalste Nominalist）である」と批評した。さらに中観派を幻影説（docetism）ときめつける学者（たとえば姉崎正治博士）もあり、全く諸説紛々として帰一するところを知らぬ状態である。しかしながらインド学者一般の態度をみると、中観派を虚無主義であるとみなす人が多いように思われる。

中観派は、何となく気味の悪い破壊的な議論をなす虚無論者である、という説は、近代になって初めて唱えられたのではない。すでに古代インド一般にいわれていたことであり、これに関してはスチェルバツキーがその事実を指摘し集録しているから（『仏教におけるニル

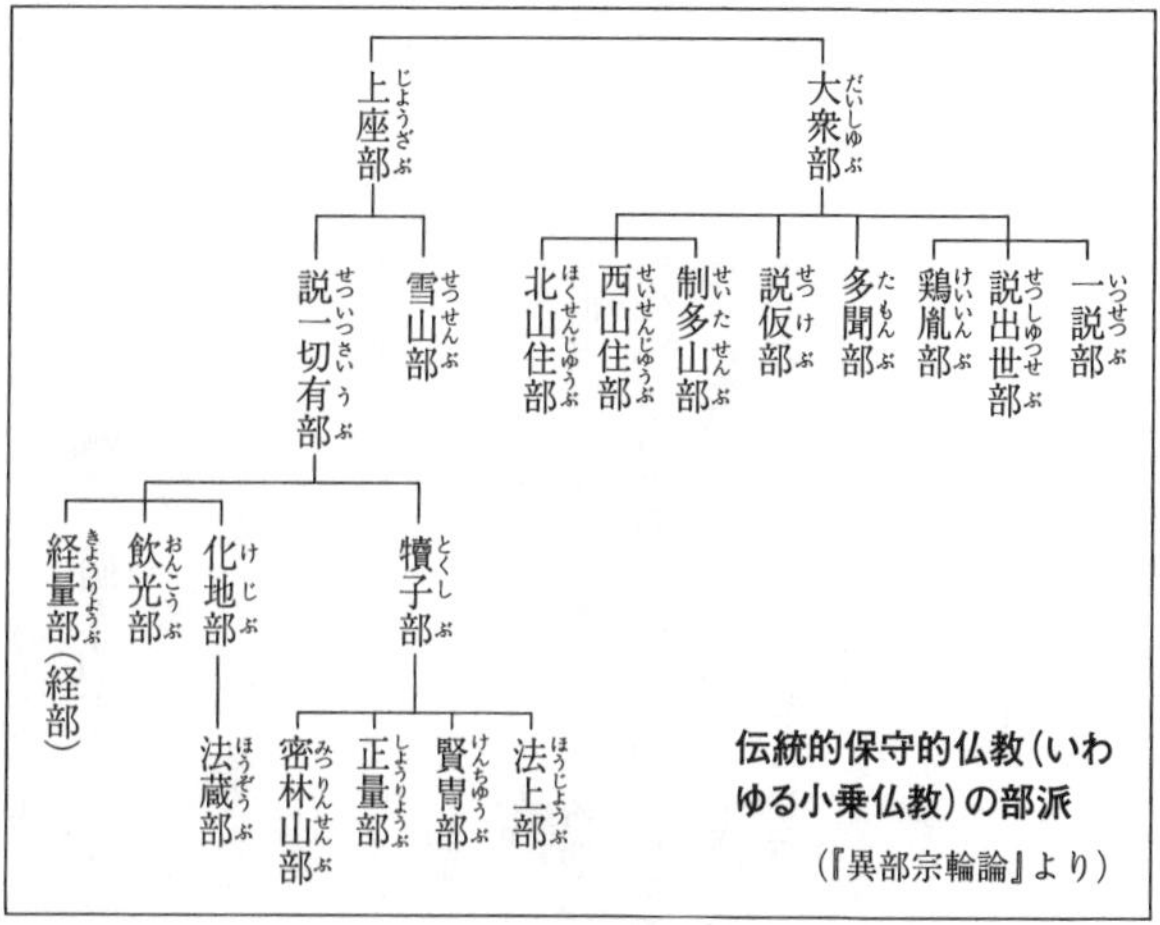

**伝統的保守的仏教(いわゆる小乗仏教)の部派**
(『異部宗輪論』より)

ヴァーナの観念』三五—三九ページ)、いま再出する必要はないであろう。

## 仏教内の評価

独り仏教外の諸派がこのように解していたのみならず、仏教内においてさえも中観派は虚無論者だとみなされていた。

古代インドにおける伝統的保守的仏教(いわゆる「小乗仏教」)のうちでも代表的な哲学派であった説一切有部《せついっさいうぶ》(略して「有部《うぶ》」という)は中観派を目して「都《と》無《む》論者」(一切が無であると主張する論者)と評しているし、またそれと並んで有力な学派であった経《きょう》部《ぶ》も、ヴァスバンドゥ(世親《せしん》、三二〇ころ—四〇〇年ころ)の著である小乗仏教の教理を体系的に叙述した『倶舎論《くしゃろん》』、およびそれに対するサンスクリット文註釈からみると、

「中の心を有する人」は「一切の法体皆非なりと撥する」人であり「一切は無なりという執」に陥っているから、輪廻《りんね》の個人的主体（補特伽羅《ふとがら》）を認める犢子部《とくしぶ》という学派と並んで、仏教内における二つの異端説のうちの一つであるときめつけている（ヴァスバンドゥが『倶舎論』を著わした場合の真意については古来種々に議論されているが、サンスクリット文註釈を残したヤショーミトラ（称友）によれば、「われわれは経部の学者たちである」といい、またヴァスバンドゥは経部に味方しているとしているから、ここでは経部の立場に拠っているものとみておく。そうして以下経部の説を参照し対比する場合、年代は後になるが、便宜上『倶舎論』によってもさしつかえないと思う）。

さらに中観派と同じ大乗仏教に属する他の一派であるヨーガ行派からの非難も少なくない。いずれの極端にもとらわれないで中道を説くところの中観派が、ヨーガ行派のスティラマティ（安慧《あんね》、四七〇ころ―五五〇年ころ）によれば、一つの極端説に固執する極端論であると考えられ、またその教えが日本にも伝わったダルマパーラ（護法、五三〇―五六一年）によれば、「唯識《ゆいしき》の理に迷謬せる者」であり「非有《ひう》を執している」と批評され、ジナプトラ（最勝子《さいしょうし》、五五〇ころ―六〇〇年）らの著した『瑜伽師地論釈《ゆがしじろんしゃく》』によれば、「空見に著《ちゃく》している」といわれている。このように後期のヨーガ行派からは少なからず攻撃されていたのである。

中観派は無を説いたとして、各学派から排斥されているのであるから、近代の諸学者が、中観派は虚無論者である、と批評するのも一応理由があるように思われる。

**有・無を排斥する『中論』**

ところがこのような解釈はきわめて困難な問題に遭遇する。『中論』はけっして「無」を説いているのではない。その理由の一つとして『中論』の本文である詩句の中において有と無との二つの極端（二辺）を排斥している、という事実を示しうる（たとえば、第五章・第八詩、第九章・第一二詩、第一五章・第六詩、第七詩、第一〇詩、第二三章・第三詩、第二四詩、第二五詩）。

ナーガールジュナは「有」を否定するとともに、「有」がない以上、当然「有」と相関関係にある「無」もありえない、と主張する（たとえば、第五章・第六詩、第一五章・第五詩）。さらに有と無との二つを否定する以上、当然事物の常恒性を主張する見解（常見）と事物の断滅を主張する見解（断見）とを排斥せねばならぬこととなる（たとえば、第一五章・第一〇詩、第一一詩、第一七章・第二〇詩、第一八章・第一〇詩、第一一詩、第二一章・第一四詩。ちなみに、第一七章・第二〇詩をこの中に数えることはピンガラ〔青目《しょうもく》〕の註釈にしたがう。それについては『橋本芳契博士還暦記念論文集』のうちの拙稿参照）。『中論』において排斥されているこの「断見」の方がむしろ虚無論（Nihilism）とよばれるべきものであり、現にそういう意訳している学者もある（S・ダスグプタ『インド哲学史』第一巻、一四三ページ。同書によれば断見がニヒリズムであり、これを排斥する中観派もニヒリズムであるというから、この二種類のニヒリズムを区別する必要があるといわねばならない)。

故に『中論』自身は虚無論を排斥しつつあるにもかかわらず、『中論』の思想は虚無論を説いていると批評するのは果たして正しいであろうか。反対し対立する諸学派からそのような批評を受けたというのは、それなりに理由のあることであろうが、著者であるナーガールジュナの立場からみるならば、それは明瞭に誤解であるといわねばならぬ。『中論』は無や断見を排斥しているから、『中論』はたんなる無(nihil)を説いているのではないことはほぼ推察しうる。

さらに後代の中観派の学者チャンドラキールティ(月称、六〇〇―六五〇年ころ)が『中論』に対して書いた註釈『プラサンナパダー』(Prasannapadā)についてみるとこのことは一層明瞭である。チャンドラキールティは中観派と虚無論者とを区別すべきであるという。「中観派は虚無論である」と批評する反対派に対して、「虚無論者たちと中観派とのあいだには区別が存在するであろう、と昔の師が説いた。だから相手の所論に対して帰謬《きびゅう》論法で誤謬を指摘することは、もうやめておこう」(三六九ページ)と答えている。

では、何故に中観派は虚無論者ではないのであろうか。また『中論』はいったい何を説いているのであろうか。

まず第一に『中論』の中心思想を明らかにし、それに関連して『中論』における重要思想を闡明《せんめい》したい、というのがこの第II部の目的でもある。

## 仏教成立当初の思想と『中論』

さらに『中論』の思想を理解するためには当然その歴史的背景が問題となってくる。歴史的連関を無視して一つの思想を理解することは不可能であるから、どのような系統を受けてこのような思想が形成されたかをみねばならない。これは大問題であるから全般的に論ずることはできないが、第II部においてはとくに二つの問題に最も重点をおいて考察したい。一つは仏教成立当初の思想と『中論』との関係である。

『中論』は終始、有部・経部・犢子部・正量部《しょうりょう》などの諸学派を攻撃し、その教理を批判して、これらの諸派と截然たる対立を示している。この事実をみて近代の研究者は、たいてい、大乗仏教は、従来の仏教とは全く異なったものであると解している。

たとえば戦前の西欧における随一の中観派研究者であったスチェルバツキーは、従来の仏教、すなわちブッダによって説かれた教えは徹底的な多元論（radical pluralism）であり、これに対して『中論』などの大乗仏教は一元論（monism）であり、「同一の宗教的開祖から系統を引いていると称する新旧二派の間にかくもはなはだしい分裂を示したことは宗教史上他に例をみない事例である」と述べている（『仏教におけるニルヴァーナの観念』三六ページ)。

それは大多数の西洋の学者の意見であり、一般に大乗仏教は「仏教」(Buddhism)ではあるかもしれないが、「ブッダ(Buddha)の教え」とは非常に異なったものである、と考えられている。しかしながら『中論』を始めとし、一般に大乗仏教の経典や論書はみな自己の説がブッダの真意を伝えているものであると説き、しかも自説の存在理由をブッダの権威の下に力強い確信をもって主張している。

もしも中観派の所説がブッダの教えと非常に異なるものであるならば、それでは何故に自説をブッダの名において説きえたのであろうか。この理由を西洋近代の学者は全く説明していない。以下『中論』の思想を考究する間に、この問題をつねに考慮しておきたい。

もちろん、いまここでは原始仏教の文献から詳しく引用することは不可能であるが、すでにいろいろと研究がいくつも出ているから、それらを手がかりにして、ある程度言及することにしようと思う。

## 『般若経』と『中論』

なお『中論』の思想の歴史的連関に関してもう一つの問題に注目したい。古来『中論』はもっぱら『般若経《はんにゃきょう》』の思想を闡明するものであるといわれている。中国で空の思想を体系化し、三論宗《さんろんしゅう》を大成した中国の嘉祥《かじょう》大師吉蔵《きちぞう》(五四九―六二三年)も『中論』が『般若経』に基づいている理由として六つの項目を挙げて説明している（『中論疏《ちゅうろんしょ》』巻一末）。さらにインドの諸註釈についてみても、『無畏論《むいろん》』『青目釈《しょうもくしゃく》』『プラサンナパダー』『般若灯論釈』などみな『般若経』をたびたび引用しているし、ことに『般若灯論釈』の最初では、『中論』が『般若経』に依拠すると書いている。またアサンガ（無著《むじゃく》、三一〇ころ―三九〇年ころ）は『中論』が般若思想の入門書であるとみて、いわゆる『順中論《じゅんちゅうろん》』（詳しくいえば、『順中論義入大般若波羅蜜経初品法門』）二巻を書いている。故に『中論』の思想が『般若経』に基づいていることは疑いないと思う。

では、『中論』はどのような意味において『般若経』に基づいているのであろうか。『中論』の中にあらわれる主要思想は『般若経』の中に求めうるであろうか。両者の思想に差別をつけることができるであろうか。一般に『般若経』と『中論』とはどのような関係にあるかが問題となる。

『中論』の歴史的意義に関しては種々考究すべき問題があり、以下本論中においてもたえず諸派との関係を考慮して論及するつもりであるが、それらのうちでもとくにこの二つの問題には充分留意したいと思う。

# 3　論争の相手

## 1　論争の相手となった哲学派

### 『中論』が批判する諸思想体系

『中論』は論争の書である。インドにおいてナーガールジュナの当時にすでに成立していた諸思想体系を眼前においてこれを攻撃し批判している。『中論』を読むと、韻文の大部分は攻撃的な口調で書かれていることに気がつく。

では、『中論』においてどのような諸思想体系が批判され攻撃されているのであろうか。これは相当重要な問題である。相手の思想をどのように理解するかによって『中論』の理解にも差異が生じてくる。相手の思想を正しく理解することは、やがて『中論』を正しく理解することとなろう。

その手引きとしてまず嘉祥大師吉蔵のいうところを検討しよう。

「三論（『中論』『百論』『十二門論』という三書）の斥するところは、略していうに四つの宗を弁ず。〔第〕一に外道《げどう》を摧《くじ》き、〔第〕二に毘曇《びどん》（小乗仏教の哲学者）を折し、〔第〕三に『成実《じょうじつ》〔論〕』を排し、〔第〕四に大執（大乗仏教における執著）を呵す（叱りつける）」（『三論玄義』三枚左。なお『中論疏』五四ページ上も大体同じことをいう）。

このうち、始めの一つは仏教外のものであり、後の三つは仏教内のものである。しかしながら『中論』は果たして吉蔵のいうように、これらを予想して排斥しているのであろうか。

**吉蔵の分類による検討**

まず「〔第〕一に外道を摧く」の意味を考えよう。吉蔵は「外道」という語の中に、インドの仏教外の諸思想とともに中国本来の思想を含めているが、それはおそらく『中論』の根本思想に立脚するならば中国の伝統思想といえども当然排斥せねばならぬ、という意味であろう。『中論』が書かれた時代のインドでは中国思想を予想してはいないであろうから、ここでは中国伝統思想との関係は問題にする必要はない。

「〔第〕三に成実を排す」というが、『成実論』の著者ハリヴァルマン（訶梨跋摩《かりばつま》）は大体紀元二五〇—三五〇年ころの人であるといわれているし、『成実論』はナーガールジュナよりも後世の著作であることは疑いない。このことは吉蔵もすでに気づいていた。しかしながら『中論』は『成実論』を論破していると主張する理由は、前に中国思想を排斥するといった場合と同様に、『中論』の所説は絶対的真理であるから、それによれば、当然『成実論』の説も排斥されねばならないというのであろう。吉蔵以前に中国で『成実論』が盛んに研究され多くの学者によって大乗であるとみなされていたから、これを排斥してこのようにいったのであろう。

故に『中論』が実際に排斥した相手の思想を考察するにあたっては『成実論』を除外してさしつかえないが、ただし『成実論』の淵源となる思想はナーガールジュナ以前に存在していたに違いないから、ナーガールジュナもそれを眼中においていたのであろう。これらはおそらく経部の系統の思想であったろうといわれている。

最後に「大執を呵す」とあるが、これは五時（五つの時期）の説によって教判（諸宗派の位置づけの仕方）を立てること、および二《に》諦《たい》（二種の真理）の説に関する誤解を攻撃しているのである。故にこれは大乗仏教が成立した後に起こった問題であり、ことに中国では種々議論されたことである。しかるに『中論』は大乗仏教を最初に理論的に基礎づけたのであるから、いまはこれも除外して考えてよい。

『中論』がどのような学派の説を攻撃しているかという点に関しては、古来学者のあいだに種々の議論があり、定説というものは存在しない。したがっていま以上に述べたような見解をとってよいかどうかも問題となろうが、ともかくこのように解釈したほうがインド思想史の上での歴史的連絡をつけることが非常に都合よく合理的に事が運んでゆくことになる。

そこで、残るところは結局インドにおける仏教外の諸派と「毘曇」となるが、それをさらに具体的に明らかにしたい。ピンガラの註釈や『無畏論』のような古註には何々派という名はほとんど出てこないが、後代のチャンドラキールティの註釈である『プラサンナパダー』についてみるに、仏教外ではヴァイシェーシカ学派、ニヤーヤ学派、サーンキヤ学派、ジャイナ教、唯物論者（順世派《じゅんせは》）、ミーマーンサー学派、時間論者（時論師）などの名が出てくるし、仏教内では有部、経部、犢子部、正量部、唯識派などの名が出てくる。

しかしナーガールジュナが『中論』を著した当時、果たしてこれらの諸学派を知っていたかどうかは不明であり、その中のある派は明瞭に『中論』以後に成立している。故に註釈の中に言及しているからとて、『中論』が相手としている思想体系を定めることは困難である。

### 対象は仏教内の諸派

故に結局は註釈をたよりにしながらも『中論』の詩句自体によって決定すべきであろうが、『中論』の本文である詩句だけ（サンスクリット本で四四八詩）を検討してみると、とくに仏教外のいずれかの派に特有な術語はみあたらない。もちろん仏教外のある派のみを攻撃しているところもある。

その最も明瞭な例は第一九章（時間の考察）であろう。仏教の立場は、「時に別の体（本質）なし、法に依りて立つ」（「時無別体、依法而立」）であり、時間という独立な実体を認めないから、「時間の考察」の章において攻撃されているのは仏教外のある派であることは明らかである。

チャンドラキールティの註釈によれば相手は時間論者であり、『中論』に対するバーヴァヴィヴェーカ（あるいはバヴィヤ。清弁《しょうべん》、四九〇ころ―五七〇年ころ）による註釈である『般若灯論釈』によれば、ヴァイシェーシカ学派であるという。その他の諸章は多かれ少なかれ仏教内の派と関連している。『般若灯論釈』によれば、この詩句は仏教外の何々派を論破するとしるしている箇所がいくつもあるが、ナーガールジュナが果たしてそれを目標としていたかどうかはなお研究を要する。

もちろん『中論』が仏教外の諸派をも含めて論破していることは『無畏論』のしるしているところであり、また縁起とか無我とかいうような思想は元来仏教が他派に対して独自の立場を明らかにするために説いたのであるから、これを説明する『中論』は当然仏教外の諸派をも排斥しているわけであるが、どの詩句がどの派を攻撃しているということは少なくとも古註による限り不明である。

『中論』の中に用いてある語をみると、みな仏教の術語であるかまたは日常生活の用語であり、その用語の中のあるものは仏教外の諸派の思想をその中に含ましめうる性質のものである。故に『中論』は主として仏教内の諸派を相手にしているのであり、仏教外の諸派はつけたしであることがわかる。このことは嘉祥大師吉蔵も極力主張している。

## 主要論敵は説一切有部

さらに仏教内の諸派の中でも、詩句本文の内容および『般若灯論釈』からみると、ある詩句は明らかに、犢子部・正量部のような、プドガラ論者（個人存在の中心主体を承認する論者）を排斥しているし、また経部を論破しているらしいところもある（もっとも後に述べるように『中論』はまた他方経部と共通の説を述べているところもあり、一概にはいえない）。

しかしながら『中論』の主要論敵は何といっても説一切有部《せついっさいうぶ》であろう。吉蔵が「〔第〕二に毘曇を拆す」という場合の「毘曇」は有部をさしているし、また各註釈（ことに『般若灯論釈』）からみても、有部を最も主要なる論敵としている。中観派は自己の反対派を概括して自性《じしょう》論者、または有《う》自性《じしょう》論者と総称している。それは事物または概念の「自性」すなわち自体、本質が実在すると主張する人々である。『中論』はこれに対して無自性を主張したのであるから、『中論』を徹底的に研究するためには有自性論一般を広く考察せねばならない。ただしいま、仏教外の諸派を論究する余裕もなく、また犢子部・正量部・経部などの諸学派の思想は現在いまだ充分研究されていないから、これらの諸派との関係を論ずることは将来の独立の研究問題として保留しておきたい。

ただここでは次に有部を有自性論者の代表としてその根本思想を論じ、『中論』の思想考察に入る準備とする。上述のように『中論』の主要論敵は有部であり、また有部の思想は、その文献が多く残存しているため、容易に知りうるから、有部をナーガールジュナの論敵の代表と見なしてさしつかえないであろう。そうして後に『中論』の思想をこれと対比せしめて明らかにしていきたい。

## 2 説一切有部の立場

### 問題の所在

伝統的保守的仏教（いわゆる小乗仏教）諸派のうちで、最大の社会的勢力をもっていた「説一切有部」は、「一切が有る」と主張したといわれる。「一切が有る」という主張はすでに経蔵の中にあらわれ（『雑阿含経《ぞうあごんきょう》』一三巻、『大正新修大蔵経』〔以下、大正蔵〕、二巻、九一ページ中）、さらに南方に伝わったセイロン上座部の『論事《ろんじ》』の中でも紹介批判されている。そののち有部は仏教の中でもきわめて有力な一派となり、後世まで存続し、多くの文献を残している。漢訳大蔵経のうちに伝えられている小乗仏教の論書はたいてい有部のものである。仏教教団の諸派に対する寄進の旨を記した金石文が現在多く残っているが、有部に対するものが最も多い。だから社会的にも最も有力であったといいうるであろう。

ところでその有部の根本思想は昔から日本ではふつう「三世《さんぜ》実有《じつう》、法体《ほったい》恒有《ごうう》」であるといわれている。「一切有」という句とあわせていうと、「一切の実有なる法体が三世において恒有である」といいうる。この句の意義を闡明すれば有部の根本思想を知りうるはずであるから、いまこれを分けて考察したい。

第一　「法」および「法体」を有部はいかに解したか。
第二　「実有」とはいかなる意味か。
第三　「一切」とはいかなる意味か。
第四　「三世において恒有である」とはいかなる意味か。

## (1)　有部における法の概念

### 「法」とは

仏教哲学は「法」の哲学であるとは、すでに諸学者の認めるところであり、仏教思想は、つねに法に関する思索を中心として発展している。これに対して大乗仏教、たとえば『中論』は「法有《ほうう》」に対して「法空《ほっくう》」を主張したのであると解せられている。

法（dharma）という語を語源的に説明すれば、語源は√dhṛであり、これからdharmaという名詞がつくられた。√dhṛとは「たもつ」という意味であるから、法とは「きまり」「軌範」「理法」というのが原義であるといわれている。そうしてこれはインド一般に通ずる用例であり、これがもととなってさらに種々の意義がこの語に附加されている。

パーリ語聖典において用いられている法の意義は種々あるが、その中で純粋に仏教的な用法はただ一つで、他の用法はインド一般に共通であるといわれている。すなわち、パーリの註釈でいうnissattaまたはnissattanijjivataがそれであり、ドイツのW・ガイゲルはこれを「もの」（Unbelebtes, Ding, Sache）と訳している。また日本でも伝統的に法とは「もの」「物柄」であると解釈されている。

ここで問題が起こる。法の原義は「きまり」「法則」「軌範」であるのに、何故後世、伝統的に「もの」と解釈されるに至ったのであろうか。「理法」がそのまま「もの」であるということをわれわれは理解に苦しむ。この問題に関してはガイゲル自身が不審をいだきながらも、何ら解決を示していない。「理法」という意味から発して一見全然別な「もの」という解釈に至るには哲学的な理由があるのではなかろうか。一般に法の原意から法有の主張の導き出される経過を考察したい。

## 法の体系の基礎づけ

最初期の仏教すなわち仏教成立の当初においては、自然的存在の領域を基礎づけ可能ならしめるところの法の領域を、自然的存在の領域から区別して設定し、仏教はもっぱらこの法の領域を問題とした。もちろん原始仏教聖典自体の中にはこのような区別は明言されていない。原始仏教は自然認識の問題を考慮の外においている。もしも自然的存在の領域だけを問題としているのであるならば、その所論はわれわれにそれほど難解なものではないだろうし、仏教徒でない人でも容易にその所論を理解しうるであろう。

ところが仏教は実践的宗教者の関心事と映じた「法」をとりあげたのである。法とは一切の存在の軌範となって、存在をその特殊性において、成立せしめるところの「かた」であり、法そのものは超時間的に妥当する。したがって、この解釈は「理法」「軌範」という語源的な解釈とも一致する。法は自然的存在の「かた」であるから自然的事物と同一視することはできない。そうしてその法の体系として、五種類の法の領域である個体を構成する五つの集まり（五蘊《ごうん》）、認識および行動の成立する領域としての六つの場（六入《ろくにゅう》）などが考えられていた。

しかしながら法の体系をいかに基礎づけるか、すなわち法の体系を可能ならしめる根拠はどうか、という問題に関しては、なお考究の余地を残していた。原始仏教聖典の初期に属する資料からみると、これを基礎づけるために縁起説が考えられていたことを知りうる。「法」の体系を縁起によって成立せしめようとするのである。縁起に関しても種々な系列が考えられ、後になってついに十二支の系列のもの（十二因縁）が決定的に優勢な地位を占めるようになった。

### 縁起を軽視した有部

ところが原始経典の末期から縁起説は通俗的解釈をもちこまれるようになり、そうして生あるもの（有情《うじょう》）の生死流転《しょうじるてん》する状態にあてはめて解釈されるようになるにつれて、縁起説が法の体系を基礎づけている意義が見失われるに至った。すなわち縁起説によって法の統一関係が問題とされ出してからまもなく、縁起説は法の統一の問題を離れて別の通俗的解釈に支配されるようになったのである。かくして有部の時代となると、縁起説は全く教学の中心的位置を失い、ただ附加的なものにすぎなくなった。

有部の綱要書においては縁起は「修多羅品《しゅたらぼん》」（または契経品《かいきょうぼん》）の中に言及してあるが、修多羅品とは経の中に説いてある項目を説明したにすぎず、換言すればとくに重要視する必要はないが、ただ経の中に言及してあるから、ちょっと説明したというにとどまり、有部では何ら縁起に特別の重要性を認めていないことがわかる。また『倶舎論』では世間品第三において（サンガバドラ〔衆賢、四〇〇年ころ〕の『阿毘達磨顕宗論《あびだつまけんしゅうろん》』および『阿毘達磨順正理論《あびだつまじゅんしょうりろん》』では縁起品において）、説明しているが、世間品は有情が過去の業によって現在いかなる生活を営んでいるかを説いたものであり、そこに附説として、縁起が説かれてある。それも主として胎生学的な分位縁起（一七〇ページ参照）を説き、法の統一の問題を述べているのではない。

### なぜ有部は法有を主張したか

有部は縁起によって法の体系を基礎づける立場を捨ててしまった。その代わり法を「有り」とみなすことによって基礎づけた。

しからば何故に有部の学者は法有を主張したのであろうか。すでに経蔵の中に、有と無との二つの極端説（二辺）を排斥した経があり（『雑阿含経』一二巻、大正蔵、二巻、八五ページ下）、有部の学者は明瞭にこのことを知っていたにもかかわらず（有部の文献である『大毘婆沙論《だいびばしゃろん》』が上記の経を引用している）、何故に仏説にそむいてまで法の「有」を主張したのであろうか。その理由を検討したい。

ゴータマ・ブッダはもろもろの存在が生滅変遷するのを見て「すべてつくられたものは無常である」（諸行無常《しょぎょうむじょう》）と説いたといわれる。それはわれわれの生存の相を観察するに一切の存在は刹那《せつな》刹那に生滅変遷するものであり、何ら生滅変化しない、常住《じょうじゅう》な実体は存在しない、ということを意味している。当時仏教外の諸思想が、絶対に常住不変なる形而上学的実体を予想していたから、かれはこれを排斥して別にすべてのつくられたものの無常を説いたのである。

ところで諸行無常を主張するためには何らかの無常ならざるものを必要とする。もしも全く無常ならざるものがないならば、「無常である」という主張も成立しえないではないか。もちろん仏教である以上、無常に対して常住なる存在を主張することは許されないし、またその必要もないであろうが、無常なる存在を無常ならしめている、より高次の原理があるはずではないか、という疑問が起こる。一般に自然的存在の生滅変遷を強調する哲学は必ずその反面において不変化の原理を想定するのが常である。このことは、たとえば古代ギリシアのエレア派についてもいえるし、反対派のヘーラクレイトスについてもいえる。故にゴータマ・ブッダが有・無の二つの極端説を否定したにもかかわらず、有部が「有」を主張して著しく形而上学的立場をとった理由もほぼ推察しうるものであるが、何故にとくに法の「有ること」を主張したのであろうか。

### 「有り」の論理的構造

これは前述の法の定義から導き出しうると思う。法とは自然的存在を可能ならしめているありかたであり、存在をその存在たらしめるもとのものである。この「有り」という概念の論理的構造に注目するならば、法有の主張の成立した理由を容易に理解しうると思われる。元来「あり」という概念は二種に分化さるべき性質のものである。一つは「である」「なり」であり、他は「がある」である（「である」「がある」という語は説明の便宜上、和辻哲郎博士『人間の学としての倫理学』三三ページ以下から借用した。博士はさらに『続日本精神史研究』の中でも論じておられる）。西洋の言語でははっきり分化していないが、日本語では明瞭に分かれている。中世以来の伝統的な西洋哲学の用語にあてはめれば、前者はessentia であり、後者は existentia である。おおまかにいえば、前者を扱うのは形式論理学であり、後者を扱うのは存在論または有論（Ontologie）であるといってよいであろう。それたとえば「これはAである」という場合に、「であること」essentia が可能である。それと同時に「Aがある」ということがいえる。すなわちAの「があること」existentiaが可能である。一般に「であること」は「があること」に容易に推移しうる。

さらに「があること」には二種考えられる。一つは時間的空間的規定を受けているAがあるという意味のexistentiaであり、他は時間的空間的規定を超越している普遍的概念としてのAである。この二種の「があること」のうち、第一のほうを取扱うのは、自然認識であり、哲学の問題外である。第二の「がある」を取扱うのは哲学であり、これを問題として「ありかた」を基礎づけようとする哲学者がたえず簇出《そうしゅつ》する。たとえばプラトーンのイデア、中世の実念論者の普遍概念（universalia）、ボルツァーノの表象自体（Vorstellung an sich）、フッサールの本質（Wesen）などはみなこの線に沿っているものであるとみなしてさしつかえないであろう。すでにローゼンベルク、スチェルバツキー、および宇井伯寿博士らの学者が言及したように、法有の立場もこの線に沿って理解すべきではなかろうか。

### 法有の成立する理論的根拠

法とは自然的存在を可能ならしめているありかたであり、詳しくいえば「……であるありかた」である。たとえば受《じゅ》とは「随触《ずいぞく》（外界からの印象）を領納《りょうのう》（感受）す」といわれ、「感受されてあること一般」である。個々の花、木などの自然的事物は法ではないが、その「ありかた」としての、たとえば「感受されてあること」は法である、とされる。

さて、その個々の存在はたえず変化し生滅するが、それの「ありかた」としての「感受されてあること一般」は変化しないものではなかろうか。すなわち法としての「受」はより高次の領域において有るはずである。存在はつねに時間的に存するが、法は、「それ自身の本質（自《じ》相《そう》）を持つ」ものとしてより高次の領域において有るから、超時間的に妥当する。かくして法は有る、すなわち実在する、とされた。したがって「一切有」という場合の「あり」はまさしく漢字の「有」の示すように「がある」の意味である。

これを要約すれば、初期仏教における「……であるありかた」としての法が、有部によって「……であるありかたが有る」と書き換えられたのである。「である」から「がある」へ、essentia から existentia へと論理的に移っていったのが、法有の立場の成立する理論的根拠である。もちろんこういう要約のしかたは非常にあらっぽく聞こえるであろうし、複雑な思想史的変遷を充分に捉えていない。しかし論理的な脈絡を大づかみにとらえれば、右のようにいうことも可能であろう。

### 法と本性

法《ダルマ》は√dhṛ「たもつ」という語源から出た語であるが、後期の註釈によれば、「それ自身の本質（自相）を持つから法である」といわれるに至った。これに対して大乗仏教では反対に「それ自身の本質をたもつことを欠いているから法ではない」と主張する。この「それ自身の本質」を有部は「もの」とみなしたのである。

有部は「もの」の実在を主張したといわれるが、その「もの」とは、それ自身の本質（自相）の意味であるとは『倶舎論』の註釈者であるヤショーミトラのしばしばいうところであり、したがって経験的事物と混同することはできない。「ものが実在する」というのも「それ自身の本質について」有るという意味であり、自然的存在として実在するのではないのであろう。

それ自身の本質（自相）というのも、本性（自性《じしょう》）というのも決して別なものと考える必要はないが、さらにその「それ自身の本質」または「本性」も法と異なるものではない。しからば何故に、法と異ならない本性（自性）という概念を有部はもち出したのであろうか。それに対する答えは与えられていないが、解決の手がかりは与えられている。たとえば識（識別作用）や受についていえば、識とか受とかいう「ありかた」としての法の essentia はそれぞれ「各々了別《かくかくりょうべつ》（それぞれを区別して認識すること）」、「随触を領納す」であるが、それを existentia とみた場合に、本性、本質といわれるのであろう。

「……であるありかた」としての法が一つの実在とみなされ、「ありかた」が有るとされた場合に、それが本性といわれるのである。すなわちチャンドラキールティによると、「本性」とは「……が（で）あること」にほかならない。「であること」が実在とされたものである。かれはまた「本性」とは「それみずからの『であること』」であると解する。

## 「法」と「もの」

このように法と本性、本質とは別なものではないから、本性や本質が「もの」とされる以上、「法」も「もの」とされるに至った。すなわち、法はvastu, bhāva（もの）などの語に書き換えられていることもあり、『中論』では「法」（dharma）よりもむしろ、「もの」（bhāva）のほうが多く用いられているが、それは『中論』が仏教外の諸派をも含めて排斥しているから「もの」（bhāva）という語を用いたのであり、意味は法と同じである。

それ故に、「およそ諸法は体（自体）、性《しょう》（本質）、法、物《もつ》（実体の本性）、事《じ》（実体）、有《う》、名は異にして義（意味）は同じ。この故に或は体と言い、或は性と言い、或は法と言い、或は有と言い、或は物と言う。皆これ有の差別《しゃべつ》ならざるはなし、正音《しょうおん》は私婆婆《しばば》（svabhāva、自性のこと）と言う」（『壱輪盧迦論《いっちゅるかろん》』、大正蔵、三〇巻、二五三ページ下）と説かれることとなる。

こういうわけで法は「もの」であるとする解釈が成立するに至ったのであるが、この「もの」というのはけっして経験的な事物ではなくて、自然的存在を可能ならしめている「ありかた」としての「もの」であることに注意せねばならぬ。

一例として虚空について論じるならば「空は無礙《むげ》なり」（『倶舎論』第一品・第五詩）というのも、虚空という自然的存在の実在を主張しているのではない。「無礙なること一般」という「ありかた」が法の領域において「もの」として有る、とされているのである。「虚空は但《ただ》無礙をもって性と為す」（『倶舎論』一巻、三枚裏）とあるから、「無礙」という existentia を法の領域における existentia として、それを虚空とみなしたのである。ちなみにここにいう「虚空」は自然界の一つの構成要素としての「虚空界」とは異なるものであることを忘れてはならない。

われわれが眼を開けて眺める大空《おおぞら》は「虚空界」であって、つくられない不変の三つの原理（三無為）の一つとしての「虚空」ではない。

したがって有部は一切の「もの」の実在を主張したといわれ、もし法あるいはその本質（自性・自相）が「もの」という語で書き換えられているとしても、有部はけっして自然的存在としての「もの」の実在を主張したのではない。存在（もの）をあらしめる「ありかた」を「もの」とみて、すなわち「もの」の本質を実体とみなしたのである。故に「法有」の「有」とは「経験界において有る」という意味に解することはできないと思う。法が自然的存在を意味するのではないことは、すでに和辻博士やドイツのH・ベック、ローゼンベルクらの学者の指摘したことであるが、右のように解するならば、法の体系を説いた初期の仏教から、法有の主張が導き出されたことは何ら不思議ではない。法の概念から論理的に導き出しうることである。

## 命題も実在

以上は「ありかた」としての法を中心として考察したのであり、今日のことばでいえば、ほぼ概念の中に含まれるところのものである。ところがわれわれはその他に法有の立場の注目すべき特徴を認める。

有部は概念のみならず判断内容すなわち命題がそれ自身実在することを主張した。つくられたものども（諸行）は無常である。しかしながら「諸行は無常である」という命題自身は変易しない。もしその命題自身が変易するならば、つくられたものどもは無常である、とはいえなくなる。故に命題自身、すなわち「句」も実有であるとされ、五《ご》位《い》七十五法《しちじゅうごほう》の分類の中の心不《しんふ》相応行法《そうおうぎょうほう》の中に入れられた（九六―九七ページの「五位七十五法」の図を参照）。

命題自体の問題は西洋では、近代現象学の先駆ボルツァーノによってとくに論ぜられたことであるが、すでに古代インドにおいて有部の諸学匠がこれを唱えていたことは注目に値する。そうして有部の学者が概念と命題とを二大別部門として区別しなかったことを必ずしもとがめてはならない。それは形式論理学の考え方から為される批評であって、もしも最近代の記号論理学からみるなら、同一の記号表現が概念と解せられたり命題と解せられたりすることも可能である。端的にありかたとしての「法」としてとらえる考え方は充分に意味をもつと思われる。

## (2)　実有の意義

### 「有」の分類

実有とは『倶舎論』からみて「それ自身の本質として有る」という意味である。実有という意味はけっして「有《う》」（sat）と同じではない。はるかに哲学的内容の多い限定された「有」である。すなわち「有」という類概念の中の一つの種（species）が実有である。有部の論書をみると「有」を幾つにも分類している。

『大毘婆沙論《だいびばしゃろん》』によると有を分類するにあたって三説を紹介している。第一説は「実物有《じつもつう》」と「施設有《せせつう》」とを認め、第二説は、「相待有《そうだいう》」と「和合有《わごうう》」と「時分有《じぶんう》」とを説き、第三説は「名有《みょうう》」「実有」「仮有《けう》」「和合有」「相待有」という五種の有を認めている。『大毘婆沙論』はただこういう説を紹介しているのみで、何ら批評を加えてはいない（九巻、大正蔵、二七巻、四二ページ上―中）。

また、『阿毘達磨順正理論』によると三説が述べられている。第一説は「実有」と「仮有」とのみを認めるものであり、サンガバドラ自身の説である。第二説は、その二つのほかに「相待有」を認めるが、サンガバドラはこれを排斥している。第三説として「実物有」「縁合《えんごう》有《う》」「成就有《じょうじゅう》」「因性有《いんしょうう》」の四種を数えている（五〇巻、大正蔵、二九巻、六二一ページ下―六二二ページ上）。

- 無為法《むいほう》（生滅変化を超えた常住絶対なもの）
  - 虚空無為《こくうむい》（ものの存在する場）
  - 択滅無為《ちゃくめつむい》（智慧による煩悩の消滅）
  - 非択滅無為《ひちゃくめつむい》（智慧によらない煩悩の消滅）
- 有為法《ういほう》（原因・条件によって生滅する事物）
  - 色法《しきほう》（物質的なもの）
    - 眼根《げんこん》（見る機能）
    - 耳根《にこん》（聞く機能）
    - 鼻根《びこん》（嗅ぐ機能）
    - 舌根《ぜつこん》（味わう機能）
    - 身根《しんこん》（触れる機能）
    - 色境《しききょう》（視覚の対象）
    - 声境《しょうきょう》（聴覚の対象）
    - 香境《こうきょう》（嗅覚の対象）
    - 味境《みきょう》（味覚の対象）
    - 触境《そくきょう》（触覚の対象）
    - 無表色《むひょうじき》（現われない行為の影響力）
  - 心法《しんぽう》（心）
  - 心所有法《しんじょうほう》（心のはたらき）
    - 遍大地法《へんだいじほう》（いつも心とともにはたらく心作用）
      - 受《じゅ》（感受作用）
      - 想《そう》（表象作用）
      - 思《し》（心を起動させる作用）
      - 触《そく》（感官と対象と識別作用の合すること）
      - 欲《よく》（欲求）
      - 慧《え》（区別して知る智慧）
      - 念《ねん》（記憶作用）
      - 作意《さい》（気をつけるはたらき）
      - 勝解《しょうげ》（確認）
      - 三摩地《さんまじ》（精神統一）
    - 大善地法《だいぜんじほう》（善心と相伴う心作用）
      - 信《しん》（清らかな心で教えを認めること）
      - 勤《ごん》（つとめ励むこと）
      - 捨《しゃ》（心の平静）
      - 慚《ざん》（自らを顧みて恥じること）
      - 愧《き》（他人に対して恥じること）
      - 無貪《むとん》（貪らないこと）
      - 無瞋《むしん》（怒らないこと）
      - 不害《ふがい》（害《そこな》わないこと）
      - 軽安《きょうあん》（身心が軽やかなこと）
      - 不放逸《ふほういつ》（なまけないこと）
    - 大煩悩地法《だいぼんのうじほう》（悪心と煩悩に覆われているが〔善とも悪とも〕決められない心〔有覆無記心《うふくむきしん》〕に相伴う心作用）
      - 痴《ち》（無知）
      - 放逸《ほういつ》（なまけること）
      - 懈怠《けだい》（怠惰）
      - 不信《ふしん》（信ぜず、心の清らかでないこと）
      - 惛沈《こんじん》（心身のものういこと）
      - 掉挙《じょうこ》（心のざわめくこと）

- 大不善地法《だいふぜんじほう》（悪心と相伴う心作用）
  - 無慚《むざん》（はじらいのないこと）
  - 無愧《むき》（破廉恥なこと）
- 小煩悩地法《しょうぼんのうじほう》（悪心や有覆無記心とのみ相伴う心作用）
  - 忿《ふん》（いきどおり）
  - 覆《ふく》（過ちをかくすこと）
  - 慳《けん》（ものおしみ）
  - 嫉《しつ》（ねたみ）
  - 悩《のう》（頑迷）
  - 害《がい》（害《そこな》うこと）
  - 恨《こん》（うらみ）
  - 諂《てん》（へつらうこと）
  - 誑《おう》（欺くこと）
  - 憍《きょう》（おごり）
- 不定地法《ふじょうじほう》（上の五つの心作用のグループに属さぬもの）
  - 悪作《あくさ》（後悔）
  - 睡眠《すいめん》（心をくらからしめること）
  - 尋《じん》（粗大な心のはたらき）
  - 伺《し》（微細な心のはたらき）
  - 貪《とん》（むさぼり）
  - 瞋《しん》（嫌うこと〔いかることを含む〕）
  - 慢《まん》（慢心）
  - 疑《ぎ》（疑い）
- 心不相応行法《しんふそうおうぎょうほう》（心に伴わないもの）
  - 得《とく》（ダルマを獲得させる原理）
  - 非得《ひとく》（いずれかのダルマの分離の原理）
  - 同分《どうぶん》（生きものの同類性）
  - 無想果《むそうか》（無想定を修することによって達する境地）
  - 無想定《むそうじょう》（心の活動作用を止息させる瞑想）
  - 滅尽定《めつじんじょう》（心のはたらきがすべて尽きてしまった瞑想）
  - 命根《みょうこん》（生命持続の力）
  - 生《しょう》（生起）
  - 住《じゅう》（存続）
  - 異《い》（変化）
  - 滅《めつ》（消滅）
  - 名身《みょうしん》（名称の集まり）
  - 句身《くしん》（文章の集まり）
  - 文身《もんしん》（字母の集まり）

**五位七十五法**

なお有部の書ではないが『大智度論《だいちどろん》』にも、「有」に三種ありとして、相待有と仮名有《けみょうう》と法有とを認め（一二巻、大正蔵、二五巻、一四七ページ下）、この説が、天台大師智顗《ちぎ》の『摩訶止観《まかしかん》』五下に引用され論ぜられているが、この立てかたは『阿毘達磨順正理論』の中でサンガバドラが排斥している第二の説に相当するのではなかろうか。相待有、仮名有に関する説明は『順正理論』におけるそれと全く一致するが、「法有」に関する説明は省略されている。しかし法有が実有あるいは実物有と同じことを意味している点は疑いない。

このように「実有」とは、「有」（sat）という類（genus）の中のある一つの種（species）であり、「有」よりも外延は狭いが内包は豊かである。この類である「有」という概念は、範疇の範疇とでもいうべきもので、他の概念によって解釈することはできるかもしれないが、定義することのできない性質のものである。故に「実有」の意味は「実」（dravya）の分析から得られる。

この「実」の意味はすでに一応述べたが、実有が「有」の他の種と対立しているという事実に注目するならば、さらに多くの規定が得られる。「有」の他の種のもつ内容の否定、すなわち他の「有」との種差が実有の内容である。

いま、上に引用したところの「有」に関する種々の説を要約すれば、次のようにいいうる。

## 実有と仮有・相待有

まず第一に実有は、男、女、瓶、衣、車乗、軍、林、舎などの仮有または施設有から区別される。すなわち瓶とか車とかいうような自然的存在は実有ではなくて仮有である。これに反して、「随触を領納すること一般」「像を取ること一般」という「ありかた」としての「受」「想」のごとき法のみが実有であるとされている。

実有とは法に関してのみいいうることであるから、有部は法の実在を説いたのであって、自然的存在の実在は説かなかった。したがってローゼンベルク、つづいて和辻博士が主張されるように、有部はたんなる実在論ではなく、むしろ観念論的傾向さえもそなえているというのは一面の真理である。

第二に実有は相待有と区別される。相待有とは「長」と「短」、あるいは「これ」と「かれ」とのように互いに相関関係において存する「有」をいう。すなわち甲は乙に待するときには「有」であるが、丙に待するときには「無」である場合、たとえば具体的にいえば、甲は乙に待すれば「長」であるが、丙に待すれば長ではなく、短である場合のごときをさしている。

なお、『大毘婆沙論』に紹介されている「和合有」とは「此処にありては有なれども彼処《かしこ》にありては無なるをいう」とあるから、これは相待有をとくに空間的に限定した場合であり、「時分有」とは「此の時分には有なるも彼の時分には無なるを謂う」とあるから、これは相待有をとくに時間的に限定した場合であり、結局、論理的には相待有の中に含められる。また『阿毘達磨順正理論』に紹介されている「因性有」とはこの「相待有」と同意義である。

この相待有の概念は中観派の主張と密接な関係があるからのちに考察するが（二〇五ページ参照）、相待有に対する、有部の批評をみると、サンガバドラは、相待有というのも結局は実有と仮有との二つの中に含まれてしまうし、また経典に「唯だ二有のみあり」と説かれているから、そのほかに相待有を立てる必要はない、といって排斥している。

有部によれば、法はそれぞれ「それ自身の本質をたもつ」が故に法として成立するのであり、その本質を「もの」として実体化したのであるから、法と法とは全く別の実体とみなされている。すなわち「唯だ自性《じしょう》を摂《せっ》して、他性を摂せず」であり、「此は彼と離れ」「他性と恒《つね》に相離れ」ているのである（『倶舎論』一巻、一三枚裏）。『中論』についてみても、「〈それ自体〉（自性）は〈つくり出されたのではないもの〉（無所作のもの）であって、また他のものに依存しないものだからである」（第一五章・第二詩）とあるように、本性は他に相待せず、他に依存せずに成就しているものであり、そうしてすでに述べたように法は本性と異なるものではないから、したがって「諸の法はそれぞれ別のものである」（法々別体）と説くのである。

### 実有と名有・和合有

第三に実有は「名有」と区別されねばならない。名有とは亀の毛、兎の角などのような、それ自身に矛盾を内含し、自然的存在の領域においてその対象を見出しえない概念である。ところが実有とはこれに反して、自然的存在の領域において有りうる存在のありかたとしての「法」に関してのみいいうる。

第四に実有は、プドガラ（補特伽羅《ふとがら》）すなわち連続した個人存在のような和合有と区別される。有部はプドガラの実有を認めなかった。個体を構成する五つのあつまり（五蘊《ごうん》）の和合を仮に施設してプドガラとみなすにすぎぬという。実有とは法に関してのみいわれることであり、プドガラは法ではないから、実有とはいわれない。

なお『阿毘達磨順正理論』には「成就有」と「縁合有」との二つに言及している。この二つは詳細不明であるが、経に「……有り」とある場合の特殊な一例に名づけたのであり、「実有」と対立する哲学的な概念ではないからここでは省略する。

以上を要約すれば次のようにいいうる。

第一、実有とは、時間的空間的規定を受けている自然的存在を可能ならしめる「かた」としての法に関してのみいわれうる。この点で自然的存在たる「仮有」と区別されるし、また自然的存在の中に対象を見出しえない「名有」とも区別されるし、また実有なる五つのあつまり（五蘊）の仮の和合に名づけたところのプドガラなる「和合有」とも区別される。第二、法は自然的存在の「ありかた」であるが故に、他に、依存せず、独立している。したがって実有は「相待有」と区別される。有部は実有なる概念をさらに分類して詳細に説明しているが、いまは本質的な問題を検討しただけにとどめておく。

## (3)「一切」の意義

### 「一切」とは

有部の本名は「説一切有部」であり、「一切が有る」と主張したといわれるが、その「一切」とはいかなる意味であろうか。

各種の論書から集めた若干の資料を整理していえば、「一切」とは五蘊十二処十八界《ごうんじゅうにしょじゅうはっかい》であるといわれ、あるいはたんに十二処であるともいわれる。十二処（眼など六つの器官（六《ろっ》根《こん》）とそれらの対象（六境《ろっきょう》））と十八界（六根・六境・六入の十八の要素で構成される主観・客観すべての世界）とはつくられた現象的存在（有為法《ういほう》）とそれ自体で存在する永久不変の存在（無為法《むいほう》）との両者を含むが、五蘊は有為法のみを含む。

また「一切」とは過去・現在・未来の三世である、とも説明されている。この「三世」の原語は不明であるが、仏教は時間という独立の実体を認めないから、「三世に属するもの」であったろうと思われる。法の変化は生起（生）、持続（住）、異（変化）、消滅（滅）の四有為法によって起こされるから、「三世に属するもの」とは結局有為法の意味である。「一切」を有為法に限る説もこのように散見するが、たいていは有為法と無為法と両者を含むとしている。上述の十二処十八界なりとの説のほかに、「有為法と無為法とである」ともいい、「無為法と三界《さんがい》（生きとし生けるものが輪廻する三つの領域）に属するものとである」ともいい、「三世と無為とである」ともいう。

また中国では「色《しき》・心・心所《しんじょ》・心不相応行・無為の五法である」（九六—九七ページの「五位七十五法」の図参照）ともいうから、そのときには無為をも含むが、また「名色《みょうしき》（五蘊）である」というときには無為を含まないこととなる。

「一切」が無為法を含むか否かに関しては、ドゥ・ラ・ヴァレ・プーサンやスチェルバツキーらの西洋の学者の間に論争が行なわれたが、無為法を実有なる法とみなすか否かによって定まるのではなかろうか。有部のように無為法という実体を認めるならば「一切」の中に含めざるをえないのであると思う。この見解は後世にも継承されている。

**内容の限定された「一切」**

とにかく右に見たように「一切有」とは「一切の法が実有である」という意味である。法ならざるもの、すなわち亀の毛・兎の角のような名有、プドガラのような和合有、あるいは車・瓶のような仮有（自然的存在）は、「一切」の中に、含まれていない。「一切」とは、それぞれの立場における、法の体系である。故に「一切」はきわめて内容の限定されたもので、「一切」を文字通り「すべて」という意味に解してはならないし、「一切有」をevery-thing existsと訳すことは内容的には正しくない。

『大智度論』によれば「一切」には「名字（名称と形態）の一切」と「実の一切」とが有るというが、「一切有」という場合の「一切」とはこの「実の一切」に相当するであろう。ところが「名字一切」により、文字通り「すべてが有る」という意味に解する人々も一部には存在していた。この見解によると、「無」もまた「有る」ということになる（『尊婆《そんば》須蜜菩《しゅみっぽ》薩《さつ》所集論』九巻、大正蔵、二八巻、七九五ページ中）。しかしこれは有部の正統説とはならなかった。

有部は亀の毛、兎の角のような矛盾を含む概念は実有ではなくて名有であるとしたが、ボルツァーノによると、「円い三角」のような矛盾を含む概念はそれ自身は真でも偽でもなく、「三角は円い」といったときに偽となる。

また有部は実在しない対象（無境）を志向する（縁ずる）ことはできないというが、ボルツァーノによると、無も考えられるものであるから質料（stoff）をもっているようにみえるかもしれないが、対象をもたない。また「黄金の山」は矛盾を含まないけれども、それに対応する対象を有しない、と主張した。

**有部の弱点**

ところでインド一般の集合説と共通な、「ありかた」が有る、と解する立場に従うならば徹底的に実有なる法の範囲を拡大せねばならぬはずであるのに、仏教である以上それが許されない。

何となれば、実有という概念の範囲を拡大すれば、ますます経験論的実在論の立場に立つヴァイシェーシカ説に接近するからである。ここに有部の弱点があり、経部は極力この矛盾を指摘してやまない。またナーガールジュナの『中論』の破邪の論法もまさしく法有の立場のこの弱点を突いているのである。

## (4)　恒有の意義

**三世の区別の成立**

有部の根本思想は中国、日本では昔から「三世《さんぜ》実有《じつう》法体恒有《ほったいごうう》」とまとめられているが、これはきわめて不明瞭な表現であるから、「てにをは」を補えば「三世において実有なる法体(法そのもの)が恒《つね》に有る」という意味である。

法体が過去・現在・未来の三世において有るならば、三世の区別はいかにして成立するか、という問題に関して『大毘婆沙論』ではダルマトラータ(法救《ほっく》)、ゴーシャカ(妙音)、ヴァスミトラ(世友)、ブッダデーヴァ(覚天)という四人の学者の間に異説のあったことを伝えているが、『大毘婆沙論』『雑阿毘曇心論《ぞうあびどんしんろん》』『倶舎論』などによれば、第三のヴァスミトラの「位の不同」によると解する説が正統説（正義《しょうぎ》）であるとされている。すなわち作用の異なるに従って三世の区別が立てられる、という説である。

なお、『倶舎論』では尊者ダルマトラータの「類の不同」という説はサーンキヤ説に類似しているといって斥けられているが、サンガバドラによればその説もけっして有部の正統説と矛盾せず、ヴァスミトラの説と同趣意であるという（『阿毘達磨順正理論』五二巻、大正蔵、二九巻、六三一ページ中。『阿毘達磨顕宗論』二六巻、大正蔵、二九巻、九〇二ページ上）。『大毘婆沙論』からみても、元来、有部はサーンキヤ説のような現象的存在の本質の変化である自体転変を否定しているが、はたらきによる変化である作用転変《さゆうてんぺん》、または可能力による変化である功能転変《くうのうてんぺん》は承認している（『大毘婆沙論』三九巻、大正蔵、二七巻、二〇〇ページ中）。

したがって、ダルマトラータの説が、作用転変または功能転変の意味ならば、サンガバドラのいうように必ずしも排斥する必要はないであろう。要するに有部としてはヴァスミトラの説を正統説とし、ダルマトラータの説をこれと同趣意に解してよいかどうかに関しては後世の諸学者の間に二説があったのであろう。

ただいずれの説についても言えることであるが、ここではもろもろの事象の生起および消滅を意識の流れにおいてとらえているのであって、輪廻の問題からは切りはなされている。

ここではもろもろの法が時間的様態において存すると考えられているのである。

## 三世においての恒有

次にしからば何故に三世において恒有であるか、という理由に関しては有部の諸論書に種々説明されている。これを根拠づけて主張しているのはおそらく『識身足論《しきしんそくろん》』が最初であろう。

同論巻一では、マウドガリヤーヤナ（目乾連《もくけんれん》）が唱えた、過去と未来とは無であり現在と無為とは有であるという説を、ほぼ九節に分けて排斥している。そののち種々の理由によって「三世実有法体恒有」を主張している（『大毘婆沙論』七六巻、『倶舎論』二〇巻、『阿毘達磨順正理論』五〇巻、『阿毘達磨顕宗論』二六巻など）。いまその理由をいちいち検討する余裕はないが、それぞれの理由に共通な根本的論拠は次のようにまとめられると思われる。

すでに述べたように法とはわれわれが経験的に知覚するものではなく、したがって自然的存在ではなく、自然的存在を可能ならしめているありかたである。自然的存在としてのものは現在一瞬間でなくなってしまうが、われわれの意識において志向されているありかたはけっしてなくならない。

すなわち、「かた」としての純粋の法が先になくて後にあり、先にあって後になくなるということはありえない。自然的存在は過去未来においては存在しないが、「法」は三世において存する、という意味であろうと思われる。

このように解釈すれば、「三世実有法体恒有」の証明のために用いられているあらゆる論拠をことごとく説明しうると思うが、いまここでは余裕がないので省略しておく。「三世に実有である」ということに関して日本では古来体滅説《たいめっせつ》と、用滅説《ゆうめっせつ》とが行なわれた。両派ともにそれぞれ有部の論書から典拠を集めてきて論じているが、これは結局「体」という文字の解釈如何による。

漢字の「体」のインド原語は一定していないので、多義的解釈を可能ならしめる。体を抽象的一般的な「ありかた」「本質」と解するなら、それは滅びないが、時間的制約を受けているものであるならば滅びざるをえない。ともかく体滅説も用滅説も有部の思想の一面をとらえているということができるであろう。

**西洋哲学との相違**

以上、法空の思想に対比さるべきものとして有部の根本思想を略説したのであるが、このように解するならば、有部の哲学がきわめて複雑な内容をもっていることが明らかである。普通一般に有部は実在論を説いたといわれるが、しかし有部は、瓶や衣のような自然的存在の実在を否定して、これを「仮有」なりとし、五蘊・十二処・十八界のような法の体系のみの「実有」を説いたのであるから、西洋哲学でいう普通の実在論とは著しく意味を異にするものではなかろうか。

すでにローゼンベルクは有部も観念論的であると主張している。また諸学者によってプラトーンの哲学との類似が指摘されているほどであるから、たといこれを realism とよぶにしても実在論と訳するよりも実念論（唯名論 nominalism に対する）と訳したほうがよいかもしれない。インド学者の中でもこの点にすでに気づいている人、たとえばシャイエルは有部を「概念の実在論」（Begriffsrealismus）とよんでいる。

ところがこのシャイエルの命名も厳密にいえば正しくない。すでに述べたように、有部によれば心不相応行法の中の「句」は概念ではなくて命題である。概念のみならず命題の自体有（Ansich-sein）を認めているから、「実念論」「概念の実在論」という語がぴったりと適合しない。むしろ現象学の先駆思想、たとえばボルツァーノの哲学と類似している点がある。ボルツァーノ、トワルドフスキーの哲学では「円い三角」のような矛盾した概念、あるいは「青い徳」のような意味をなさぬ概念も問題とされたが、有部は「第十三処」などは実有ではないという。

結局、有部の思想に西洋哲学の「何々論」という語をもち込むことは不可能なのではなかろうか。それと同時に、それに反対した中観派も「何々論」として簡単に規定することは困難であると思われる。

従来中国・日本の仏教では、有部は、小乗仏教の代表的な学派として、仏教の中で最も低級な教えのように思われていた。しかしそれは、有部の思想が大乗仏教のそれと正反対の点があり、また社会的には有部が最も有力であったので、大乗仏教の側から盛んに論難しまた貶《けな》したわけなのである。有部の思想はそれ自体として深い哲学的意義をもっているから、われわれはそれをもっとよく理解し、正当に評価する必要があるであろう。

# 4　空の論理

## 1　否定の論理の文章をいかに理解すべきであるか

### 『中論』の註釈書

『中論』の否定の論理を解明するにあたって、まずその書の立論の原意を知るためにはどの註釈によるべきか、ということが問題となる。思想論に入る前に簡単に論じておきたい。

現在出版されている『中論』の註釈が六種あるが、それを順次に考察しよう。

そのうちで、『大乗中観釈論《だいじようちゆうがんしやくろん》』一八巻はスティラマティ（安慧）の著であるが、かれはヨーガ行派の人であるから、独自の立場から解釈していて、必ずしもナーガールジュナの原意を伝えているとはいえないのではないか、という懸念がある。その上に『中論』の詩句は後世に至るまで変化を受けることが僅少であるにもかかわらず、その漢訳をみると前半（惟浄《ゆいじよう》訳）も後半（法護《ほうご》訳）もともに原文を思い切って意訳しているしまた脱落もあるので、これにのみよることは適当ではない、といわねばならぬ。

さらにバーヴァヴィヴェーカ（清弁）の『般若灯論釈』は詳しい註釈であるから非常に参考となるが、かれは新たに独自の説を主張して、スヴァータントリカ派とよばれる学派の始祖となったと伝えられているから、この註釈のみにたよってナーガールジュナの原意を知ろうとすることはきわめて危険である。かつ、このチベット本は始めの二章のみ批評的に刊行されたにすぎず、また漢訳はチベット訳に比して訳本の現形が非常に乱雑であるから漢訳のみにたよることは適当でない。ただ参考として言及するのみにとどめたい。

バーヴァヴィヴェーカがその論争の相手として攻撃の鋒《ほこ》を向けているのは、ブッダパーリタ（仏護《ぶつご》、四七〇ころ—五四〇年ころ）である。ブッダパーリタは、アーリヤデーヴァ（提《だい》婆《ば》、一七〇ころ—二七〇年ころ）、ラーフラバドラ（羅睺羅《らごら》、二〇〇ころ—三〇〇年ころ）以後約二百年近くふるわなかった中観派を復興した人であるが、ブッダパーリタの考えは大体においてナーガールジュナの原意を得ているであろうということは、すでに諸学者の認定するところである。

故にブッダパーリタの註釈は信頼しうるのであるが、そのチベット文は始めの部分（第一二章まで）が批評的に出版されたのみで、重要な思想を含む後半の部分は未出版であるから、これも出版された部分を参考にとどめるという程度とせざるをえない。

## 最も重要なチャンドラキールティの註釈

次にブッダパーリタの弟子であるチャンドラキールティ（月称）の書いた註釈である『プラサンナパダー』のサンスクリット文が残存し出版されている。諸学者の説にしたがってブッダパーリタの解釈が大体ナーガールジュナの原意を得ているとするならば、それを受けついだチャンドラキールティの註釈も大体ナーガールジュナの原意に近いであろうと思われる。ただ現存サンスクリット本の詩句は元来の古形を多少改変した跡が見られるので、その点が気づかわれるが、しかしそれも枝末に関することで『中論』の思想全体を動かすほどの改変はなされていない。

チャンドラキールティの註解は『中論』研究におそらく最も重要であろうと思われる。その理由は、

一　詳しく註釈を施してあるために思想を充分に理解しうる。

二　サンスクリット文であるために思想を明白に理解することができるので、従来クマーラジーヴァ（鳩摩羅什《くまらじゅう》）の訳にのみよっていた解釈の誤謬を訂正し、不明な箇所の文章の意義を明らかになしうる。

三　年代は後になるが、大体においてナーガールジュナの原意に従っていると思われる。

上述の理由によって、『中論』の思想解釈にあたってはもっともチャンドラキールティの註によらねばならぬと思う。

## 古註の扱い

なお古註として『無畏論《むいろん》』とクマーラジーヴァ訳の青目釈《しょうもくしゃく》（ピンガラ〔青目〕による註釈書）とがある。『無畏論』はチベットの伝説によればナーガールジュナの真作とされ、西洋の学者によって一般に承認されているが、近年わが国の学者の研究によると少くとも現存の『無畏論』はナーガールジュナの真作ではないと考えられている。しかし古註であることは疑いなく、その点で重要視すべきではあるが、その註釈の文はただ詩句の文章の語の順序を変更してわかりやすく散文に書き換えたという程度にとどまる箇所が非常に多く、とうてい詳細なチャンドラキールティの註釈ほどには解釈の助けとはならない。

またクマーラジーヴァ訳の青目釈『中論』四巻がある。従来中国・日本の『中論』研究はもっぱらこれによっていた状態であり、きわめて重要なものであるが、クマーラジーヴァが極度に意訳をしている上に、中国においてさえ青目釈の欠点が云々されているし〔僧叡による『中論』の序および吉蔵の『中論疏』を参照〕、また漢文の性質上種々の解釈が可能となり、解釈者は自分の漢字の常識をもちこんで、後に指摘するように、勝手に解釈することが中国で行なわれていた。

そのためこの危険を避けるためにはサンスクリット本の助けを借りなければならぬ。したがって『中論』の思想を解釈するためには、大体チャンドラキールティの註解を中心として、古註である『無畏論』や青目釈を常に参照し、さらにブッダパーリタの註釈や『般若灯論釈』『大乗中観釈論』の助けを借りたい。

## 諸註釈の解釈の相違

ここで問題が起こる。これらの諸註釈の中で『無畏論』、ピンガラ（青目）の註釈やチャンドラキールティの註解を中心とするにしても、これらの間にさらに解釈の相違がありはしないか。もしも相違があるときにはどのように取扱うべきか。

解釈の相違は実際に認められる。その著しい例は同一の詩の文句に対し諸註釈により正反対の解釈がなされているところがある。すなわち、ある註釈は一つの詩句を中観派の主張と解しているのに、他の註釈はその同一の詩句を反対派（たとえば有部・犢子部・正量部）の主張とみなしている（この事実は『橋本芳契博士還暦記念論文集』のうちで論じておいた）。

こういう場合にどの解釈が原意に合しているかを決定することは容易ではない。多分こちらが原意に合しているであろう、という感じをもつことはできるが、断定することはほとんど不可能である。故にこれらの詩句の文章には触れないことにして最も安全な材料を使って推論するよりほかに仕方がない。

さて、このように同一の詩句に対して正反対の解釈がなされるところもあるほどであるから、たとえすべての註釈によって中観派の主張を述べていると認められている詩句に関しても、非常な解釈の相違が有りはしないか、という疑問が起こる。

しかし『大乗中観釈論』『般若灯論釈』は別として『無畏論』、ピンガラの註釈、チャンドラキールティ註の三註釈のみに関しては、部分的には多少解釈の相違があるけれども全体としては著しい相違はないと思う。もちろん、知識も豊富で洞察力のある研究者が検討したならば全体にわたる解釈の相違が認められるかもしれないが、筆者の眼に映じたところでは上記の三つの註釈に関しては著しい相違は気づかれなかった。それはおそらく次のような理由によるのであろう。

『中論』の本来の詩句は詩句だけ読んでも大体理解しうるほど、主語・述語・客語がみなそなわっていてほとんど註釈を必要としない。故に『無畏論』は註釈ではあるが、ただ詩句の文章の語の順序をかえたにすぎぬ程度のものであり、また各註釈一般に一つの詩句に対する逐語的な註釈を省略したところさえもある。その意味では、『ミーマーンサー・スートラ』や『ヴェーダーンタ・スートラ』とは著しく性質を異にしている。

また『中論』における論敵排撃（破邪《はじゃ》）の論理は、概念や判断内容の実在性を主張する論理（法有の立場）を排斥しているのであり、概念や判断の内容を説明しているのではないから、たとえば、『唯識三十頌《ゆいしきさんじゅうじゅ》』などのように註釈者によって著しく異なった解釈をされるということはなかったのであろう。

したがって一つの詩句が中観派の主張を述べているのか、それとも反対者の主張を述べているのか、ということを決定するにあたっては相違がみられるが、いったんどちらかに決定したならば、その中に出てくる用語やそのつづき方については大体同様の解釈を施したとみてよいと思う。

以上『中論』の諸註釈について論じたが、そのほかにも、『般若経』やナーガールジュナの他の著書、そのほか中観派の書も『中論』の思想を明らかにするための参考として言及したい。また年代は後になるが、シャーンティデーヴァ（寂天《じゃくてん》、六五〇ころ―七〇〇年ころ）の『さとりの行ないへの入門』および同書に対するプラジニャーカラマティ（九五〇ころ―一〇三〇年ころ）の難語釈もすでに諸学者の主張したように中観派の思想を述べているとみてさしつかえない。

## *2*　運動の否定の論理

### 『中論』の論法の基礎

運動の否定の論理（『中論』第二章に述べられている）は、『中論』の論法の基礎ともみなさるべきものである。『中論』における後の諸章においては、すでに第二章（運動〔去ることと来ること〕の考察）に説明してあるからといって詳しい論証を省略し、第二章における証明をすでに確立された自明のものとみなしている。

すなわち「〔すでに第二章において〕〈いま現に去りつつあるもの〉と〈すでに去ったも

の〉と〈未だ去らないもの〉とによって、すでに排斥されてしまった」(第三章・第三詩後半)、「いま現に去りつつあるもの、すでに去ったもの、未だ去らないものについて、このように説明されている」(第七章・第一四詩後半)、残りは、「いま現に去りつつあるもの、すでに去ったもの、未だ去らないもの(についての考察)によって説明されおわった」(第一〇章・第一三詩後半、第一六章・第七詩後半)という。したがってナーガールジュナはこの第二章の論法をきわめて重要視していたらしい。まずこの第二章の第一詩をみると、「まず、すでに去ったものは、去らない。また未だ去らないものも去らない。さらに〈すでに去ったもの〉と〈未だ去らないもの〉とを離れた〈現在去りつつあるもの〉も去らない」(「先ず已去《いきょ》は去らず。未去も去せず、已去と未去とを離れたる去時も去せず」クマーラジーヴァ訳)

とあるが、厳密にいえば、「已《すで》に去られた〈時間のみち〉(世路)は去られない。未だ去られない〈時間のみち〉も去られない。現在去られつつある〈時間のみち〉も去られない」という意味である。

今ここでは不明瞭ではあるが、便宜上クマーラジーヴァの訳語を参照しつつ右のように訳し、以下も同様にする(したがってこの、第二章は直接には行くこと(「去」)を否定し、ひいては作用を否定する。また〈時間のみち〉(「世路」または「世」)を問題としているから現象的存在である〈有為法〉全体の問題にもなってくる)。

その理由を諸註釈についてみるに、まず「已去」とは已に去られたものであり、すなわち「行く作用の止ったもの」であるから作用を離れたものに作用のあるはずはない。したがって、すでに去られたものが、さらに去られるということはありえない。

また〈未去〉も去らない。〈未去〉とは行く作用の未だ生ざるものであり、去るという作用をもっていないからである。「未去が去る」ということは常識的にはわかりやすいかもしれないが、「去る」とは現在の行く作用と結合していることを意味しているのであり、両者は全く別なものであるから、「未去が去る」ということは不可能であるという。

さらに「〈現在去りつつあるもの〉（去時）が去る」ということもありえない。何となれば〈現在去りつつあるもの〉（去時）は已去と未去とを離れてはありえないものであり、普通に人々は〈現在去りつつあるもの〉（去時）なるものが存在すると思っているが、〈現在去りつつあるもの〉を追求すれば已去か未去かいずれかに含められてしまう。チャンドラキールティはこのことを強調している。

## 「〈去りつつあるもの〉が去る」の論理

ところが已去と未去とが去らないということは誰でも常識的に理解しうるのであるが、しかし現在の〈去りつつあるもの〉が去らないということはいえないはずではないか、という疑問が起こる。第二詩に問うていう。

「動きの存するところには去るはたらきがある。そうしてその動きは〈現在去りつつあるもの〉〈去時〉にあって〈すでに去ったもの〉にも〈未だ去らないもの〉にもないが故に、〈現在去りつつあるもの〉のうちに去るはたらきがある」

これに対してナーガールジュナは答える――

「〈現在去りつつあるもの〉のうちに、どうして〈去るはたらき〉がありえようか。〈現在去りつつあるもの〉のうちに二つの〈去るはたらき〉はありえないのに」〈第三詩〉

われわれが「去りつつあるもの」というときには、すでに「去るという作用」と結びついている。もしも「去るはたらき」と結びつくこととなる。それは不合理である。もちろん「去りつつあるもの」がさらに「去るはたらき」と結びつくこととなる。それは不合理である。もちろん「去りつつあるもの」というだけならば、それはさしつかえない。しかしながら「〈現在去りつつあるもの〉が去る」とはいえないと主張する。さらに、

「〈去りつつあるもの〉に去るはたらきが有ると考える人には、去りつつあるものが去るが故に、去るはたらきなくして、しかも〈去りつつあるもの〉があるという〔誤謬〕が付随して来る」〈第四詩〉

もしも「去りつつあるものが去る」という主張を成立させるためには、〈去りつつあるもの〉が〈去るはたらき〉を有しないものでなければならないが、このようなことはありえない。次に、

「〈去りつつあるもの〉に〈去るはたらき〉が有るならば、二種の去るはたらきが付随して来る。〔すなわち〕〈去りつつあるもの〉をあらしめる去るはたらきと、また〈去りつつあるもの〉における去るはたらきとである」（第五詩）

すなわち、もしも「去りつつあるものが去る」というならば、主語の「去りつつあるもの」の中に含まれている「去」と、新たに述語として附加される「去」と二つの〈去るはたらき〉が付随することとなる。二つの去るはたらきを認めるとすると、さらに誤謬が付随する。

「二つの去るはたらきが付随するならば、〔さらに〕二つの〈去る主体〉（去者）が付随する。何となれば、去る主体を離れては去るはたらきはありえないから」（第六詩）

すなわち〈去る主体〉と〈去るはたらき〉とは互いに相い依って成立しているものであり、〈去るはたらき〉があるとすれば必ず〈去る主体〉が予想される。故に〈去るはたらき〉が二つあるとすると〈去る主体〉も二つあらねばならぬことになる。このように全くありうべからざる結論を付随してひき起こすから、「去りつつあるものが去る」ということはいえないと主張している。

この議論は真にプラサンガの論法（一二九ページ以下参照）の面目を最も明瞭に示しており、第二章の論理の中心は上述のところで尽きている。

## 「三時門破」の論法

第六詩以下の詩を、『中論疏』を参照として分類すれば、第七詩から第一一詩までは去者と去法とを対立せしめて、これを論破し、第一二詩から第一四詩までは去の発《ほっ》(はたらきを始めること)を論破し、第一五詩から第一七詩までは住《じゅう》(とどまること)を論破している。それ以下は別の論法が使用してあるから後に検討するが、第七詩から第一七詩まではただ問題を取換えただけで、みな、上述の第六詩までと同じ論法が用いてある。嘉祥大師吉蔵はこの論法を一括して「三時門破《さんじもんぱ》」と名付けている。

上述の論法と似た議論は『中論』のうちの各所に散見する。吉蔵はこれに「三時門破」または「三世門破《さんぜもんぱ》」という名を与えている。たとえば、第三章・第三詩、第七章・第一三詩、第一四詩、第一五詩、第二二詩、第二六詩、第一六章・第七詩後半、第一〇章・第一三詩後半、第二三章・第一七詩、第一八詩などはそれであるが、実際にはもっと広範囲に使用されている。

さらに『大智度論』においてもこの第二章の論法が使用されている(第五一巻、大正蔵、二五巻、四二八ページ上)。同書の第五一巻では大体第二章の第一詩から第八詩までの内容を述べ、第一九巻では同様に第一詩から第八詩までの内容を述べ、さらに第一六詩の議論を附加している。これは、どれも『大品般若経《だいぼんはんにゃきょう》』の中の不来不去を註釈するところに説かれているから、『中論』のこの議論も『般若経』の不来不去を証明するつもりであったかもしれない。なお『十二門論』の観生門《かんしょうもん》第一二にもこれと同様の議論が述べられている。

### 「第二章」の哲学的意義

以上は一応第二章の論法の概略を述べたにとどまるが、われわれはさらに進んで、その哲学的意義を考察したい。『中論』は何故に「去りつつあるものが去る」というと二つの去るはたらきが随伴すると主張するのであろうか。常識上われわれの理解に苦しむところである。「去りつつあるものが去る」という命題は「日本人は人である」という命題と同様に何らの矛盾を含まないではないか。しかるにこれを不合理であるとしてナーガールジュナが極力論駁《ろんぱく》するのは何故であろうか。

「去りつつあるものが去る」という命題は「日本人は人である」という命題と同様に形式論理学的にみるならば何ら誤謬を含んでいない。何となれば、これは解明的判断、または分析的判断であって、主語である「去りつつあるもの」「日本人」という概念の中に述語の「去る」「人」という概念がすでに含まれている。主語を分析して述語を導き出すのであるから少しも不合理ではない。

ところがナーガールジュナは「二つの去るはたらきが付随して起こる」という。すなわちかれは「去りつつあるもの」の「去」と、「去る」の「去」と、意味が異なるとみていたのである。故にナーガールジュナは「去りつつあるものが去る」という判断を解明的判断ではなくて、もしも強いて名づければ拡張的判断、または綜合的判断とすべきであると考えていたに相違ない。

### 法有の立場を攻撃

何故であるか。ここでわれわれは『中論』が「法有」の立場を相手にしているという歴史的連関を考慮するならば、容易にこの主張を理解しうる。

すでに述べたように法有とは経験的事物としての「もの」が有る、という意味ではない。自然的存在としての「もの」をして、それぞれの特性において「もの」として有らしめるための「かた」「本質」としての「もの」が有る、という意味である。「……であるあり方《かた》」が、有る、と主張するのである。essentia を essentia としてとどめずにより高き領域における existentia として把捉しようという立場である。より低き領域において存立する（bestehen）ものはより高き領域において有る（sein）。

したがって法有の立場では作用をたんに作用としてみないで、作用を作用としてあらわし出す「かた」「本質」が形而上学的領域において実在していると考える。

たとえば註解書の第二章の始めにおいては法有の立場の人は、「作《さ》（作用）あるをもっての故に、まさに諸法ありと知るべし」といって、「去る」という「かた」「本質」が実在することを主張している。「去りつつあるもの」もわれわれによって考えられ、または志向されている「あり方」であるから、たんに意識内容たるにとどまらず、背後の実在界に根拠を有するものとみなされる。

したがって「去りつつあるものは去る」という場合には、「去りつつあるもの」という一つの「あり方」としての形而上学的実在に関して、「去る」という述語を附与する判断であらねばならぬ。ところが法有の立場は、それぞれの「あり方」をそのまま実在とみなすから、「去りつつあるもの」という「あり方」と「去る」という「あり方」とは全く別のものとされ、「去りつつあるものが去る」といえばそれは拡張的判断であり、二つの去るはたらきを含むこととなる。

そうだとすると、この二つの去るはたらきを綜合する根拠はいずれに求むべきか。「あり方そのもの」（法のみ）であり、他のいかなる内容をも拒否している二つの実体がいかにして結合しうるであろうか。これがナーガールジュナの論点である。

論敵のもっているこの困難は全く「法有」という哲学的態度から由来している。もちろん『中論』の主要論敵である有部は「去ること」というダルマ（法）を認めていたのではなく、いわゆる運動を否定していたといわれる。しかしながら「去ること」も一つの「あり方」であるから、一般に法有の立場に立てば、「去ること」をも実体視せねばならず、そうだとすると種々の困難が起こるということをナーガールジュナは強調したのである。この点は経部という学派が有部に対して、もしも法有の立場を固執するならば七十五法以外のすべての

「あり方」をも実体視せねばならぬではないか、といって種々その弱点を攻撃しているのと同一態度であろう。

## プラトーンにみられる「本質」「かた」

もしも現象界の変化やすがたを成立させるもとの範型としての本質、「かた」があるならば、それは変化しないものであるという議論はプラトーンの対話篇にもみられる。

「ソクラテス……次のことを考えてみようじゃないか、本当に名を立てた人々は万物が何時も行き又は流れると考えて立てたのかどうか――わし自身の見るところでは、かれらはそう考えたのだから――しかし実は、ことによったら、そうではなくて、その人たちはみずから一種の渦の中に陥っていて混乱し、またわれわれをひきずって更に投げいれる。わしが度々夢みることを、畏敬すべきクラチロス君、考えてみたまえ。われわれは言ってよいかどうか、美自体とか善とかそのように存在するものの一々があると。

クラチロス　無論あるように思われます。ソクラテス。

ソクラテス　かのもの自体を考えてみようじゃないか。ある顔が、あるいは何かそのようなものが美しいかどうかではない。それらはすべて流れるように思われるから。そうではなくて美自体は何時もそれが現在あるとおりの性質そのものではないか。

クラチロス　そうにきまっています。

ソクラテス　さて、それが何時も出て行くならば、それを正しく呼びかけることができるかね、まず、かのものであると。次には、このようなものであると。それとも必ずわれわれが言うと同時にそれはすぐ他のものになり、出て行き、もうその状態をつづけないのか。

クラチロス　必ずそうなります。

ソクラテス　さて決して同じ状態にあらぬものがどうしてかのあるものであり得ようか。と言うのも、少くとも同じ状態にあれば、少くともその時間の間は無論ちっとも変化しない。また何時も同じ状態にあり同じものであるならば、少くともそれがどうして変化したり運動したりしようか、自己の姿を失わずして。

クラチロス　決してしません」

（『クラチロス』四三九。岡田正三訳『プラトン全集』第二巻、漢字やカナを若干改めて引用した）

従来西洋の諸学者はこの第二章をみて、ナーガールジュナは運動を否定したと評し、ギリシアのエレア派のゼーノーンの論証に比している。しかしながら両者の論理を精細に比較するならば、類似を認めることは困難である。ナーガールジュナは自然的存在の領域における運動を否定したのではなく、法有の立場を攻撃したのである。

# 5 論争の意義

## *1* 「有」の主張に対する批判

### 「破邪」の意味の考察

『中論』は論争の書である。東アジアの伝統的な表現では、「破邪《はじゃ》」をめざしているという。『中論』の「破邪」すなわち否定の論理は、あらゆる概念の矛盾を指摘して、事実に反してまでも概念を否定した、と西洋の学者によって一般に解釈されている。

しかしながらはたして『中論』は「概念の矛盾」を指摘したのであろうか。もしもそうだとすれば『中論』は、結局フランスのE・ビュルヌーフのいったように懐疑論を説くものとなろう。何となれば、そこには一方的断定的な主張は何も述べられていないからである。それでは空観から出発する大慈大悲の利他行が何故成立するのか、その意義は理解されないこととなりはしないであろうか。『中論』のいわゆる「破邪」とはどのような意味であるかを考察しよう。

## 『中論』の論理——プラサンガ

そもそも基本的な態度として、〈空〉の哲学は定まった教義なるものをもっていない。中観派はけっして自らの主張を立てることはしないという。このことはすでにナーガールジュナの明言したところである。かれは発言した。

「もしもわたくしに何らかの主張があるならば、しからば、まさにそのゆえに、わたくしには理論的欠陥が存することになるであろう。しかるにわたくしには主張は存在しない。まさにそのゆえに、わたくしには理論的欠陥が存在しない」

と、その著書の中の『異論の排斥』で説いている。ナーガールジュナの弟子であったアーリヤデーヴァも同様の趣意でいう。

「もしも〔事物が〕有るとか、無いとか、有りかつ無いとかいう主張の存在しない人——いかに長い時間を費やしても、かれを論詰することは不可能である」（『四百論』第一六章二五）

したがって哲学者チャンドラキールティは、

「中観派にとってはみずから独立な推論をなすことは正しくない。何となれば〔二つの〕立論の一方を承認することはないからである」（『プラサンナパダー』一六ページ）

といい、さらに同書(一八一—一九ページ)で一般に主張命題(宗《しゅう》)も理由命題(因)も実例命題(喩《ゆ》)も用いてはならぬと主張している(もちろんこのプラーサンギカ派の主張に対してはバーヴァヴィヴェーカの反対があるが、上述の『異論の排斥』なる書の文句などからみるならばチャンドラキールティの言のほうが原意に近いであろうと思われる)。したがって『中論』の用いる論理は推論ではなくしてプラサンガ(帰謬《きびゅう》論法)である。

プラサンガとはけっして自説を主張することではなくて、論敵にとって願わしからざる結論を導き出すこと(同書二三ページ・脚註三。二一〇ページ)なのである。「実にわれわれは〔論敵にとって〕願わしからざる論証によって論敵の議論を暴露せしめる」とチャンドラキールティは豪語している(同書三九九ページ)。他派の主張を極力排斥するが、それはけっしてそれと反対の主張を承認するという意味ではない(同書二四ページ)。では何を主張するのか、それはあとで答えることとする。「プラサンガ」とはこのような意味の論理であるから、厳密な意味では論証とみなすことはできない(同書二三ページ・脚註三)。したがってプラサンガは帰謬法(reductio ad absurdum)と訳されている。

中観派の哲学者たちは、自分たちの立場が論駁されることはありえない、という確信をいだいていた。そうして大乗仏教が、(禅を含めて)神秘的な瞑想を実践しえたのは、そのような思想的根拠があったからである。

これについて次のような説明がなされている。

中観派は証明すべき自分自身の主張をもっていないのである。ところが弁証家は、思考過程の完成として何らかのテーゼ——たとえばプラトーンのイデア、ヘーゲルまたはブラドレイの絶対——を証明せねばならぬ。シャンカラは、絶対者は上向きの思考の動きによっては達成されえないものであるとして新しい弁証法の技術を展開したのである。かれにとってテーゼは疑う余地のないものであって、証明することはできないのである。アートマンは内証されるはずのものである。……ナーガールジュナの分析は、シャンカラがその弁証法を形成した原型であったと思われる（R・C・パンデーヤ「中観派の哲学」『哲学——西と東』一九六四年四月、二〇—二二ページ）。

この論法は後代の東アジアに継承された。

中国では僧肇《そうじょう》（三七四—四一四年）が〈有〉と〈無〉とが何ものかについて絶対的にまた普遍的に述語されることはありえないと主張した。

## 破邪の論法の解釈

ナーガールジュナはこのプラサンガというういわゆる「破邪」の論法によって、当時の諸学派によって論議されていた種々の哲学的問題を縦横自在に批判したのである。その破邪の論法を解釈するためには各詩句のひとつひとつについて検討せねばならないが、しかし各章において各問題を扱う態度は非常に類似している。すなわちごくわずかの基本形式が種々に形を変えて適用されている。故に『中論』の論法を説明するには、ただその代表となるべき論法についてその特質を明らかにすれば『中論』の論法全体を説明するための鍵を与えることとなると思う。

『中論』における否定的表現の代表的なものは、この書の冒頭にかかげられている「不生《ふしょう》、不滅、不常、不断、不一、不異、不来、不去」という八種の否定である（第Ⅲ部『中論』参照）。東アジア諸国ではこれを「八不《はっぷ》」とよんでいる。いまここでは否定の論理の代表として具体的に「八不」に関して論じてみよう（そのうちで最も基本的なものと思われる「不来不去」については、すでに前章で〈運動の否定〉として解明しておいた）。

## 2　不一不異

### 一異門破

『中論』の第二章（運動の考察）においては、運動というものは過去にも未来にも現在にも存しえないという議論（三時門破、第一―第一七詩）の次に、第一八詩から第二一詩によって去るはたらきと去る主体との不一不異を証明している。嘉祥大師吉蔵はこれを「一異門《いちいもん》破《は》」と名づけている。いま一異門破の代表としてこの部分のチャンドラキールティ註を訳出してみよう（『プラサンナパダー』一〇一―一〇五ページ）。

「また、もしも去るはたらきが去る主体を離れて存するとしても、あるいは離れないで存するとしても、いかように考察されようとも去るはたらきは成立しえない、ということを述べていわく、『去るはたらきなるものが、すなわち去る主体であるというのは正しくない。また、去る主体が去るはたらきからも異なっているというのも正しくない』」（第一八詩）

それでは、どういうわけで正しくないのであるか。答えていわく。

「もしも去るはたらきなるものが、すなわち去る主体であるならば、作る主体と作るはたらきとが一体であることになってしまう」（第一九詩）

もしもこの去る作用が去る主体と離れていない（すなわち去る主体と）異ならないのであるならば、その時には作る主体と作用との同一なることが有るであろう。それ故にこれは作用であり、これは作者（作る主体）であるという区別はないであろう。しかるに切断作用と切断者との同一であることはありえない。それ故に去るはたらきがすなわち去る主体であるということは正しくない。また去る主体と去るはたらきとの別異なることもまた存しないということを明らかにしようとしていわく、

「また、もしも去る〈主体〉は〈去るはたらき〉から異なっていると分別するならば、〈去る主体〉がなくても〈去るはたらき〉があることになるであろう、また〈去るはたらき〉がなくても〈去る主体〉があることになるであろう」（第二〇詩）

何となればもしも去る主体と去るはたらきとの別異であることが有るならば、その時には去る主体は去るはたらきと無関係であろう。また去るはたらきは去る主体と無関係であると認められるであろう。あたかも布が瓶とは別に成立しているようなものである。しかるに去るはたらきは去る主体とは別に成立しているとは認められない。また去る主体は去るはたらきとは異なっているということは正しくない、ということが証明された。それ故にこういうわけであるから、

「一体であるとしても別体によっても成立することのないこの〈去るはたらき〉と〈去る主体〉との〕二つはどうして成立するだろうか」(第二一詩)

上述の理論によって一体だとしても、あるいは別体であるとしても成立しないところのその去る主体と去るはたらきとの両者がいまどのようにして成立するであろうか。それ故にいわく「この二つはどうして成立するであろうか」と。去る主体と去るはたらきとは成立することはない、という趣意である(『プラサンナパダー』一〇四―一〇五ページ)。

**法有の矛盾を突く**

たんに去るはたらきと去る主体という関係を離れて、これを一般的に解釈すれば次のようにいえると思う。

相関関係にある甲と乙との二つの「ありかた」が全く別なものであるならば両者の間には

何らの関係もなく、したがってはたらきも起こらない。さらに甲であり乙であるということも不可能となる。甲であり乙であるといいうるのは両者が内面において連絡しているからである。故に甲と乙とが全然別異であるということはありえない。

また甲と乙が全然同一であったならば、両者によってはたらきの起こることもなく、また甲であり乙であるという区別もなくなってしまうであろう。故に両者は全然同一ではありえない。

ここにおいても『中論』がたんなる実在論を攻撃しているのではなくて、法有を説く特殊な哲学の根本的立場を攻撃しているということがよくわかる。たんなる実在論においては、ここに一人の人が有り、その人が歩むからその人を〈去る主体〉といい、歩む作用を抽象して〈去るはたらき〉というにすぎないから、両者の一異という問題は起こらない。

ところが、法有の立場は自然的存在を問題とせず、その「ありかた」が有る、となすのであるから、一人の人が歩む場合に「去る」という「ありかた」と「去る主体」という「ありかた」とを区別して考え、それぞれに実体視せねばならないはずである。法有の立場を理論的にどこまでも突きつめていけば結局ここまで到達せねばならない。しからば両者の一異如何が問題とされることになる。ナーガールジュナは実にこの点を突いたのである。

したがってナーガールジュナは概念を否定したのでもなければ、概念の矛盾を指摘したのでもない。概念に形而上学的実在性を附与することを否定したのである。「去るはたらき」

や「去る主体」を否定したのではなく、「去るはたらき」や「去る主体」という「ありかた」を実有であると考え、あるいはその立場の論理的帰結としてそれらが実有であると認めざるをえないところのある種の哲学的傾向を排斥したのである。

このような相関関係にある二つの概念は一に非ず異に非ずと主張する「一異門破」は『中論』において各処において用いられている。

第六章・第四詩、第五詩、第二〇章・第一九詩、第二〇詩、第二一章・第一〇詩、第二七章・第八詩、さらに第一〇章全体も一異門破と、みなしうる。

さらにこの一異門破は、ナーガールジュナの他の著書においても、すなわち『十二門論』（観一異門第六）、『広破経』、『大智度論』においても用いられ、またヨーガ行派においても述べられている。

### 五求門破

また『中論』における他の論法、たとえば「五求門破《ごぐもんは》」はチャンドラキールティのいったように（『プラサンナパダー』二二二ページ）、一異門破から論理的必然性をもって導き出されるものである。すなわち甲と乙とが、（1）〈同一のものであること〉と、（2）〈別異のものであること〉と、（3）甲が乙を有することと、（4）甲が乙のよりどころであることと、（5）乙が甲の上に依っているものであることを否定するのが、「五求門破」（五つの見方による論破）であるが、（1）と（2）とを否定すると、（3）（4）（5）はおのずから否定されることになるという。したがってこの一異門破の及ぼした影響は非常に大きいとみねばならない。

## 3　不生不滅

### 共通する議論の根本的態度

『中論』においては、不生不滅も作用に関して立言されることであるから、不来不去の証明の場合と同じ論理を用いうる。すなわち第二章の最初において、

「まず、すでに去ったものは、去らない。また未だ去らないものも去らない。さらに〈すでに去ったもの〉と〈未だ去らないもの〉とを離れた〈現在去りつつあるもの〉も去らない」（第一詩）

と論じたのと同様に、

「いま現に生じつつあるものも、すでに生じたものも、未だ生じていないものも、けっして生じない。いま現に去りつつあるもの、すでに去ったもの、未だ去らないものについて、このように説明されている」（第七章・第一四詩）

「未だ滅びないものも滅びない。すでに滅んでしまったものも滅びない。いま現に滅びつつ

あるものもまた同様に滅びない」(第七章・第二六詩)という。故に不生不滅はもちろんのこと、他の一切の作用に関しても第二章の三世門破を用いうるわけである。しかしプラサンガの方法はこれのみに限らないから、『中論』においては不生不滅に関しても、その証明のために種々の論法が用いられている。これらの諸論法に関しては部分的にすでに言及したが(たとえば一一七ページ以下)、しかしその議論の根本的態度はすでに『中論』全体を通じてほぼ一貫している。

## *4* 不断不常

### 不断不常を主張し合う〈法有〉と〈法空〉

次に不断不常の証明を検討してみると、これを他の不来、不去、不一、不異、不生、不滅の証明の場合と比べると著しい相違があるのに気がつく。〈法有〉の立場は、生、滅、一、異、去、来を認めているのに対し、〈法空〉の立場はこれを承認せず、不生、不滅、不一、不異、不来、不去を主張している。しかるに断滅と常住とに関しては両方の立場が共にこれを排斥して、両者ともに自説が不断不常を明らかにしているということを互いに主張し合っている。

元来ブッダは仏教外の諸派の説を断または常の見解に堕するものとして排斥したのである

から、かりそめにも仏教徒たるものはけっして断滅と常住との偏見をもつことは立場上許されない。

すなわちいかなる個人存在もまたいかなる事物も永久に存在する（常住）と考えてはならないし、また反対にただ消え失せてしまうだけである（断滅）と考えてもならない。この両方の見解はともに排斥されねばならない。

「不断不常」は仏教徒にとっては絶対の真理である。したがって説一切有部のような学派といえども自説は断常の見に堕することはないと主張している。しかしながら有部のように、ダルマを独立の実体とみなし、これが過去現在未来の三世に恒有であるというならば、著しく集積説に近くなるから、これははたして「不常不断」を説いたブッダの最初の思想に忠実であるといいうるのであろうか。

対立する学派であった経部はすでにこの点に着目して、もしも説一切有部が主張するような「三世実有法体恒有」の説を許すならば、常住という理論的欠点に堕するではないか、といって有部を攻撃している。これに対して、有部はダルマそれ自体（法体）は恒存するけれども、「世を経る」から、すなわち過去現在未来という時間的規定を受けるから「常の」理論的欠点には陥らない、といって極力弁解している。しかしながら依然として有部にはこの弱点がつきまとっている。

## ナーガールジュナの主張

ナーガールジュナもまさしくこの弱点を突いたのである。いま『中論』についてみるに、法有の立場の人は極力自己の説が「断」または「常」の理論的欠点に陥らないということを証明しているのに対し、ナーガールジュナは、たとえ相手がそのように証明するにしてもやはり「断」と「常」との理論的欠点に陥るといって攻撃している。

たとえば第一七章・第一七詩において「法有」の立場に立つ人々は、

「そうして心から個人存在の連続が〔起こり〕、また個人存在の連続から果報の生起が有り、果報は業に基づいているから、断でもなく、また常でもない」

といい、また第二〇詩において、

「仏によって説かれた〈業が消失しないという原理〉は、空であって、しかも断絶ではなく、輪廻であってしかも常住ではない」

と説いているのに対して、ナーガールジュナは、

「何故に業は生じないのであるか。それは本質をもたないもの（無自性）であるからである。またそれが不生であるが故に（生じたものではないから）、滅失することはない」（第二一詩）

と答えている。

その意味は、仏が〈業が果報を受けないで消失することはないという原理〉を説いたとし

ても、それは業が本体のないもの（無自性）であるから不生なのであり、したがって不滅（不失）であるというのであり、相手（正量部）の理解するような意味ではないというのである。さらに次の第二二詩によると、

「もしも業がそれ自体として（自性上）存在するならば疑いもなく常住であろう。また業は作られたものではないことになるであろう。何となれば常住なるものは作られることがないからである」

と答え、以下さらに反駁を続けているが、要するにナーガールジュナは業がそれ自体として（自性上）有るならば、「常住」という理論的欠点に陥るが、業が自体の無いもの（無自性）であるからこそ「常住」という理論的欠点には陥らないと主張している。また第二一章・第一五詩においても法有の立場の人が、

「有〔の立場〕を承認している人にとっては、断滅ということも無いし、また常住ということも無い。〔われわれの〕この生存というものは結果と原因との生起、消滅の連続であるからである」

と主張するのに対し、ナーガールジュナは、

「もしも結果と原因との生起と消滅との連続が生存であるならば、消滅がさらに生ずることは無いから、原因の断滅が随《したが》い起こる」（第二一章・一六詩）

### 「断常」に陥ったとして論破

以上からみてもわかるように、〈法有〉の立場も〈法空〉の立場も共に、「不断不常」を真の仏教であるとみなして、自己の説においては断常の理論的欠点の無いことを互いに主張し合っている。

どちらがブッダの真意に近いかという問題に関しては、なお独立の研究を要するが、ナーガールジュナによれば、実有なる法を認めようとすると、それが存続すれば「常住」という理論的欠点に堕し、滅すれば「断滅」という理論的欠点に陥るから、法有の立場においては不常不断ということは不可能である。反対にダルマが実体の無いもの（無自性）であるからこそ不常不断といいうる、と解するのである。

すなわち、一、異、去、来、生、滅を論破したように「断」「常」を論破したのではなくて、「不断不常」であると自ら称する相手の説を、実は「断常」に陥ったものであるとして、それを論破したのであるから、他の「論難」（破邪）の論法とは幾分内容を異にしている。

## *5* 『中論』における否定の論理の歴史的脈絡

### 実念論的思惟の排斥

以上「八不」を中心として、『中論』におけるいわゆる「破邪」の論法の根本的態度を論じたのであるが、『中論』の論法が一見独断的であり、また詭弁を弄しているかのような印象を与えるにもかかわらず、その議論をしさいに考察すれば、それぞれ思想的意義をもっているものであることがわかる。

その痛烈な論法は誤解を招きやすいが、『中論』はけっして従前の仏教のダルマの体系を否定し破壊したのではなくて、法を実有とみなす思想を攻撃したのである。概念を否定したのではなくて、概念を超越的実在と解する傾向を排斥したのである。「であること」essentia を、より高き領域における「があること」existentia となして実体化することを防いだのである。西洋中世哲学史における類例を引いてくるならば、実念論（realism, Begriffsrealismus）的な思惟を排斥しているのである。

**中観派と経部**

次の問題として『中論』のこのような論法はどの系統から得たものであるか、という歴史的脈絡を考えてみたい。全くナーガールジュナの独創であろうか。あるいは他派から暗示を得たのであろうか。『中論』のある部分は疑いもなくナーガールジュナの独創であるにちがいない。しかしすべてがそうであるといえるであろうか。

西洋の学者は経部と中観派とを唯名論者（Nominalist）と呼んでいる。両者が共に概念を超越的実在とみなす傾向に反対しているからである。そうだとすると両者の関係如何が問題となる。両者の論法に類似点の認められることはすでに部分的に言及したが（一〇五ページ参照）、もっと著しい類似を発見したい。

しかしこの問題を全体的に扱うにはいま余裕がないから、ここでは『中論』の中で当時の小乗仏教との関係が最も密接であるように思われる第七章（つくられたもの〔有為〕の考察）を扱い、また経部の思想を知るには『倶舎論』によることとする（前に言及したようにヤショーミトラに従って著者ヴァスバンドゥの立場をひとまず経部としておく）。

もちろん両者を同一平面上に置いて取扱うことはできないかもしれない。何となれば『倶舎論』においては、この問題に関してはもろもろの事象（つくられたもの〔有為〕のダルマ）には生《しょう》・住・異・滅という四つの特質があると解する説一切有部の四相説が主として攻撃されているのに、『中論』においては生・住・滅の三相をとる説が論破されている（『十二門論』『大智度論』およびアーリヤデーヴァの『四百論』も同様に三相説を論破している）。また『倶舎論』は有部を相手としているが、『中論』の第七章が有部を攻撃しているかどうかは問題とされている。しかしながら有為相およびその付随的特質（随相）を立てるという根本的立場は同様である。

### 四有為相と有部

そこでここでの問題点はこうである。たとえば、われわれの心身が軽やかな気持（軽安《きょうあん》）

になることがある。その軽やかな気持というはたらき（ダルマ）が生起するやいなや、次の瞬間には消滅するけれども、細かく分けていうと、その間に、（1）生起し、（2）生起したその状態をたもち、（3）その状態が変化し、（4）消滅する、という四つの段階がある。これらをそれぞれ漢訳では（1）「生」、（2）「住」、（3）「異」、（4）「滅」とよぶ。これらは有為のダルマの無常なすがたを示す特質であり、四有為相《しういそう》とよぶ。

ところで説一切有部の教学によると、これらの四つは独立の原理（ダルマ）であって、人に「軽やかな気持」が起こるときには、「生」という独立の実体としての原理がはたらくから、それが生ずるのである。

それがとどまるのは「住」という原理がはたらくからで、またその軽やかな気持が変化するのは「異」という原理がはたらくからであり、またそれが消滅するのは「滅」という原理がはたらくからである。

ところで「生」という原理が「軽やかな気持」にはたらいてそれを生ずるためには、「生生《しょうしょう》」（生を生起させるもの）という別の原理がはたらく。それを漢訳で「随相《ずいそう》」という。では、その「生生」を生ぜしめる原理は何か、というと、もとの「生」という原理（本生）がはたらく。したがって無限遡及にはならない。「住」と「住住」、「異」と「異異」、「滅」と「滅滅」とのあいだにも同様の関係があるという。

こういう見解をナーガールジュナは批判するのであり、経部もまた批判していた。したがって『中論』および『倶舎論』においてこのような思想を攻撃する論法を比較することは無意味ではないと思う。

## 『大毘婆沙論』と『倶舎論』との対応

さて、『中論』第七章の第一詩には、

「もしも生ずること（生《しょう》）が〈つくられたもの〉（有為）であるとするならば、そこ（すなわち生）には三つの特質（相《そう》）、すなわち生、住、滅）が存するであろう。もしもまた生がつくられたものでないもの（無為）であるならば、どうしてつくられたものをつくられたものとする特質（有為相）があろうか」

とあるが、前半は『倶舎論』に「諸行の有為なることは、四つの本相《ほんそう》による。本相の有為なることは、四つの随相《ずいそう》による」とあるのに対応し、後半は、『大毘婆沙論』によると分別論《ふんべつろん》者《じゃ》は、「四有為相は無為であり性《しょう》強盛であるが故に有為相でありうる」（三八巻、大正蔵、二七巻、一九八ページ上）と説いていたと伝えられているから、あるいはこのような説にあたっているのかもしれない。

第二詩は次のようにいう。

「生などの三〔相〕がそれぞれ異なったものであるならば、有為〔のもの〕の〔生・住・滅という〕特質をなすのに充分ではない。それらが合一するならばどうして同一時に同一のところにあることができるであろうか」

『倶舎論』では主として後半が問題とされている。後半をピンガラの註釈では、「もしも〔それらが〕和合すとせば、それらは共に相違（矛盾せる）法なり。何んぞ〔同〕一時に倶《とも》にあらんや」というのみであるが、『倶舎論』をみると説一切有部が「もし有為なる色等の自性を離れて、生等の物（生起の原理などの実体）が有ることとは、また何の非理かあらん」と反論しているのに対して、経部はそれを論難して、「〔同〕一の法が〔同〕一時に、即ち生と住と衰異と壊滅と、倶に有りと許すべきか」（『倶舎論』五巻、一六枚右—左）と前置して、

「また住等の三つの用《ゆう》（はたらき）は倶に現在ならば、まさに一つの法の体が一つの刹那の中に、即ち安住と衰異と壊滅と有るべし。もしも時に住相が能《よ》くこの法を住せしめ、即時に異滅が能く衰壊せば、その時にこの法を安住と名づくとせんや。衰異と名づくとせんや。壊滅と名づくとせんや」

と論じ、また後の方では、

「〔同〕一の法が〔同〕一時の中において亦《また》住し亦滅せば、正理《しょうり》に応ぜず」

ともいうからこの論法は『中論』と同じである。

第三詩では次のようにいう。

「もしも生・住・滅に、さらに〔それらを成立せしめたるための〕他の有為相があるなら

ば、こういうわけで無限遡及（無窮《むぐう》）となる。もしも〔これらの生・住・滅に、さらに他の有為相が〕が存在しないならば、それら（生・住・滅）は有為ではないことになってしまう」

この詩の前半と同じことを第一九詩の前半でもいう。

「もしも他〔の〈生〉〕がこ〔の生〕を生ずるとするならば、そこで〈生〉は無限遡及となってしまう」

この第三詩の前半や第一九詩の前半と同じ意味のことを、ヴァスバンドゥは『倶舎論』において論じている。

「この生等の相は既に是れ有為なり、応《まさ》に更に別に生等の四相有るべし。もしもさらに相あらば、すなわち無窮を致すべし。かれに復《ま》た余の（他の）生等の相有るが故に」（五巻、一二枚左）

また他のところでも、

「豈《あ》に本相が、所相の法のごとく一々に応じ四種の随相あるべく、これも復た各〻四ならば、展転して無窮なるにあらざらんや」

という。この議論はすでに『大毘婆沙論』に見えている（三九巻、大正蔵、二七巻、二〇〇ページ下）。

「問う、生相に復た余の（そのほかの）生相有りや、いなや。もししからば、何の失かあらん。もし有らば、これに復た余の〔他の〕〔生相〕有り、かくのごとくにして、展転して応に無窮を成《じょう》ずべし。もし無くば誰かこの生を生じて、しかも他の〔生を〕生ぜんや」

「答う、応にこの説を作《な》すべし。生も復た生有り」

「問う、もししからば、生相は応に無窮を成ずべし」

無限遡及になりはしないか、という疑問に対して次のような返答がなされている。

「〔一〕この説を作すもの有り。この無窮を許すとも亦た〔過〕失有ること無し。三世寛博なるに豈に住する処無からんや。この因縁《いんねん》に由って生死《しょうじ》は断じ難く、破し難く、越え難し。衆苦の生長する連鎖は窮まり無し。また同一刹那の故に無窮の〔過〕失無し。

〔二〕余師有りて説く、諸行の生ずる時に三法が倶に起こる。一には法、二には生、三には生生。この中にて生は能く〔そのほかの〕二法を生ず。謂《い》わく、法および生生なり、生生は唯だ一つの法を生ず、〔それは〕謂わく生なり。この道理に由って、無窮の〔過〕失無し」

このように『大毘婆沙論』には二種の答が述べられているが、そのうちで後者が『倶舎論』に採用され、また『中論』にも述べられている。

『倶舎論』（五巻、一二枚左―右）においても、

「応に更に有りというべし。しかれども無窮には非ず。所以は何ぞ。頌にいわく、これに生生等有り。大と一とにおいて能く有り」

という。すなわち生生が本生を生じ、本生が生生を生じるから、無限遡及（無窮）の難点は

ありえないということを詳しく論じている。『中論』もこの議論を受けて第四詩において、「生を生起させるもの（生生）〔と称せらるる生〕はたんに生というもとの原理（本生）の生にすぎない。さらに本生は生生を生じる」という反対派の議論を紹介している。

第一三詩では次のようにいう。

「この未だ生ぜざる生がどうしてそれ自体を生ぜしめるであろうか。もしもすでに生じたものが生ぜしめるのだとすると、すでに生じたのにどうしてさらに生ぜられるであろうか」

これと全く一致しているのではないが、類似した議論が『倶舎論』にみえている。「たとい未来の生に作用《さゆう》ありと許すとも、如何《いか》んが未来を成《じょう》ぜんや。応に未来相を説くべし。法の現在する時には生の用（はたらき）はすでに謝す（消え失せている）。如何んが現在を感ぜんや」（五巻、一六枚右。なおヤショーミトラの註釈も参照）

第一九詩では次のようにいう。

「もしも他〔の〈生〉〕がこ〔の生〕を生ずるとするならば、そこで〈生〉は無限遡及となってしまう。またもしも不生であるのに生じたのだとするならば、一切はみなこのようにして生ずるであろう」

前半はすでに論じたから省略する。後半は『倶舎論』の、

「もしも生が未来に在って、生の法を生ぜば、未来の一切の法は何ぞ倶に生ぜざる」（五巻、

一七枚左)に相当するであろう。

第二三詩では次のようにいう。

「いま現に消滅しつつあるものが住するということはありえない。またいま現に消滅しつつあるのではないものはありえない」

これは生住滅の三相または生住異滅の四相を立てる有部の痛いところを突いている。仏教によれば一切は無常であるはずなのに住(続)という原理を立てるのは何故であろうか。仏説に背反するおそれはないか。

これも『大毘婆沙論』で少なからず問題となっていることであって、住を有為相のうちに入れない学者も当時存在していたほどである(『大毘婆沙論』三九巻、大正蔵、二七巻、二〇一ページ中—下)。『中論』のこの主張もこの系統を受けているのかもしれない(なおこの第七章の論法は中観派の他の書にも影響を与えている)。

**論法の独創性と共通性**

このように第七章だけについてみても、『中論』の主張は、『大毘婆沙論』および『倶舎論』にみえているところの、有部を攻撃する学者たちの説(とくに経部)と共通なものが少なくない。もちろんすでに述べたように『中論』は経部をも含めて論破しているから中観派と経部とをただちに一括して論ずることはできないが、その論法に共通なものがあるという事実は否定できない。

したがって三世門破・一異門破のような一般的な、また『中論』の根本となる論法はナーガールジュナ自身の独創になるらしいし、またナーガールジュナ自身もそれを誇示しているようであるが、第七章のように、ある特定の派の体系を相手としているところでは、中観派以外のある派(たとえば経部)がその派(たとえば有部)に対して向けた攻撃の論理と共通のものが少なからず存在する。故に将来、各種仏典および仏教外の諸派の典籍から『中論』と同じ論法をとり出してきたならば、中観派の部派的関係および歴史的意義が一層明白になるであろう。

いまその余裕がないからここではただ結論として、『中論』における論争の論法にはナーガールジュナ自身の独創になるものと、ナーガールジュナが他派から学んだものと二種類あるという事実を指摘するにとどめておく。

## *6* 否定の論理の比較思想論的考察

### 東西における対応

ナーガールジュナの運動否定の論理は、しばしばゼーノーンの運動否定論に対比される。

ナーガールジュナとゼーノーンとの間に類似の存することはしばしば指摘され、とくに運動の否定の議論が似ているのであるが、ゼーノーンとナーガールジュナとの間には根本的な相違が存する。ナーガールジュナについては、R・パニッカルによって「否定判断は判断の否定である」と評されている。これはつまり、中観派の運動否定論は、運動に関する肯定判断の否定であるというのが適当であるということに帰着する。しかし注目すべきことには、運動の観念についての批判は、運動に関する判断を問題にしているのではなくて、きわめて実念論的な仕方で、つまり実在する実体とみなされた(「運動」という)観念についてなされたのであった。

詭弁とも思われるようなナーガールジュナの論法はいろいろであるが、関係概念を実体視する考えかた――とくに説一切有部において最も顕著であったが――を攻撃したのであった。こういう批判はプラトーンの対話篇の中にも現われている。

「例えば、六は四より大きいが、十二よりは小さいから、六は同時に大きくまた小さい。そしてこれが矛盾だという。またソクラテスは、まだ成長し切っていない青年であるテアイテトスよりも、今は背が高いけれども、数年の後にはソクラテスは、テアイテトスより背が低くなるであろう。したがってソクラテスは背が高くあるとともに低いのだという」(B・ラッセル、市井三郎訳『西洋哲学史』1、一五六ページ)

これに近い論法としては、チャンドラキールティはいう。

「種子や芽、果実が別々の概念であるとすると、種子から芽、さらに果実が生じ、果実から芽が生ずるということはありえない。もしもそうだとするならば、父と子は同一であるということになる」（『プラサンナパダー』三七六ページ）

シャーンティデーヴァはいう。

「もしも子がいなくても父は存在するというのであるならば、子が生まれるということがありえようか。子がいないならば、父は存在しない。だから父も子も存在しないのである」（『さとりの行ないへの入門』第九章・第一一四詩）

東西における対応は容易に理解することができる。図式化すると、

実念論―プラトーン―説一切有部

実念論に対する反対者―プラトーンに対する反対論―ナーガールジュナ学派

ということになるからである。

## 西洋の懐疑論者との類似と相違

方法論の目的に関する限りは、中観派の哲学はピローン（前三六〇―二七五年）、ならびに懐疑論者たちの哲学に非常に近いのである。クリシッポス（前二八〇―二〇七年）がいった、――反対として対立しているものは、互いに他の反対のものを含意している。悪をもたない善は論理的に不可能である。「悪が存在しなくても善は存在し得たと考える人々ほどば

かげたものは無い。善と悪とは対立しているのであって、両者は対立において存立するにちがいない」（B・ラッセル、前掲書、二五七ページ。二五八ページも参照）と。

この論理的原則はナーガールジュナによっても承認された。かれはたとえば、「浄と不浄とは互いに依存して成立する」（『中論』第二三章・第一〇—一一詩。第七章・第一二詩参照）と主張した。

しかしナーガールジュナは西洋の懐疑論者たちのもっていなかったものをもっていた。それは否定の論理を通して縁起を解明しようとしたことである。そこでおのずから「縁起」が問題となってくるのである。

## 7　否定の論理の目的としての〈縁起〉の解明

### 『中論』の目的

以上「八不」を手がかりとしてかんたんに『中論』における否定の論理を検討したのであるが、このように『中論』が種々なる否定の論理によって〈法有〉の主張を排斥しているのは一体何を目的としていたのであろうか。

かんたんにまとめていえば、その最後の目的は、もろもろの事象が互いに相互依存または相互限定において成立（相因待）しているということを明らかにしようとするのである。すなわち、一つのものと他のものとは互いに相関関係をなして存在するから、もしもその相関関係を取りさるならば、何ら絶対的な、独立なものを認めることはできない、というのである。

ここで〈もの〉という場合には、インドの諸哲学学派が想定するもろもろの形而上学的原理や実体をも意味しうるし、また仏教の説一切有部が想定する〈五位七十五法〉の体系のうちのもろもろのダルマをも含めて意味しうる。何であってもよいのである。

たとえば『中論』の第二章（運動の考察）において、去るはたらき、去る主体、去っておもむくところを否定したあとで、ピンガラはいう。

「かくのごとに思惟観察せば去法（去るはたらき）も去者（去る主体）も所去処（去っておもむくところ）も、これらの法は皆な相因待す。去法に因って去者有り。去者に因って去法有り。この二法に因らば則ち去るべき処あり。定《さだ》んで（決定的に）有りと言うを得ず、定んで無しと言うを得ず」（大正蔵、三〇巻、五〇ページ下）

## 縁起を明かす『中論』

この〈相因待せること〉を別の語で「縁起」とよんでいる。チャンドラキールティの註によると、「不来不去なる縁起の成立のために、世間に一般に承認された去来の作用を否定することを目的として」、第二章における否定の論理が説かれているという（『プラサンナパダー』九二ページ）。故に不来不去を説くのは実は縁起を成立させるためなのである。

また不生不滅を主張するのも、「不滅などによって特徴づけられた縁起」（同書一二ページ）を明らかにするためであり、また、不一不異を説くのも、「不一不異なる縁起の法を解せしめんがための故に」（『般若灯論釈』七巻、大正蔵、三〇巻、八四ページ上、八六ページ下）である。また不常不断は最初期の仏教以来縁起の説明において常に説かれていたことであり――これは後に説明する――、いま『中論』において不常不断なる縁起が説かれているのもすこしも不思議ではない。したがって八不は縁起を明かすために説かれていることであるから、チャンドラキールティは、「論書（『中論』）の闡明すべき目的は、不滅等の八つの特徴によって特徴づけられた縁起である」（『プラサンナパダー』三ページ）と断言している。八不がそのまま縁起なのである。

このように、『中論』における否定の論理がことごとく縁起を明かすために述べられているのであるから、『中論』全体が縁起を明かしている、という推定が確かめられたこととなる。次に『中論』の中心思想としての縁起の説明に移りたい。

# 6 縁起

## 1 『中論』の中心思想としての縁起

### 〈中道〉か〈二諦〉か

『中論』の中心思想をどこに求むべきかは学者によって種々に説が異なるであろうと思う。本邦においては普通常識的には『中論』は空または諸法実相（事物の真相）を説くといわれている。しかし三論宗によれば『中論』は主として二つの真理（二諦《にたい》）を説いている、と定められている（たとえば嘉祥大師吉蔵の『三論玄義』六五枚右、六六枚左。『中論疏』四六ページ上、八四ページ下）。そうして嘉祥大師吉蔵は二つの真理が『中論』の中心思想であるゆえんを種々に説明している（『三論玄義』六六枚左—六九枚）。ところがここに困難な問題が起こる。『中論』と題する以上、『中論』の中心思想は二つの真理ではなくて、〈中道〉ではないか、という疑問がそれである。

「問う。既に（題をつけて）『中論』と名づく。何が故に中道を宗（根本的立場）と為さずして、すなわち二諦を宗とするや」

これに対する答えをみるに、

「答う。すなわち二諦は是れ中道なり。既に二諦を宗となす。すなわち是れ中道を宗となすなり。然る所以《ゆえん》は、還って二諦について中道を明かすを以ての故なり——世諦（世俗的真理）の中道、真諦（究極的真理）の中道、非真非俗の中道あり。ただし今は名と宗と両《ふた》つながら挙げんと欲するが故に、中と諦と互いに説くが故に、宗はその諦を挙げ、名はその中を題す。もし中道を名となし、復た中道を宗となさば、ただ不二の義を得て、その二義を失うが故なり」（『三論玄義』六九枚—七〇枚）

といって依然自説を主張している。

しかしながら『中論』自体にこのような見解を持ち込むことができるかどうかは疑問である。二つの真理（二諦）のことは第二四章（四つのすぐれた真理の考察）の第八・九・一〇詩に言及しているのみであるから、この問題に関しては独立に研究する必要がある。故にわれわれはまず『中論』およびその註釈書により中観派自身の主張することを聞こうと思う。

チャンドラキールティの註解によると、「中観派は虚無論者と異ならないのであって……」（『プラサンナパダー』三六八ページ）という反対者の批難に対して、「そうではない。何故か。何となれば中観派は縁起論者であって……」（同右）と答えている。故にチャンドラキールティは自ら縁起論者と称しているのである。

### 縁起を説く帰敬序

さらに『中論』自体について検討してみよう。

ナーガールジュナは『中論』の冒頭において次のようにいう。

「不滅・不生・不断・不常・不一義・不異義・不来・不出であり、戯論《けろん》が寂滅《じゃくめつ》して吉祥《きちじょう》である縁起を説いた正覚者《しょうがくしゃ》を、諸《もろもろ》の説法者の中での最も勝れた人として稽首《けいしゅ》する」

とあり、この冒頭の立言（帰敬序《ききょうじょ》）が『中論』全体の要旨である。

右の詩の趣旨を解説しつつ翻訳すると、次のようになる。

「〔宇宙においては〕何ものも消滅することなく、何ものもあらたに生ずることなく、何ものも終末あることなく、何ものも常恒《じょうごう》であることなく、何ものもそれ自身と同一であることなく、何ものもそれ自身において分かたれた別のものであることはなく、何ものも〔われらに向かって〕来ることもなく、〔われらから〕去ることもない、というめでたい縁起のことわりを、仏は説きたもうた」

さらにアサンガ（無著《むじゃく》、三一〇ころ—三九〇年ころ）のいわゆる『順中論《じゅんちゅうろん》』をみると、その帰敬序に対して、「かくのごとき論偈は、是れ論の根本なり。尽《ことごと》く彼の論を摂す。われは今さらに解す」（巻上、大正蔵、三〇巻、三九ページ下）と評しているから、この縁起を説く帰敬序が『中論』の中心思想をあらわしているとみてさしつかえない。

また『無畏論』では帰敬序の前に、「生と滅とをかくの如く断じ、縁起法を説き給いし彼のムニ王に帰命《きみよう》す」と述べている。したがってチャンドラキールティが、「中論の闡明《せんめい》せらるべき目的は縁起である」（『プラサンナパダー』三ページ）というのも当然であろう。

## 『中論』の最後の詩句

以上は『中論』の最初の詩句について検討したのであるが、次に『中論』の最後の詩句にあたってみよう。すなわち第二七章〔誤った見解の考察〕の第三〇詩に、

「一切の〔誤った〕見解を断ぜしめるために憐愍《れんみん》をもって正しい真理を説き給うたゴータマにわれは今帰命したてまつる」

とあり、チャンドラキールティの註をみると、

「誰であろうと、〔正しい真理〕（正法《しようぼう》）を、すなわち〔不滅・不生・不断・不常・不一義・不異義・不来・不出であり、戯論《けろん》が寂滅して吉祥である正しい真理を、縁起という名によって説きたもうた。……その無上無二なる師に帰命したてまつろう」（『プラサンナパダー』五九二―五九三ページ）

と註解しているから、チャンドラキールティによれば〈正しい真理〉とは縁起をさしているのである。

またこの詩句に対する『般若灯論釈』の解釈をみると、『勝思惟梵天所問経《しようしゆいぼんてんしよもんぎよう》』の、

「深く因縁《いんねん》の法を解せば、すなわち諸の邪見無し。法は皆な因縁に属す。自ら定まりし根本無し。因縁の法は生せず、因縁の法は滅せず、もし能くかくのごとく解《げ》せば、諸仏は常に現前したまう」

という詩句を引いた後で、『中論』全体を要約して、

「いま無起等に差別せられたる縁起を開解せしむるは、いわゆる一切の戯論および一異《いちい》等の種々見を息《や》めて、悉く皆な寂滅せること、この自覚せる法――この虚空のごとき法、これは無分別法にして、これは第一義の境界《きょうがい》の法なり。かくのごとき等の真実の甘露を開解せしむ――、これが一部の論の宗意なり」（一五巻、大正蔵、三〇巻、一三五ページ中―下）

という。この「無起等差別《しゃべつ》縁起」の原語はおそらくチャンドラキールティの註にある anirodhādiviśiṣṭapratītyasamutpāda（『プラサンナパダー』一一ページ、なお三ページ一一―一三行参照）の始めを anutpāda とおきかえたものであろうから、チャンドラキールティと対立しているはずのバーヴァヴィヴェーカもこの点に関してはチャンドラキールティの説と全く同じである。

故に『中論』は最初は縁起をもって説き始め、最後も縁起をもって要約している。それでは、『中論』全体が縁起を説いているといいうるのではなかろうか。チャンドラキールティの註によれば、「一切のものが縁起せるが故に空であるということが、『〔中〕論』全体によって証明されている」（『プラサンナパダー』五九一ページ）という。はたして『中論』全体

が縁起を説いているかどうか、これは以下『中論』の諸問題を取り扱うごとに触れることとする。

**閑却されていた『中論』の縁起説**

『中論』が縁起を中心問題としているということは従来の仏教研究の伝統からみれば、すこぶる奇妙な議論のようにみえるかもしれない。サンスクリット原文出版以前に『中論』を読む人はすべてクマーラジーヴァの訳でピンガラの註釈にのみ依っていたが、クマーラジーヴァは縁起（pratītyasamutpāda）を「因縁」「衆因縁生法《しゅいんねんしょうぼう》」「因縁法」「諸因縁」などの語によって訳していたから、『中論』の縁起説は明瞭に理解されなかった。

そうして仏教内における種々の縁起説を並べて説明する場合にも、業感《ごうかん》縁起、頼耶《らや》縁起、真如《しんにょ》縁起、法界《ほっかい》縁起などはよくいわれるが、『中論』の縁起説については少しも言及されていなかった。

ところが『中論』の序文やチャンドラキールティの註釈が出版されるとともに、研究者により『中論』独自の縁起説がようやく注目されるようになった。現在なおわが国では『中論』の縁起説は閑却されているが、しかし、『中論』の中心思想を縁起に求めるということは近代諸学者の承認を得ていることであり、何らさしつかえないと思う。

嘉祥大師吉蔵も『中論』は二つの真理（二諦）を宗としているといいながらも、他方『中

論』の主題は縁起であるという。「能くこの因縁を説くを顕正《けんしょう》と謂《い》うなり」(『中論疏』二五ページ下)

縁起を主題としているのは独り『中論』のみではない。ナーガールジュナの他の著書も縁起を扱っている。たとえば『六十頌如理論《ろくじゅうじゅにょりろん》』の冒頭の詩(帰敬偈)には、漢訳は多少不明瞭ではあるが、「三世の寂黙《じゃくもく》の主に帰命したてまつる。縁生(縁起のこと)の正法の語を宣説したまえばなり」(大正蔵、三〇巻、二五四ページ中)とあり、またチベット文によれば、「生と壊《え》とをこの道理によりて断ち、縁起を説き給える彼の牟尼《むに》の主に稽首礼《けいしゅらい》す」(山口益訳『国訳一切経』中観部三、三三ページ脚註)とあり、次の第一詩には、(漢訳)「有と無との二辺を離れたる智者は無所依なり。甚深《じんじん》にして無所縁なる縁生《えんしょう》の義が成立す」(チベット文)「もし人、彼の智慧が有と無とより超えて、住すること無き時は、かれらは甚深にして無所得なる縁生の義を了解す」とある。

さらに『中論』の基づく『般若経』も縁起を説いている。たとえば、あるところでは縁起の順観と逆観とをなすべきことを説き、またあるところでは「縁起は甚深なり」と讃嘆し、またあるところでは縁起を説明したあとで、「善現よ。まさに知るべし。諸の菩薩・摩訶薩《まかさつ》は、般若波羅蜜多を行ぜんと欲せば、まさにかくのごとく縁起を観察して、般若波羅蜜多を行ずべし」という（荻原本『八千頌般若《はっせんじゅはんにゃ》』七二〇ページ）。

したがって『中論』のみならず、一般に空観を説く書は縁起を問題としている。

ここにいう〈縁起〉とは相依していること（relationality）という意味であり、〈空〉と同義である。ナーガールジュナは変化そのものを否定した。本性上はいかなる変化も起こらないのであり、したがって人が悲しむべき理由もなければ、喜ぶべき理由も存在しないというのである。

以上の論述によりひとまず、『中論』は縁起を説いている書であり、中観派は縁起論者である、という結論が得られる。以下においてはこの問題をさらに深く論究したい。

## 二種類の縁起

『中論』の縁起説を知るためにまず注目すべきことは、『中論』においては縁起に二種類あるということである。嘉祥大師吉蔵によれば、『中論』二七章のうち、始めの二五章はもっぱら大乗の教えを明らかにし、終わりの二章は小乗の教えを述べたものである。すなわち前者は大乗の観行《かんぎょう》を明かし、後者は小乗の観行を明かしているから、『中論』全体が二分されているという（『中論疏』八一ページ下、八二ページ下、一〇二一ページ上。『三論玄義』六一枚左）。また嘉祥大師吉蔵はあるところでは、最後の一つの詩は再び大乗の観行を明かし「摂末帰本《しょうまつきほん》」をなしているから、『中論』全体を三段に分かちうるともいうが、その意味は前の場合と同様であり(『中論疏』七一ページ、八一ページ下)、始めの二五章と後の二章とを区別するという点においては変わりはない。

この嘉祥大師吉蔵の所説は古い註釈についてみても確かめられる。ピンガラの註釈によれば第二六章(〔縁起の〕十二支の考察)の始めに次のようにしるしている。「問うて曰く。汝は摩訶衍(まかえん。大乗のこと)を以て第一義の道を説きたり。我れはいま声聞法(小乗のこと)を説いて第一義の道に入ることを聞かんと欲す」(大正蔵、三〇巻、三六ページ中)

次に「答えて曰く」として『中論』の本文の詩句が引いてある。

また『無畏論』も、「問う。汝は大乗の本典により入第一義を説き終らば、今まさに汝は声聞の本典により其入第一義を説くべし」というのに対して、詩句をもち出して答えている。

故に始めの二五章に出てくる縁起は大乗の縁起、すなわち『中論』が主張しようとする独自の縁起が説明してあり、第二六章には原始仏教聖典一般ならびに小乗の縁起が説明されているといいうる。そうしてピンガラの註釈によると、この二つの縁起を対比せしめている。「仏はかくのごとき等の諸の邪見を断じて仏法を知らしめんと欲するが故に、先ず声聞法の中において十二因縁を説けり。またすでに習行して大心あり、深法を受くるに堪うる者たり。大乗法を以て因縁の相を説く。いわゆる一切法の不生不滅不一不異等、畢竟空《ひっきょうくう》、無所有

なり」（大正蔵、三〇巻、一ページ中）

すなわち『中論』は従来から伝わっている小乗一般の縁起論に対抗して独自の縁起説を説いたのである。

ナーガールジュナが小乗の十二因縁の説を何故後のほうで附加的に説明しているかは不明であるが、おそらくナーガールジュナの主張する独自の縁起は、名は同じ「縁起」でも内容が非常に異なっているということを人々に充分理解させるためであったろうと思われる。すなわち嘉祥大師吉蔵によれば、「ただ大を顕わさんがための故に」小乗の縁起をも説いたのであろう（『三論玄義』六二枚左）。

以上種々に論述したことを要約すれば、次の二点に帰しうる。

第一　『中論』は縁起を中心問題としている。

第二　『中論』は従来から小乗で説く〈十二因縁〉に対し独自の縁起を説き、しかも対抗意識をもって主張している。

では、ナーガールジュナが相手にしたかれ以前の縁起説は、どのようなものであったのか。

――次にそれを考察してみよう。

## 2 アビダルマの縁起説

### 縁起説の変遷

小乗アビダルマ（法の研究〔対法〕）の縁起説は、生あるもの（衆生《しゅじょう》）が三界を輪廻《りんね》する過程を時間的に十二因縁の各支にひとつひとつあてはめて解釈する、すなわち三世両重《さんぜりょうじゅう》の因果によって説明する胎生学的解釈である、と普通にいわれている。しかし詳しく考察するならば、その間に発展変遷があり、また種々の解釈が併説されてあることに気がつくであろう。説一切有部の諸論の中で、縁起を時間的継起関係とみなして解釈する考えが最初にあらわれたのは『識身足論《しきしんそくろん》』においてであろう（三巻、大正蔵、二六巻、五四七ページ上）。そこには二種の縁起の解釈が説かれている。初めの解釈は諸支の関係を同時の系列とみているようであるが、後の解釈はそれを時間的継起関係とみなしている。しかしいまだ三世両重の因果による解釈はみられない。

ところが同じく有部の『発智論《ほっちろん》』によると、無明と行とを過去に、生と老死とを未来に、その他の八つを現在に配当して、ほぼ輪廻の過程を示すとみる考えがかなり明瞭にあらわれている（一巻、大正蔵、二六巻、九二一ページ）。しかしまだ胎生学的には解釈されていない。

人間の苦しみ，悩みがいかにして成立するかということを考察し，その原因を追求して，以下のような十二の項目の系列を立てたもの。1)があるから2)があるというように観ずるのを順観，1)が滅びたときに2)が滅びるというように観ずるのを逆観という。

1) 無明《むみよう》（無知）
2) 行《ぎよう》（潜在的形成力）
3) 識《しき》（識別作用）
4) 名色《みようしき》（心身）
5) 六処《ろくしよ》（心作用の成立する六つの場〔眼·耳·鼻·舌·身·意〕）
6) 触《そく》（感官と対象との接触）
7) 受《じゆ》（感受作用）
8) 愛《あい》（盲目的衝動）
9) 取《しゆ》（執著）
10) 有《う》（生存）
11) 生《しよう》（生まれること）
12) 老死《ろうし》（無常なすがた）

**十二因縁**

次いで同じく有部の『大毘婆沙論』になると「刹那」「連縛《れんばく》」「分位《ぶんい》」「遠続《おんぞく》」の四種の縁起の解釈が示されており（二三巻、大正蔵、二七巻、一一七ページ下—一一八ページ）、それが『倶舎論』九巻、『順正理論』二七巻、『顕宗論』一四巻、『雑阿毘曇心論《ぞうあびどんしんろん》』八巻、『彰所知論《しょうしょちろん》』巻下においても言及されている。これらの解釈は結局時間的、継起的説明であるが、その中でただ刹那縁起のみは一刹那に十二支すべてを具するという説明であり、いちじるしく論理的あるいは存在論的立場から解釈がほどこされているし、また『中論』の縁起説と一脈相通ずるところがあり注目に値する。故に縁起を時間的継起関係とみなす考えと一致しないから、上座部のごときは種々理由をつけて刹那縁起の説を排斥している。これに対してサンガバドラは「一念

（一瞬）にも亦《また》縁起の義有り」といい、また経典にも説いているから刹那縁起を承認せざるをえない、と主張している（『順正理論』二七巻、大正蔵、二九巻、四九三ページ下）。

## 分位縁起

このような解釈もあるが、何といっても有部が最も重点を置いているのは「分位縁起の説」である（分位とは語義的にいえば、「変化発展の段階」をいう）。これこそ三世両重の因果によって説く有名な胎生学的解釈であり、その内容はいまここで述べる必要はない。有部の綱要書をみるに、『阿毘曇甘露味論』巻上、『阿毘曇心論』四巻、『阿毘曇心論経』五巻は全く分位縁起のみを説いて他を無視し、『雑阿毘曇心論』八巻は大体分位縁起を主として説いている。『倶舎論』九巻においても分位縁起が最も多く述べられているが、これに対してサンガバドラは『順正理論』において「対法（アビダルマ）の諸師は咸此《みな》の説を作《な》す。仏は分位に依りて諸縁起を説く」と明瞭に断言している（『順正理論』二七巻、大正蔵、二九巻、四九四ページ中）。

故にアビダルマの縁起論といえば、衆生の輪廻転生《てんしょう》の過程を説く分位縁起のみをさすかのごとくに一般に考えられているが、分位縁起の説が出たのは比較的後世であり、後にこの説が有力となったために、有部の綱要書においては他の説はほとんど駆逐されているほどであるが、これと異なる解釈も当時存在していたことは注意する必要がある。

分位縁起は生あるもの（有情《うじょう》）が輪廻転生する過程を示すものであるから、縁起はもっぱら有情に関して説かれることになる。しかし小乗アビダルマに紹介されている説をみると、必ずしも有情という類に入るもの（有情数《うじょうしゅ》）のみに限っていない。上座部は〈有情〉と〈非有情〉とにそれぞれ縁起を認めていたらしい。『順正理論』によると、「上座曰く、縁起に二つあり。一つに有情数、二つの非有情」（二五巻、大正蔵、二九巻、四八二ページ上）とある。また、中央アジアから発見された、おそらく有部に属すると考えられる禅定《ぜんじょう》綱要書では、断片しか見つかっていないので断定的なことはいえないが、有情数の縁起を認めていたことが知られる。

## 『品類足論』の縁起説とその影響

また、縁起とはあらゆる現象的存在（一切有為法）にかかわるものであるという説もある。『品類足論《ほんるいそくろん》』によると、

「縁起法（縁起するもの）とはいかなるものなりや。謂《いわ》く有為法なり。非縁起法（縁起せざるもの）とはいかなるものなりや。謂く無為法なり」（六巻、大正蔵、二六巻、七一五ページ下）

とある。ただこれだけにすぎないが、有部のほとんどすべての論書において、「品類足論に曰く」とか「本論に説くが如し」といって、右の文が引用され、論議の中心となっている。

有部の七論の一つであるきわめて重要な根本聖典である『品類足論』にこのような説があるならば、有部のとくに主張する分位縁起との関係はどうなるか。また他の「刹那縁起」「連縛縁起」「遠続縁起」とどのような関係にあるのか。これが有部では問題として論議された。有部の普通の解釈によれば、「刹那」「連縛」「分位」「遠続」の四縁起は有情に関して説かれるのであるが、もしも『品類足論』のように縁起を一切有為法とみるならば、刹那縁起、連縛縁起などの解釈も異なってくる。『倶舎論』によると、「また或る説は、刹那と連縛とは品類足〔論〕の如し。倶《とも》に有為に遍ず」（九巻、一一枚左）という説もみえている。有情数とみなした場合には、刹那縁起とはたとえば、「刹那の頃、貪《とん》（むさぼり）に由って殺（すこと）を行ずる〔うち〕に十二支を具す」（『倶舎論』九巻、一一枚左）をいい、連縛縁起とは十二支が前後相継いで次第するのをいうが、縁起が一切有為法であるという説に従うと、その解釈が著しく変更される。ヤショーミトラの釈論からみると、「もろもろの有為法は刹那ごとに滅び去るものであるから縁起は刹那的なものである。その縁起は、因たり果たる両刹那と結合せるが故に結合的（連縛）なものである」（ヤショーミトラ註、二八六ページ）という。

また『アビダルマ灯論』によると、われわれの個人的存在（五蘊《ごうん》）は刹那ごとに生滅するものであるが、もろもろの形成力（行）が個人存在の連続を構成していて断絶しないのは何故であるかというと、それらは定まった因果の連鎖のうちに存在していて縁起を構成しているのだ、と説明している。故に縁起に関して四種の解釈があったのみならず、さらにその四種に関しても異説が行なわれていたということを認めざるをえない。

縁起が一切有為法をさすという『品類足論』の説が与えた影響は意外に大きい。『大毘婆沙論』によると「縁起法（縁起するもの）と縁已生法《えんいしようほう》（縁によって生じたもの）との差別《しゃべつ》如何」（二三巻、大正蔵、二七巻、一一八ページ上。二六巻、大正蔵、二六巻、七一六ページ中）という問題に関して、ある論師は『品類足論』の文句を典拠として、両者は差別無し、と断定している。この説は『衆事阿毘曇論』四巻にも説かれ、『倶舎論』（九巻、一五枚左）、およびヤショーミトラの釈論（ヤショーミトラ註、二九一ページ）にも言及し説明されている。

しからばここに新たな問題が起こる。「縁已生」（「縁によって生じた」の意）が「縁起」と同義であるとすると、『品類足論』によれば縁起は一切有為法をさすから、未来の有為法も縁已生といわれねばならない。すると未来法を縁已生という過去分詞によって表わすこととなるが、それは誤りではないであろうか。これに対してヤショーミトラは種類が同じであるからさしつかえないと答えている（ヤショーミトラ註、二九一ページ）。ちょうど有為（「つくられたもの」の意）が過去分詞で表わされているが未来の有為法をも含めうるのと同様に、未来法を縁已生ということもできるというのである。

しかしながらこれは一部の論師の解釈であり、縁起と縁已生との差別に関しては小乗アビダルマ（とくに『大毘婆沙論』および『順正理論』）には実におびただしく多数の異なった解釈が説かれている。その中で最も多く後世の書に引用され論及されているのは、ヴァスバンドゥおよびサンガバドラによって採用されている説、すなわち諸支の因分を縁起となし果分を縁已生となす説と、および尊者望満の有名な四句分別《しくふんべつ》（存在に関する四種の思考法）とであろう。

### 有部による縁起無為の説の排斥

以上縁起を一切有為法なりとなす説、およびその影響を簡単に論じたが、次に縁起は無為法なりと唱えた派のあったことに留意する必要がある。たとえば『倶舎論』によると、「有るが説く縁起は是れ無為法なり。契経《かいきょう》（経典）に如来の出世、若《も》しくは不出世にも是の如く縁起の法性《ほっしょう》は常住なりと言うを以てなり」（ヤショーミトラ註、二九四ページ註参照）とあり、他の多くの論書にも言及されているが、「有るが説く」とあるところのその主張者に関しては、化地部《けじぶ》、法蔵部、東山住部《とうせんじゅうぶ》、大衆部《だいしゅぶ》、分別論者などが挙げられ、各資料の伝えるところが種々に異なっている。今ここでは『中論』などの縁起の思想をみるための準備として、有部が縁起無為の説を排斥する理由を見ておきたい。

有部によれば、縁起無為を主張する論者が典拠として持出す「如来の出世不出世にかかわらずこの理は定まれるものにして云々」という経文は、実は「因果決定義《いんがけつじょうのぎ》」を説くものであり、十二因縁の各支はそれぞれの支に対して〈因〉であり、後の各支はそれぞれ前の各支に対して〈果〉であるということを示している。縁起とは「縁によって生起すること」であるのに、その縁起を常住なるものまたは実体とみなすことはできない、という。

故に有部は、縁起という特別な実体を考えることはなかったけれども、「法」という実体を考え、その実体が因果関係をなして生起することを縁起と名づけていたのである。

## 有部の解釈

最初期の仏教において縁起の種々なる系列が説かれ、何故かくも多数の縁起の系列の型が説かれたのか、現在のわれわれにははなはだわかりにくくなっているが、それらの縁起説に通ずる一般的な趣意は「これがあるとき、かれがあり、これが生ずることから、かれが生じ、これがないときかれなく、これが滅することから、かれが滅する」ということであり、これが種々の縁起の系列に共通な思想であるといわれている。この文句が有部においていかに解釈されていたであろうか。

有部も上述の句が縁起の根本思想を表現しているということを承認している。「此の縁起の義は、即ち是れ説く所の、此れ有るに依るが故に彼有り。此れ生ずるが故に彼生ず」（『倶舎論』九巻、一八枚左。『順正理論』二五巻、大正蔵、二九巻、四八一ページ中）

この定義は原始仏教聖典における定義と全く一致しているのみならず、大乗における定義とも一致している。たとえば大乗の『仏説稲幹経《とうかんぎょう》』においても（ドゥ・ラ・ヴァレ・プーサン『稲幹経』七〇―七一ページ）、中観派も（『プラサンナパダー』九八ページ）、さらにヨーガ派も（同書一四八ページ）同様に説明している。

したがってこの「これがあるとき、かれがあり、これが生ずることから、かれが生ずる」云々という文句が、縁起の根本思想を要約しているということは仏教各派が一様に皆承認するところである。しかしながらこの文句をいかに解するかによって各派の説が相違してくる。

いま有部の解釈をみるに、サンガバドラによると、

「『此れ生ずるが故に』とは、過去現在の諸縁生ずるが故に。『彼生ず』と言うは、未来の果生ず。未来に於てもまた縁の義ありといえども、分位に約するが故に、但《た》だ已生《いしょう》を説く。或は『此れ有るは依りて彼有り』とは、是れ前生《ぜんしょう》の因に依りて現在の果有り」（『順正理論』二五巻、大正蔵、二九巻、四八三ページ中）

といい、また「有の輪、旋環して始無きこと」を示すともいう（同右）。

『倶舎論』には当時の種々の解釈が集録されている。ヴァスバンドゥ自身はほぼ四説を説いている。

一　「縁起に於て決定《けつじょう》（確定している説）を知らしめんがための故なり」（『倶舎論』九巻、一九枚右）

二「また諸支の伝生《でんしょう》（順次に生ずること）を顕示せんがためなり」（同右）
三「三際《さんざい》（過去・現在・未来の三世）の伝生を顕示せんがためなり」（同右）
四「また親《しん》（直接的）と伝《でん》（一つおいた間接的）との二縁を顕示せんがためなり」（同右）

また長老世鎧《せがい》の説によれば、「これがあるとき、かれがある」という第一句は無因論を破すために説かれ、「これが生ずることから、かれが生ずる」という第二句は常因論を破すために説かれているとされているが（同右）、ヴァスバンドゥはこの解釈を排斥している。また我（アートマン）が所依となって十二支が順次に成立するという説があり、これもヴァスバンドゥは排斥している（同右）。また経部の諸師は、第一句は「因果の不断を顕わし」、第二句は「因果の生起を顕わす」ために説かれたという（同右）。また尊者シュリーラータ（室利羅多）は、第一句は「因の相続有れば、果の相続もまた有り」ということを意味し、第二句は「因分生ずるに由るが故に、諸の果分もまた生ず」ということを意味していると説くが、ヴァスバンドゥはこの説もまた排斥している（同右）。

このように当時の解釈は種々雑多であり、さらに徹底した研究をしなければ断定的な結論は得られないのであるが、しかしながら、われわれはこれらの諸解釈に共通なある傾向を見出しうると思う。すなわち「これがあるとき、かれがあり、これが生ずることから、かれが生ずる」云々という句を、時間的生起の関係を意味するものとみなしていることである。もちろん上述の諸解釈がすべてそうであるとはいえないかもしれないが、このように解する傾向が強かったことは疑いない。これをのちの中観派の相依説と比較すると、そこに著しい相違がみられる。

したがって〈縁起〉とは時間的生起関係と解されている。たとえば、「問う。何の故に縁起と名づくや。縁起とは是れ何の義なるや。答う。縁に待して起するが故に縁起と名づく。何等の縁に待するや。謂く因縁等と」(『大毘婆沙論』二三巻、大正蔵、二九巻、四八一ページ上)

故に〈縁起〉の直接の語義は、実有なる独立の法が縁の助けを借りて生起することと解されていた。

これに対して、中観派はいかなる縁起を説いたのであろうか。

以上略説したように、小乗アビダルマに現われている縁起観は諸説紛々として帰一するところを知らぬ状態であるが、中観哲学との対比をするための準備としてはひとまずここで打ち切り、次のように要約しておこう。

一　有部においては『大毘婆沙論』以後四種の縁起が認められていたが、有部が最も力説したのは「分位縁起」であり、後世になれば、縁起とは衆生の生死流転する過程を述べることの胎生学的な解釈がほとんど他の説を駆逐するに至った。

二　『品類足論』において、縁起とは一切有為法をさすというために、後世、問題の中心となり、種々の方面に影響を及ぼしている。

三　これに反して縁起を無為法なりと主張する派もあった。

四　「これがあるとき、かれがある。これが生ずることから、かれが生ずる」という縁起説の共通趣意を示すことの文句は有部においても保存されていたが、ただしこれは「縁によって生ずること」という時間的生起関係を意味しているとされていた。

## *3*　『中論』における「縁起」の意義

### (1)　縁起の語義

**クマーラジーヴァの訳**

『中論』における「縁起」pratītyasamutpāda という語をクマーラジーヴァは、「因縁」「衆因縁生法」「諸因縁」「因縁法」と訳し、また「縁起せざる」apratītyasamutpanna という語を「因縁に従って生ぜず、縁に従っても生ぜず」と訳し、また「何でも縁《よ》って存するもの」pratītya yad bhavati を「もしも法が縁より生ぜば」「もしも法が衆縁より生ぜば」と訳している。故にこれらの訳語からみて以前の仏教学においては大体『中論』は「因と縁とによって生じること」または「縁によって生じること」を説くと考えていたらしい。

また西洋の学者の中にも、小乗の縁起と区別さるべきはずの『中論』の縁起を同様に解する人が少なくない。『中論』の縁起も普通 dependent origination, production by causes, das abhängige Entstehen, la causation dépendante et conditionelle などと訳されている。

ところが縁起をこのように「因と縁とによって生ぜられること」とみるならば、解釈上すこぶる困難な問題に遭遇する。『中論』は一方において「因縁所生《しょしょう》」（因と縁とによって生ぜられること）を認めながら、他方においてはこれを排斥している。その著しい例は第一章（原因〔縁〕の考察）および第二〇章（原因と結果との考察）であり、いずれも諸法が因と縁とによって生ずるという説を極力攻撃している。一方では承認し、他方では排斥しているというこの矛盾を一体どのように解釈すべきであろうか。

そこでまず思いつくのは pratītyasamutpāda という語をクマーラジーヴァは「衆因縁生法」などと訳してはいるが、「衆（多くの）の因と縁とによって生ぜられる」という意味に解釈してはならないのではなかろうか、ということである。これを『中論』の原文に当ってみると容易に理解しえる。第一七章・第二九詩句において、業（行為）は縁によって生ぜられたものではない、とされている。ところが『中論』全体からいえば、ありとあらゆるものは（したがって業も）縁起せるものである。故に「縁によって生ぜられた」と、「縁起した」とは区別して考えなければならない。両語のチベット訳をみるに、両者は明瞭に区別されている。

## 中観派と有部の相違

クマーラジーヴァが両者を区別していないのは、その区別を示すに適当な訳語が見つからなかったからであろう。もしも、「縁によって生ぜられた」を意味しようとするならば、別の原語が考えられねばならない。すなわち pratyayasamutpanna と、ほかに hetupratyayasambhūta あるいは、hetupratyayajanita が用いられるであろう。これらはみな有為法に関して用いられる語である。故に『中論』における「縁起」「縁起した」という語はこれらと区別して理解されねばならない。

縁起の原語の前半、すなわち pratītya を中観派は「縁によって」という意味には解していない。説一切有部においては「縁りて」pratītya とは「縁を得て」の意味であったが、中観派によると同義であり、論理的な依存関係を意味しているとされている。またチベット訳からみても、チベットの翻訳者もこれらは同義であり、論理的関係を示すものと解していたに違いない。したがって「縁って」（pratītya）を「原因によって」と解することは不可能である。故に『中論』の縁起は「縁によって起こること」と解釈してはならないことは明らかである。では、中観派は「縁起」をどのように理解していたのであろうか。次にこれを論じたい。

## (2) 相互依存

### 『中論』の縁起とは

『中論』の主張する縁起とは相依性《そうえしょう》（相互依存）の意味であると考えられている。『中論』の詩句の中には相依性という語は一度も出てこないが、しかし縁起が相依性の意味であることは註釈によって明らかである。

たとえば第八章（行為と行為主体との考察）においては、行為と行為主体とが互いに離れて独立に存在することは不可能であるということを証明したあとで、「行為によって行為主体がある。またその行為主体によって行為がはたらく。その他の成立の原因をわれわれは見ない」（第一二詩）と結んでいる。すなわち行為と行為主体とは互いに相依って成立しているのであり、相依性以外に両者の成立しうる理由は考えられないという意味である。チャンドラキールティの註によるとこの詩句は「陽炎《かげろう》のような世俗の事物は相依性のみを承認することによって成立する。他の理由によっては成立しない」（『プラサンナパダー』一八九ページ）ということを説いているという。故にこの詩句の意味する「甲によって乙があり、乙によって甲がある」ということを相依性と命名しているとみてよいと思う。

また第二章（苦しみの考察）においては、苦が自らによって作られた、他によって作られた、自と他との両者によって共に作られた、無因にして作られた、のいずれでもないことを証明したあとで、チャンドラキールティは次のようにして結んでいる。

「上述の四句（自作・他作・共作・無因作）を離れた『行為と行為主体との考察の章』（第八章）において定められた規定によって、すなわち相依性のみの意味なる縁起の成立によって、〔もろもろのことがらの〕成立が承認されねばならぬ」（同書二三四ページ）

故に『中論』の主張する縁起とは「相依性のみの意味なる縁起」であるということは疑いない。これと同じ意味のことを他の箇所においても述べている。

「相依性のみによって世俗の成立が承認される。しかるに四句を承認することによっては〔成立し〕ない。何となれば有《う》自性論《じしょうろん》の〔欠陥〕が随伴するが故に。そうしてそのことは正しくないが故に。実に相依性のみを承認するならば、原因と結果との互いに相依れるが故に自性《じしょう》上の成立は存しない」（同書五四ページ）

また、チャンドラキールティはその著『中観に入る論』において、「相依性の真理」を強調している。

## 法と法との論理的相関関係

このように中観派が縁起を相依性の意味に観じている以上、種々の縁起の系列に共通な根本思想を示すとされているところの「これがあるとき、かれがあり、これが生ずることとから、かれが生ずる」云々という句もその意味に解釈されなければならない。小乗の諸派においては種々なる解釈が行なわれていたが、大体十二支が順を追って時間的に生起することを意味していると解する傾向が強かったし、また『中論』註釈からみても反対者は時間的生起関係と解していた（同書五四ページ参照）。ところが中観派の解釈はこれと截然たる対立をなしている。チャンドラキールティは「これがあるとき、かれがある。あたかも短があるときに長があるがごとくである」と説明している（同書一〇ページ）。

これは注目すべき主張である。小乗においては、縁によって起こること、時間的生起関係を意味すると解されていたこの句が、中観派においては「あたかも短に対して長があるがごとし」とか、あるいは「長と短とのごとし」（同書四五八、四五九、五二九ページ。なお同様の表現については二五二、四五八ページも参照）というように全く法と法との論理的相関関係を意味するものとされるに至った。長と短とが相依ってそれぞれ成立しているように、諸法は相互に依存することによって成立しているという。これは法有《ほうう》の立場においては絶対に許されない説明である。有部は長と短とは相依っているとは考えないで、独立な「長というもの」「短というもの」を認める。すなわち色境《しききょう》（視覚の対象）の中の形色《ぎょうしき》（目に見えるかたちあるもの）の中に「長」「短」という法を認め、「長」「短」という「ありかた」を実体視している。したがって「長と短とのごとし」という表現は許されないから、たとえば『倶舎論釈論』サンスクリット文の中の縁起を説く部分を見ても「長と短とのごとし」とか

「あたかも短に対して長があるがごとし」という説明は一度も見当らない。

このように中観派は「これがあるとき、かれがあり、云々」という句を相依、すなわち論理的相関関係を意味するものと解したのであるが、ここに問題が起こる。『中論』の詩句の中には「これがあるとき、かれがある」という句を否定している詩句がある。

「それ自体（本体）の無いもろもろのもの（有）には有性（有ること一般）が存在しないが故に、〈このことがあるとき、このことがある〉ということは可能ではない」（第一章・第一〇詩）

ここにおいてわれわれは当惑を感ずるのであるが、しかしチャンドラキールティやピンガラの註釈をみるならば、この疑問も氷解しうる。すなわち「このこと」を原因とみなし、「このこと」を結果と解する解釈を排斥したのである。要するに「これがあるとき、かれがある」という句は、四縁の中の増上縁（助力するものとしての縁）を意味するのではなくて、論理的な相依相関関係を意味しているということをナーガールジュナは主張したのである。第一章ではこの前の第七、八、九の詩句においてそれぞれ因縁（原因としての縁）・等無間縁《むけんえん》（心理作用がつづいて起こるための縁）・所縁縁《しょえんねん》（認識の対象としての縁）を否認論破しているから、この第一〇詩句が増上縁を論破していることは疑いない。

故に小乗諸派のようにこの句が増上縁を意味するというならば、それはナーガールジュナの排斥するところとなったが、前述のチャンドラキールティの註のようにこの句が法と法との論理的相関関係を意味していると解するならば、まさしくナーガールジュナの真意を得ているというべきであろう。このように解するならば、前述のチャンドラキールティの説明と『中論』第一章・第一〇詩とは少しも矛盾しない。

### 〈浄と不浄〉〈父と子〉

この相依性、すなわち諸法の相依相関関係を明かすのが実に『中論』の主要目的であり、そのために種々の論法が用いられている。『中論』の最初に述べている「八不《はっぷ》」に関する諸註解書の証明もこの相依を明かすものにほかならないのであるが、いま別にたとえば浄と不浄とを問題として考えてみよう。

「浄に依存しないでは不浄は存在しない。それ（不浄）に縁《よ》って浄をわれらは説く。故に浄は不可得である」（第二三章・第一〇詩）

「不浄に依存しないでは浄は存在しない。それ（浄）に縁って不浄をわれらは説く。故に不浄は存在しない」（第二三章・第一一詩）

浄と不浄とは概念上は全く別なものであり、浄はあくまでも浄であり、不浄ではなく、また不浄はどこまでも不浄であって浄ではない。両者を混同することは許されない。しかしながら浄と不浄とがそれぞれ自身の本質（自性）を持つならば、すなわち existentia として存するならば、浄は不浄を離れても存在し、また不浄は浄とは独立に不浄として存在することとなろう。

しかしながら浄も不浄もともに自然的存在の「ありかた」であるから、独立に存在することは不可能である。もしもわれわれが一本の木と一個の石という二つの自然的存在を問題とするならば、両者は互いに独立無関係であるということはいいうるかもしれない。しかし古代インド人が問題としていたのは自然的存在の領域ではなくて法の領域である。したがって浄と不浄という二つの「ありかた」について考えるならば、両者は互いに無関係ではありえず、互いに他を予想して成立している。浄は不浄によって浄であり、不浄は浄によって不浄である。したがって両者は独立には存在しない。

この相依の思想は中観派の書にしばしば出てくるところの〈父と子〉との例による説明をみるならば一層明瞭になる（たとえば『百論』『廻諍論《えじようろん》』『大智度論』『菩提行経《ぼだいぎようきよう》』などに出てくる）。自然的存在の領域においては父があって子が生まれるのであるから、父は能生《のうしよう》であり、子は所生《しよしよう》である。逆に子が父を生むことはありえない。ところが「ありかた」としての父と子とを問題とすると、そうはいえない。父は子を生じない間は父ではありえない。子を生ずることによってこそ始めて父といいうる（『大智度論』三一巻、大正蔵、二五巻、二九〇ページ上）。父と子とは互いに相依っているのであるから、互いに独立な父と子とを考えることはできないし、また父が子を生じるということもありえない。一切の法は相依相関において成立している、というのである。

## 『中論』の中心問題

いまチャンドラキールティの註をみると、この相依説を種々の表現によって説明している。すでに述べたように一切の法は「長と短とのごとく」あるいは「短と長とのごとく」相依っているともいい、あるいは「彼岸と此岸とのごとく」あるいは「種子と芽とのごとく」相関関係において成立しているともいう（『プラサンナパダー』二五二、四五八、四五九ページ）。あるいはまたもろもろの事物はあたかも灯と闇とのごとく互いに相関概念となって存在しているとも説明している（同書一五四、二六六、二八七、三八二ページ）。

要するに諸法は互いに相依っているのであり（同書一八九ページ）、たとえば認識方法と認識の対象についていえば、「そうしてそれらは互いに相依ることによって成立している。認識方法があれば認識対象たるものがある。認識対象たるものがあれば認識方法がある。実に認識方法と認識対象との本性上の成立は存在しない」（同書七五ページ）といい、また「先師は互いに相依る成立によって両者を成立させた」（同書一八九ページ）ともいう。これを術語でまとめていえば、もろもろの存在の「相依」「互いに相依っていること」「相依による成立」を主張するのが『中論』の中心問題なのであった。

## 吉蔵の分類

次にこれらの諸語の漢訳をみるにクマーラジーヴァは青目釈《しょうもくしゃく》を訳すに当って「相待《そうだい》」「相因待」「因待」「相因」などの字を用いている。上述の説明に「相依」という訳語をたびたび用いたのは宇井伯寿博士が使用されたのに順じたのであるが、青目釈には出てこないようである。しかし『中論疏』をみると「相依」という語は頻繁に出てくる（五一九ページ上、五八五ページ上、五八九ページ上、六三八ページ下。「相待」「相因待」「因待」「相因」等の語も嘉祥大師吉蔵がしばしば用いていることはいうまでもない）。

嘉祥大師吉蔵も『中論』が相依説を説いていることに充分留意している。のみならず、インドにおいてはいまだ充分に分類されていなかったこの「相待」という概念を種々に分類している（『中論疏』六五二ページ下）。

第一の分類。〈通待〉と〈別待〉。

〈通待〉とは長と不長との関係のごときをいう。すなわち長と長以外のすべての関係であり、一般的にいえば甲と非甲との関係（すなわち矛盾）である。

〈別待〉とは長と短とのごとき関係をいう。すなわち反対概念の関係である。

ある学匠は前者を「密待《じょうだい》」と名づけ、後者を「疎待」と名づけていると伝えている。

第二の分類。〈定待〉と〈不定待〉。

〈定待〉とはたとえば生死とニルヴァーナ、色《しき》（いろ・かたちあるもの）と心との関係のごときをいい、〈不定待〉とは、五尺は一丈に対しては短いが三尺に対しては長いというがごとき場合の関係をいう。

第三の分類。〈一法待〉と〈二法待〉。〈一法待〉とは一人が父でもあり、また子でもあるがごとき場合をいい、〈二法待〉とは長いものと短いものと二法に関していう場合でもある。

インドの中観派のいう「相待」とはこれらすべてを包括しているとみてよいであろう。

## 『中論』の論理の特異性

このような諸存在の相依性に注目するならば、『中論』の論理の特異性を明らかにしうると思う。たとえば『中論』においては、「Aが成立しないから、Bが成立しえない」という論法がしばしば用いられている。すなわち、

「〈特質〉(相)が成立しないから〈特質づけられるもの〉(可相)はありえない。〈特質づけられるもの〉が成立しないから特質もまた成立しない」(第五章・第四詩)

というような場合である。この論法は非常に多く用いられているが、いま例示すると、第一章・第五、七、八、一四詩後半、第二章・第二二、二三詩、第三章・第五詩後半、六詩後半、第四章・第五詩、第七章・第二九、三三詩、第九章・第一一詩、第一一章・第二詩、第一四章・第八詩、第一六章・第五、七詩、第一七章・第二六、二七、二九、三〇詩、第二〇章・第二二、二四詩後半、第二二章・第四詩前半、九詩後半、第二三章・第四、六詩

後半、九、一二、一三、一四、一六、一九、二一詩（なお多少意味を異にするが第二四章にはこれと似た論法が非常に多い）。

これらの論法は一様でないが、いずれも一方が成立しないから他方も成立しないと主張するものであり、註釈中にも非常に多く用いられている。ところが、この議論は形式論理学の立場からみるならば決して正しい議論とはいえない。たとえば第七章（つくられたもの〔有為〕の考察）ではあらゆる方法によって有為法が実有なるものとしては成立しえないことを証明した後で、

「生と住と滅とが成立しないが故に有為は存在しない。また有為が成立しないが故にどうして無為が成立するであろうか」（第三三詩）

というが、一切法を分類して有為と無為との二つにするのであるから、有為と無為とは互いに排除し合う関係にある以上、有為が成立しないとしても無為は成立するかもしれない。一般に『中論』における推論の形式をみると形式論理学的には不正確なもののあることは、すでに宇井博士が指摘しておられる（『国訳中論』解題二八ページ）。

ではナーガールジュナの議論には誤謬があるということになるはずであるが、しかし『中論』が相依説を主張しているということを考慮するならば、この困難も解決しうると思う。『中論』によればあらゆるものは相関関係をなして成立しているから、先に述べたように「甲によって乙があり、また乙によって甲がある」といいうる。これを条件文の形に書き換

えると、「甲が成立するときに乙が成立し、また乙が成立するときに甲が成立する」といいうる。

故に『中論』およびその註釈において「甲が成立するならば乙も成立するはずであるが、甲が成立しないから乙も成立しない」という議論がある場合、形式論理学的に批判すると明瞭に不正確な推論であるが、『中論』が相依説に立つ以上、前述の議論は暗々裡々「乙が成立するならば甲も成立する」という命題を前提としてもっているから必ずしも誤謬とはいえない。また一切の条件や理由なしに、ただ「一方が成立しないから他方も成立しない」と主張する議論も相依説を考慮するならば誤った議論でないことがわかる。

すなわち「相互に依存するが故に、一つのものが成立しないときには、第二のものもまた成立しないのである」(『さとりの行ないへの入門』パンジカー、五三七ページ)といわれ、また「それ故に、相互に依存するが故に、一つのものが存在しないならば他のものも存在しないことになるであろう」(同書五三八ページ)と説明されている。

故にナーガールジュナが相依説を主張しているということを念頭におくならば、従来西洋の学者によってしばしば主張されるような、ナーガールジュナは詭弁を説いているという説が誤解にもとづいていることが明らかになろう。

## 有為法と無為法にわたって相依

以上は縁起または相依という語の内容を論じたのであるが、次に縁起ということがいかなる範囲に関していいうるかを考察したい。

すでに説一切有部においては、縁起とは有情数《うじょうしゅ》に限っていうとなす説（『順正理論』二五巻、大正蔵、二九巻、四八二ページ上）と情（有情）・非情（非有情）に通じていうとなす説と二種行われていたが（『倶舎論』五巻、一二枚左）、いずれにしても縁起とは有為法に関してのみいいうることであった。そうして有部は有為法の外に別に独立に実在する無為法を認めていた。すなわち無為法も「自相において住することによって存在する」ところの法であり、有為法のたんなる反対概念でもなければ、また有為の欠如でもない。自相を有する独立絶対な法として承認されている。そうしてこの無為法に関しては縁起は適用されないのである。

ところが『中論』はすでに述べたように、これに対して、「また有為が成立しないが故にどうして無為が成立するであろうか」（第七章・第三三詩）という。有為法が成立しないから無為法も成立しえないという議論は中観派の書のうちにたびたび現われている（『現観荘厳論』九六ページ。『十二門論』、大正蔵、三〇巻、一六〇ページ中、一六二ページ下、一六三ページ中。青目釈、大正蔵、三〇巻、三五ページ上。『中論疏』五九〇ページ下）。有為法も無自性であり、無為法も無自性であり、両者は相依相関の関係において成立している。したがって、

「何であろうと縁起して起こったのではないものは存在しないから、いかなる不空なるものも存在しない」（第二四章・第一九詩）というし、またチャンドラキールティも同様に「縁起せざる法は存在しない」（『プラサンナパダー』五〇五ページ）というから、有為法も無為法も共に一切法が、より高き相依という統一の下におかれている。すなわち、

「また、もしもニルヴァーナが有（存在するもの）であるならば、ニルヴァーナはつくられたもの（有為）となるであろう。何となれば無為である有は決して存在しないからである」（第二五章・第五詩）

のであって、ニルヴァーナというのも仏というのもみな「因縁に属し」ているのである。『中論』は要するに「一切の仏法、皆な是れ因縁の義なり」（『中論疏』三〇ページ上）を明かしていると説く。このように有為法と無為法とにわたって相依が説かれるのである。

## 法界縁起との類似

これを前述の有部の縁起論と比較するならば、著しい相違のあることに気がつく。それと同時に、『中論』の主張する縁起が後世中国の華厳宗の法界《ほっかい》縁起の思想と非常に類似していることがわかる。法界縁起の説においては有為法・無為法を通じて一切法が縁起していると説くのであるが、その思想の先駆をわれわれはまさしく『中論』のうちに見出すことができ

る。

中国の華厳宗《けごん》は一切法が相即円融《そうそくえんゆう》の関係にあることを主張するが、中観派の書のうちにもその思想が現われている。すなわちチャンドラキールティの註解においては、「一によって一切を知り、一によって一切を見る」(『プラサンナパダー』二八ページ)といい、また一つの法の空は一切法の空を意味するとも論じている。

アーリヤデーヴァはいう、「一つのものの空を見る人は、一切のものの空を見る人であると伝えられている。一つのものの空性は、一切のものの空性にほかならない」(『四百論』第八章・第一六詩)。チャンドラキールティも同様にいう、「中観派は、一つのものの空性を教示しようと欲しているのと同様に、一切のものの空性をも教示しようとしているのである」(『プラサンナパダー』一二七ページ)。

このように一と一切とは別なものではない。極小において極大を認めることができる。きわめて微小なるものの中に全宇宙の神秘を見出しうる。各部分は全体的連関の中における一部分にほかならないから、部分を通じて全体を見ることができる。実に『中論』のめざす目的は全体的連関の建設であった。

このように解するならば『中論』の説く縁起と華厳宗の説く縁起とはいよいよもって類似していることが明らかである。従来、華厳宗の法界縁起説は全く中国において始めて唱え出されたものであり、縁起という語の内容を変化させて、時間的観念を離れた相互関係の上に命名した、と普通解釈されてきたが、しかし華厳宗の所説はすでに三論宗《さんろん》の中にも認められるのみならず(『三論玄義』八三枚左)、さかのぼって『中論』のうちに見出しうる。『中論』の縁起説は華厳宗の思想と根本においてはほとんど一致するといってよい。ただ華厳宗のほうが一層複雑な組織を立てている点が相違するのみである。賢首《げんじゅ》大師法蔵《ほうぞう》には『十二門論宗致義記』があるほどであり、また日照《にっしょう》三蔵からも教えを受けたというから、ナーガールジュナからの直接の思想的影響も充分に考えられる。

法界縁起の説がはたしてどれだけナーガールジュナの『中論』その他の著書の影響を受けているかということは独立な研究問題であるが、両者の間に内面的に密接な連絡のあったことは否定できないと思われる。

## ジャイナ教との関係

なお、最後に問題とすべきこととして『中論』の右に挙げたような表現が原始仏教聖典のうちには見当らないのに、ジャイナ教の聖典のうちに見られるという事実である。たとえばジャイナ教の聖典『アーヤーランガ』では、

「一のものを知る人は一切を知る。一切のものを知る人は一のものを知る」

と説き、同趣意の思想が、ジャイナ教のサンスクリットの詩句においても伝えられている。

また、

「一つの〔煩悩を〕避ける人は一切の〔煩悩を〕避ける。一切の〔煩悩を〕避ける人は一つの〔煩悩を〕避ける」ともいう。では、ナーガールジュナはこのような表現をジャイナ教からとりいれたのであろうか。しかしジャイナ教に関するナーガールジュナの言及は割合に僅少なので、なお疑問とすべき余地がある。この歴史的連絡の解明は、今後の研究にゆだねたい。

## 4　従来の縁起論との関係

### 『中論』と十二因縁

『中論』が主張しようとする独自の縁起説が前述のようなものであるならば、『中論』は従来の原始仏教聖典一般ならびに小乗の十二因縁の説をどのように取扱っているのであろうか。

すでに論述したように、『中論』においては二種の縁起が説明されている。すなわち第一章から第二五章までに出てくる縁起は全く論理的な「相依性のみの意味なる縁起」であり、第二六章において初めて小乗のいわゆる「十二因縁」を説明している。この第二六章の説明は全く十二支を時間的生起の前後関係を示すものとみなしている。今その時間的生起関係を示す語に傍点を附してみる。

「無知（無明）に覆われたものは再生に導く三種の行為（業）をみずから為し、その業によって迷いの領域（趣）に行く」（第一詩）
「潜在的形成力（行）を縁とする識別作用（識）は趣に入る、そうして識が趣に入ったとき、心身（名色《みょうしき》）が発生する（第二詩）。名色が発生したとき、心作用の成立する六つの場（六入）が生ずる。六入が生じてのち、感官と対象との接触（触《そく》）が生ずる」（第三詩）
「眼といろ・かたちあるもの（色《しき》）と対象への注意（作意《さい》）とに縁って、すなわち名色を縁としてこのような識が生ずる」（第四詩）
「色と識と眼との三者の和合なるものが、すなわち触である。またその触から感受作用（受）が生ずる」（第五詩）
「受に縁って盲目的衝動（愛）がある。何となれば受の対象を愛欲するが故に。愛欲するときに四種の執著（取《しゅ》）を取る」（第六詩）
「取があるとき取の主体に対して生存が生ずる。何となれば、もしも無取であるならば、ひとは解脱《げだつ》し、生存は存在しないからである」（第七詩）
「その生存はすなわち五つの構成要素（五陰《ごおん》）である。生存から〈生〉が生ずる。老死、苦等、憂、悲、悩、失望――これらは〈生〉から生ずる。このようにして、このたん〔に妄想のみ〕なる苦しみのあつまり（苦陰《くおん》）が生ずるのである」（第八詩・第九詩）

このように全く時間的生起の関係に解釈され、チャンドラキールティの註解においては一つの項から次の項が生ずることを説明するために、いつも「それよりも後《のち》に」という説明が付加されている。またナーガールジュナは他の書において十二因縁を三世両重の因果によって説明しているし（『因縁心論頌《いんねんしんろんじゅ》因縁心論釈《いんねんしんろんしゃく》』、大正蔵、三二巻、四九〇—四九一ページ。『大智度論』二五巻）、中観派は極めて後世に至るまで三世両重の因果による説明に言及している（『さとりの行ないへの入門』パンジカー、三八九ページ）。

しかしながらナーガールジュナが真に主張しようとした（第二五章までの）縁起が十二有《う》支《し》でないことは明らかである。第三章第八詩に、

「〈見られるもの〉と〈見るはたらき〉とが存在しないから、識などの四つは存在しない。故に取（執著）などは一体どうして存在するであろうか」

というが、各註釈についてみると「識などの四つ」とは識と触と受と愛とを指し、さらにピンガラの註釈には、「見と可見との法が無きが故に、識と触と受と愛という四法は皆な無し。愛等が無きを以ての故に、四取等の十二因縁分もまた無し」（大正蔵、三〇巻、六ページ中）と説明しているから、『中論』の主張する縁起が十二有支の意味ではなくて、相依性の意味があることは疑いない。

さらに注目すべきことには『無畏論』においては第二六章は十二有支を観ずるの章とあり、またチャンドラキールティの註解においても「十二支を考察する章」とあり、また『無畏論』およびピンガラの註釈においては第二六章のなかに、「縁起」（またはそれに相当する

語、たとえば衆因縁生法）という語が一度も使用されていない。故に最も古いこの二つの註釈においては、ただ縁起とのみいう場合には常に相依性を意味していて、十二有支の意味を含んでいなかったといいうる。

### 世諦と第一義諦

それでは、『中論』においては何故に十二有支を説明する第二六章が付加されているのであろうか。

すでに述べたように第二六章は「声聞法《しょうもんほう》（小乗仏教）を説いて第一義の道に入ること」（青目（ピンガラ）釈、大正蔵、三〇巻、三六ページ中）を説くのであるが、ナーガールジュナは全くこれを排斥したのではなくて、衆生の生死流転の状態を示す説明として容認している。後期の註釈の語を借りていうならば、「世諦縁起」を説いているのである。『般若灯論釈』は第二六章を「世《せ》諦縁起《たいえんぎ》品《ぼん》」と命名し、次のようにいう。「釈して曰く、今この品《ぼん》（章）は、また空の所対治《しょたいじ》（修行によって改められるべきもの）を遮せんがために、世諦の縁起を以ての故に説く」（大正蔵、四巻、一三二ページ中）『大乗中観釈論』もこの章は「世俗縁生」を説くという。またピンガラの註釈も十二支の説明は「仏が世諦を以ての故に説きし」（大正蔵、三〇巻、一八ページ上）ものであるとなし、またチャンドラキールティの註も十二支の説明は「世俗にほかならず、実相には非ず」（『プラサンナパダー』五四ページ）という。

また『中論疏』をみると、「十二の〈項の〉相生《そうしょう》〈順次に生ずること〉を明かす――すなわち是れ世諦なり」とか、あるいは、「仏意は十二を説いて不十二を語らしむ。故に不十二が十二なることを世諦と為す。十二が不十二となることを第一義となすなり」といい、あるいは、「すでに十二因縁の相生を名づけて世諦と為す。十二因縁の空なることを知る。すなわち是れ第一義諦なり」〈六八一ページ下〉とも説明している。

これに対してチャンドラキールティは『中論』独自の縁起を「最上甚深なる縁起」〈『プラサンナパダー』一六七ページ〉と命名しているが、また「相依性の縁起を特質とする第一義の真理」〈同書一五九ページ〉という語がみえるし、またブッダパーリタの註には、「縁起という最上甚深なる第一義の真理」〈二ページ〉という説明が出てくる。従来の小乗一般の縁起が「世諦の縁起」とよばれているのに対し、『中論』の主張する相依性の縁起を「第一義諦」〈最高の真理〉であるとなす説明のあったことは注目を要する。

ところが中国の三論宗においては『中論』の主張する縁起も世俗諦となされている。たとえば、「因縁生は是れ世諦なり。寂滅は是れ真諦なり」〈『中論疏』六一一ページ下〉という。これはおそらく、クマーラジーヴァが縁起を「因縁生」などの訳語をもって訳したから、縁起を「因と縁とによって生ずること」と解したからだと思われる。この点に関してはインドの、とくにプラーサンギカ派の解釈と中国での解釈とは正反対である。

さらに『大智度論』をみると三種の縁起を区別している（八〇巻、大正蔵、二五巻、六二二ページ上―中、および下）。

第一の縁起とは「凡夫の肉眼に所見」のものであり、生死流転する「凡夫人」に映ずる縁起である。すなわち凡夫の迷っている状態をさしていう。

第二の縁起とは、「二乗（仏の教えをきく声聞乗、ひとりでさとりをひらく縁覚乗）の人および未だ無生法忍《むしょうほうにん》（空なる真理をさとり、心を安んじること）を得ざる菩薩の観ずるところであり、「法眼を以て諸法を分別する」というから、上述の世諦縁起に当たるものであろう。

第三の縁起とは、「諸の菩薩摩訶薩《ぼさつまかさつ》・大智人」なる「利根《りこん》」の人の観ずる縁起であり「無生法忍を得たるより乃至《ないし》道場に坐す菩薩の観ずるところ」であるという。すなわち、諸法は「定相《じょうそう》を得ず」「畢竟空《ひっきょうくう》」であり「ただ虚誑仮名《こおうけみょう》より有る」ことを観ずるところの甚深なる縁起である。故にこの第三の縁起がほぼ『中論』が主張しようとする縁起に相当するのではなかろうか。

## 『中論』の十二因縁の拡張解釈

以上『中論』独自の縁起と小乗の縁起との関係をみたのであるが、次の問題として『中論』のこのような縁起説は歴史的にどの系統を受けついでいるか、ということを論じたい。

宇井伯寿博士や和辻哲郎博士など近代の学者の研究によって、ブッダが縁起説を説いた真意は小乗一般の解釈とは著しく異なるものであることが明らかにされた。すなわち最初期の仏教においては、十二因縁のそれぞれの項はけっして時間的に輪廻の過程のうちにあって継起する因果の関係によって順序立てられているのではなくて、人間の生存のありかたの構造において順次に基礎づけあっている関係で列挙されているのであり、その真意は、人間が迷っているもろもろのすがたの構造連関を解明しようとするのである。ブッダは形而上学的実体を仮定する当時のインドの思想を排斥して、ただ人間の生存の構造を問題とした。そうして十二因縁のうちの前の項が順次に次のものを基礎づけるという構造をもっていた。

ところが『中論』においては十二因縁のうちの前の一つの項が次の項を基礎づける関係は、さらに極端に徹底的に拡張解釈された。『中論』によると、一切のものの関係は決して各自独存孤立ではなくて相依相資であるというのである。一切の事物は相互に限定し合う無限の相関関係をなして成立しているのであり、何ら他のものとは無関係な独立固定の実体を認めることはできないという主張の下に、相依性の意味の縁起を説いたのである。

相依性とは「これがあるときに、かれがある」という関係をいうのであるが、原始仏教においては十二因縁のうちで「前の項があるときには次の項がある」という意味であったが、中観派はその関係をあらゆる事物のあいだに認めようとした。そうして中観派はこれを「長と短のごとき」論理的相関関係と解している。

## 小乗の縁起説と『中論』

では、『中論』に至るまでにどのような系統からその縁起説が発達したかという問題に関しては詳細は不明である。部派対立時代の仏教の典籍中、残存しているものはたいてい説一切有部かまたは南方上座部関係のものであり、その解釈は『中論』とは著しく異なるからである。しかしその有部または上座部系統の論書の中にも、『中論』と関係のありそうな説が全くないわけではない。

たとえば先に述べた「刹那縁起」の説明には相依説の趣意が述べられているとみられる。また『尊婆須蜜菩薩所集論《そんばしゅみつぼさつしょしゅうろん》』には、「或いは十二縁起法というも、彼は十二支を立つる縁起には非ず。諸のものの起こる空寂《くうじゃく》の法なればなり」(二巻、大正蔵、二八巻、七三六ページ上)という説が挙げられている。『尊婆須蜜菩薩所集論』は西紀一世紀ごろの成立とされているから、『中論』の先駆思想とみなすことができる。この説はまた『般若経』の、「云何《いか》んが十二因縁を知るや。十二因縁の不生の相を知る、これを十二因縁を知ると名づく」(『摩訶《まか》般若波羅蜜経《はんにゃはらみつきょう》』大正蔵、八巻、三九九ページ下)という説明とも関係あるかもしれない。

またセイロン上座部の『論事』をみると、十二因縁の各項は倶生《くしょう》(ともに生ずること)であり、各項の間の条件づけの関係が可逆的であり、相互に基礎づけ合うという主張がみられる。これは、『中論』において、たとえば「作用によって作者あり、作者によって作用あり」

という議論と非常に似ている。

また先に考察したように、『大毘婆沙論』や『順正理論』をみると、「長と短」「此岸と彼岸」というような関係を〈相待有〉であるとして説明する教義学者がいたが、説一切有部はこの〈相待有〉の説を承認しなかった。いま中観派の説明をみると、これらの幾多の教義学者の説と一脈の連絡のあることが感ぜられる。〈相待有〉の原語は不明であるが、中観派はこの「相待」の考えを受けついで徹底的に追究し、あらゆるものに適用したのである。しかしもはやそれらのものが「有」であるということはいいえなくなった。

このように小乗仏教の諸書においても『中論』と関係のありそうな説明が紹介されている。故にナーガールジュナはこれらの諸説の影響を受けながら、『中論』において独自の縁起の観念を主張したのであろう。

## 5　不　生

### 不生の縁起を説く矛盾

小乗仏教では一般に縁起を人間の輪廻の過程における時間的生起の関係と解しているが、『中論』の縁起はそうではなくて、相依相関関係の意味であるとすると、ここに問題が起こる。——縁起という語には「起」（-samutpāda）という語が含まれているから、縁起はもろもろの事物（あるいはもろもろのダルマ）の生起の関係を意味すべきである。〈縁起〉という観念は〈生起〉を含意しているはずである。そうであるのに、『中論』が不生不滅の縁起を説くということは、言語表現の上からみて矛盾しているではないか。

この問いに対しては、ほぼ三種の答えが与えられている。まず『順中論』の解答をみると、

「問うて曰く、云何《いか》んが因縁を名づけて不生《ふしょう》となすか。もし不生ならば云何んがしかも説いて名づけて因縁となすか。もし因縁ならば、云何んが不生なる。もし不生ならば云何んが因縁なる、その因縁を不生と名づくるごときは、義、相応せず」

という論難に対して、

「答えて曰く。これは相応せず。もし因縁を説かば、則ち相応せず。もし体が是れ有るならば、云何んが因縁あらんや。先に有るを以ての故なり。もし〔先に体が〕其れ無ならば、則ち是れ無の法（実在しないもの）なり。云何んが因縁あらんや。〔もともと〕無の法なるを以ての故なり。もしその無法に因縁あらば、是れ則ち兎の角にもまた因縁を須《ま》たん。〔その場合には〕因は無体なり。物無きを以ての故に、虚空の華のごとし。この故に義の道理が則ち成《じょう》ず。因縁を思惟せば、則ち是れ不生なり。何者か因縁ならん」（下巻、大正蔵、三〇巻、四九ページ上）

と答えている。この意味はおそらく、次のごとくであろう。もしも反対者のいうように縁起が生起を意味しているとするならば、㈠もしも何らかのものが実有であるならば、実有なる

ものがさらに生起することは有りえないから生起するということはいえないこととなる。(二)またもしもそのものが〈虚空のなかの華〉のように無であるならば、無なるものの生起することは有りえないはずである。故にいずれにしても生起は不可能であるから、もろもろの事物を成立せしめている理法を意味する縁起が生起の意味であるはずはない。したがって、縁起とは〈不生〉ということである、というのであろう。右の『順中論』の議論は『中論』の、

「要するに、有（もの）が生ずるということは、理に合わない。また無が生ずるということも、理に合わない。有にして無なるものの生起することもない。このことは以前にすでに論証しておいた」（第七章・第二〇詩。なお『十二門論』と『百論』参照。西洋ではパルメニデスが同様のことを論じたという）

という論法に従って縁起が〈不生〉であるということを論証しているのである。

### バーヴァヴィヴェーカの解釈

次にバーヴァヴィヴェーカの解釈をみると、

「縁起とは種々の因縁の和合して起こることを得るが故に『縁起』と名づく」（『般若灯論釈』一巻、大正蔵、三〇巻、五一ページ下）

と解釈しているから、バーヴァヴィヴェーカによれば縁起とは「縁によって生起すること」

である。そうだとすると『中論』の主張する「不生不滅なる縁起」は矛盾を含んだ概念とならねばならぬ。この矛盾をどのように解決すべきかということが、バーヴァヴィヴェーカにとっては大問題であったが、かれは、世俗的立場の真理（世諦）と究極の立場から見た真理（第一義諦）との二種の真理（二諦）の説をもち込むことによってこの解決を試みた。世諦においては生起がある。しかし第一義諦においてはない。したがって『中論』の帰敬序《ききようじよ》において「不生不滅なる縁起」を説く場合に、「縁起」とは世諦においていい、「不生不滅」は第一義諦において説かれる（同右、大正蔵、三〇巻、五二ページ上）。

このように解釈するならば両者のあいだに何ら矛盾はないではないか、という注目すべき解答を与えている。

この説明は中国の三論宗の解釈とも類似している。すでに述べたように中国の学者はクマーラジーヴァの訳語に従って、『中論』の〈縁起〉を「縁によって生ずること」と解していたから、嘉祥大師吉蔵もバーヴァヴィヴェーカと同じく〈不生〉ということは究極の真理の立場（真諦）でいうが、縁起は世俗的真理の立場（俗諦）でいうことであると解し、たとえば、「第一義諦にては本より自ら無生、世諦にては因縁により仮に生ず」（『中論疏』一〇〇ページ）と説明している。ただし嘉祥大師吉蔵の「二種の真理」の説は「言教の二諦」をいうのであるから、両者の説明のあいだには一応区別を設けなければならない。

## チャンドラキールティの反論

ところがチャンドラキールティはバーヴァヴィヴェーカのこの解釈に反対して、「縁起」という一語を、「縁《よ》りて」と「起こること」という二語に分解して考察してはならないと主張する（『プラサンナパダー』九—一〇ページ）。

すなわち「縁りて」と「起こること」と二語に分解して、それぞれが独立な意味を有すると考えてはならない。「縁起」という一語によってあらゆるもの（法）ともの（法）との論理的相関関係を意味すると解釈している。したがってチャンドラキールティにとっては「不生不滅なる縁起」という表現に何らの矛盾も感ぜられないのである、という。

この解釈は「縁起」という語の解釈としては明らかに無理である。ただチャンドラキールティは初期の仏教徒が漠然と考えていた〈縁起〉の観念を、つきつめうる限りに追いつめて、この結論に達したのである。

いまチャンドラキールティの註についてみるに、チャンドラキールティにとっては、生起は虚妄であり、縁起は真理であり、生起と縁起とは正反対の概念であった。また、諸事象の生起が成立しないが故に縁起が成立するというのであるから、「不生」がすなわち縁起の真意である。この点において、縁起を「縁によって起こること」となす小乗仏教一般ならびにバーヴァヴィヴェーカの解釈と、「不生」と解するチャンドラキールティの解釈とは正反対である。

## 矛盾への三つの解答

このようにしてわれわれは、縁起という語に「起」という語が含まれているにもかかわらず、縁起を不生または不起であるとみなす場合に感ぜられる、言葉の表面上の矛盾に関して三つの解答がなされていることを知る。

第一、アサンガは、事物の生起は一般に成立しえないから、『中論』が縁起を主張しているのに、その縁起が生起の意味を含むはずはない、と主張した。

第二、バーヴァヴィヴェーカは〈縁起〉とは世俗的真理の立場（世諦）でいい、〈不生〉とは究極の真理の立場（第一義諦）でいうから、両者のあいだに矛盾はないと解した。

第三、チャンドラキールティは縁起という語を分解して考えることを承認せず、この一語でもって、ものとものとの論理的相関関係を意味し、生起という意味を始めから含まないと考えていた。

この三種の解釈も究極においてはたいした相違もないであろうが、説明としてはかなり相違している。

この三種のうち、どの解釈がナーガールジュナの原意に最も近いかということが問題となるが、おそらくチャンドラキールティの解釈が最も近いであろうと思われる。

**四不生**

いま『中論』のもとの詩句自体について考察してみると、帰敬序における縁起の説明の後を受けて、次に、

「もろもろの事物はどこにあっても、いかなるものでも、自体からも、他のものからも、〔自他の〕二つからも、また無因から生じたもの（無因生）も、あることなし」（第一章・第一詩）

といって縁起が〈不生〉の意味であるということを説明している。これと同じ内容を他の詩句においても述べている。

「事物は自体（自性）からも生じない。他のものからも生じない。自体と他のものからも生じない。何から生ずるのであろうか」（第二一章・第一三詩）

「事物は自体からも生じない。他のものからも生じない。自体と他のものからも生じない。顚倒した見解をいだくものがどうしてありえようか」（第二三章・第二〇詩）

また第一二章においては最初の第一詩において、

「苦しみは〈自らによって作られたものである〉（自作《じさ》）、〈他によって作られたものである〉（他作《たさ》）、〈両者によって作られたものである〉（共作《ぐうさ》）、〈無因である〉（無因作《むいんさ》）と、ある人々は〔それぞれ〕主張する。しかるにそ〔の苦しみ〕は結果として成立するというのは正しくない」

とまず主張し、第一二章全体がこの詩句の論証のために述べられている。このように事物は自体からも生ぜず、他のものからも生ぜず、両者からも生ぜず、無因生でもないというならば、生起のあらゆる型を否定したわけであるから、『中論』においては縁起が生起の関係を意味しないことは明らかである。そのほか『中論』においては不生を論じた詩句はすこぶる多いが、すでにたびたび言及したからここでは省略しておく。

## ブッダパーリタの独自の基礎づけ

さらに後世のブッダパーリタになると右の「四不生」(生起についての四つのありかたのどれについてみても不生であるということ)を註して独自の説明によって基礎づけている。「もろもろの事物は自体から生じない。何となればその生起の無意義なるが故に。また太過(適用範囲があまりにも広すぎることになること)の理論的誤謬が付随するから。何となれば自体によって存在しつつある事物がさらに生起するということは無意義であるから」(『プラサンナパダー』一四ページ、ブッダパーリタ註一一ページ)「もろもろの事物は他のものからも生じない。何となれば一切のものから一切のものが生起する(という理論的誤謬が)附随して起こるが故に」(同書三六ページ、同註一一ページ)「もろもろの事物は(自と他との)両者からもまた生じない。何となれば両方の立論について指摘された理論的欠陥が附随して起こるが故に」(同書三八ページ、同註一一ページ)

「もろもろの事物は無因からも生じない。何となれば常にかつ一切のものから一切のものが生起する〔という理論的欠陥が〕附随して起こるが故に」（同書三八ページ、同註一一一二ページ）

### 生起の意味を含まない縁起

この説明に対してはバーヴァヴィヴェーカの抗議があるが、チャンドラキールティやプラジニャーカラマティはそのまま採用している。要するにナーガールジュナを始めとして中観派の諸哲学者は、「自生」「他生」「共生《ぐうしょう》」「無因生」という生起のあらゆる型を否定することによって縁起を成立せしめようとしたのであった。

縁起に生起の意味が含まれていないことはナーガールジュナの他の著書からみても明瞭である。すでに大乗経典の中においても「縁起は不生不滅である」と論じているが（『稲幹経《とうかんぎょう》』八八ページ）、いまナーガールジュナの『六十頌如理《ろくじゅうじゅにょり》論《ろん》』をみるに（『国訳一切経』中観部三、『六十頌如理論』の脚註に引いてある山口益博士のチベット文からの訳に若干加筆した）、

「微細なる物においてもなお〔自性として〕生を分別する無智なる人は縁生（縁によって起こる因果関係）の義を見ないのである」（第一二詩）

「どのようにしてこのことを知るべきか。〔これは〕真性を知る最上者（仏）によって、縁

起を〔正しく〕見て、縁生のものは不生であると説かれたのである」（第四八詩）といい、また「縁起は生滅を離れている」（第二三詩）ともいう。

ともかく、いずれの解釈によるとしても、われわれの現実に経験し、われわれがそのうちに生存しているところの現象世界においてはもろもろの事物が生滅変遷する。しかしそれは仮のすがたであって、真実には生滅ということはありえないというのである。

それではナーガールジュナのこの説明は、仏教のうちのどの系統から受けついでいるかということが問題となる。

「諸法の不生」ということは『般若経』のうちにくりかえし説かれているところであるが、縁起を不生と解する思想は最初期の仏教にまでさかのぼりうる。ブッダは苦または苦楽あるいは十二支のひとつひとつについて、それが自ら作られたものでもなく、他のものによって作られたものでもなく、自作にしてまた他作のものでもなく、自作にも非ず他作にも非ざる無因生のものでもなく、実に縁起せるものにほかならぬと説いたという。

したがって縁起が時間的生起の関係を意味するのではないという思想は最初期の仏教に由来する点もあるということは明瞭である。そうして『中論』はまさしくこの問題を取り上げたのである。原始仏教聖典においては、諸事物は「自作」「他作」「共作」「無因作」のいずれでもないということが簡単に述べられていたのにすぎないのに、中観派はこれを受けついで詳細に論証したのであった。

## チャンドラキールティの註の矛盾

以上において、『中論』の「縁起」は生起の意味を含まないという説明が一応終わったのであるが、なお問題となることは、チャンドラキールティの註の中に縁起を「諸法が縁によって生じること」と説明している箇所がある。それでは上述の議論と矛盾するし、またすでに述べたチャンドラキールティ自身の説明とも矛盾するではないか、という疑問が起こる。たとえば、「それ故に『もろもろの事物が因と縁とに依存して生起する』ということが『縁起』の意義である」（『プラサンナパダー』五ページ）というし、チャンドラキールティの註にはそのほかこれと類似した説明がかなりみられる。そうだとすると、小乗一般の解釈と異ならないこととなる。

しかしそれもよく考えてみると、もろもろの事物が縁によって生じるという説明を一応承認しつつ、もろもろの事物はそれ自体としては〔自性上〕生起しない、ということを主張しているのである。チャンドラキールティもこのような説明によりながら、「この〈縁起〉なるものは因と縁とに依存して〔種子から〕芽が、また〔無明・行から〕識が生起することであるが、それはそれ自体としては生起しないことなのである」（同書五〇三ページ）という。

『中論』についてみるに、

「縁によって起こるものは、なにものでも本性上やすらい〔寂静〕でいる。それ故に〈現に

生じつつあるもの〉はやすらいでいる。〈生〉そのものもやすらいでいる」（第七章・第一六詩）

とあり、また『六十頌如理論』においては、「それぞれ（の縁）を得て生じたものは、すべてその自性上は生起したのではない」と説いている。そうしてチャンドラキールティは、縁起は不生であるという主張の論拠の一つとして後者の文を引用しているほどであり、またこれと同趣意の文は他にも見られる。したがって一応生起を認めつつもそれ自体としての（自性上の）不生を説いたのであるから、前述の説明と矛盾することはないであろう。

## *6* 否定の論理の代表としての〈八不〉

**八不は『中論』の宗旨**

否定の論理の典型的な一例として『中論』や大乗経典一般のうちには「不生」ということが述べられているが、また『中論』の最初の序の詩句には八種の否定句が述べられている。これを中国、日本の伝統的教学では「八不《はっぷ》」とよんでいるが、この「八不」について、さらに考察してみたい。

以上に述べたように、縁起とは不生であるとして生起を否定するならば、当然さらに消滅などをも否定することとなる。故に不生と縁起とが同義であるならば、さらに八不と縁起とはさらに同様に同義でなければならない。嘉祥大師吉蔵は八不がそのまま縁起を意味するという。「八不は即ち是れ因縁なり」（『中論疏』八五ページ上）と。

そうであるならばすでに述べたように、縁起が『中論』の中心問題であるから、同様に八不が『中論』の主要問題であるということも当然いいうるはずである。チャンドラキールティは、

「縁起にとって滅などが存在しないということを〔この〕論全体によって証明するであろう」（『プラサンナパダー』一一ページ）

といい、また嘉祥大師吉蔵は、

「八不は既に是れ衆経の大意にして、此の論の宗旨なり」（『中論疏』一九五ページ下）

といって、『中論』篇の眼目とみなしている。インドにおいては八不が一つの術語として用いられていたかどうかは不明であり、チャンドラキールティの註解書『プラサンナパダー』においてanirodhādy-aṣṭaviśeṣaṇa という語がわずかに一度出てくるだけであるが（三ページ）、中国においては独立の術語とみなされるに至った。そうして非常に重要視され、『中論疏』では、

「八不は、蓋《けだ》し是れ正観《しょうかん》之旨帰にして、方等《ほうどう》（大乗のこと）之心骨なり」（一九七ページ下）

「八不はただ是れ仏菩薩の本なり」（二〇〇ページ上）

「八不は即ち是れ三世の諸仏の方等の要経なり」（八四ページ上）

とさえいわれるほどであり、同書では「正法」「中進」「如来真応二身」「第一義悉檀《しつだん》」などと同一視されている。

## なぜ八つのみを選んだか

この八不の論証の内容はすでに述べたから省略するが、ここで問題となるのは、ナーガールジュナは何故にとくに不滅・不生・不断・不常・不一義・不異義・不来・不出の八つのみを選んだのであろうか、ということである。これに関してチャンドラキールティは、「縁起に関して無限の規定が可能であるけれども、八つのみを採用する。何となればこの八つが主として論争の部分であるが故に」(『プラサンナパダー』一一ページ)といい、またピンガラの註釈には、

「問うて曰く。諸法は無量なり。〔しかるに〕何が故ぞ但《た》だこの八事のみを〔論〕破するや。答えて曰く。法は無量なりといえども、略して八事を説かば、則ち総じて一切の法を破すとなす」(大正蔵、三〇巻、一ページ下)

と説明している。要するに無限の否定が可能であるけれども、この八つが最も重要であるから、これを代表として論ずると述べているだけでそれ以上は説明していない。したがって何故にとくにこの八つのみを選んだかという理由は依然として不明である。

そこでわれわれの心に思い浮かぶのは、この八不をナーガールジュナが大乗経典のうちの

どこかから借りてきたのではないか、ということである。もちろん部分的には各処に散説されているが、八不がまとめて説かれているのは、すでに嘉祥大師吉蔵が指摘したように（『大乗玄論』二巻、大正蔵、四五巻、三〇ページ中。『三論玄義』六九枚右。『中論疏』二四二ページ上）、『菩薩瓔珞本業経《ぼさつようらくほんごうきょう》』巻下、仏母品《ぶつもぼん》（大正蔵、二四巻、一〇八ページ下）においてであろう。そこには、

「二諦の義とは、不一亦不二、不常亦不断、不来亦不去、不生亦不滅」

とあり、また大乗の『大般涅槃経《だいはつねはんぎょう》』（南本）第二五巻にも、

「十二因縁とは、不生不滅、不常不断、非一非無、不来不去、非因非果」

といい、嘉祥大師吉蔵は「『中論』と次第は少しく異なるも、意は同じなり」という。

しかし前者は八不という点では一致しているが、二つの真理（二諦）に関して述べているから『中論』と多少異なるし、後者は縁起に関していう点は『中論』と同じであるが、八不ではなくて十不となっている。

故に『中論』の帰敬序と似ているが多少異なる点がある。また『大智度論』（七四巻、大正蔵、二五巻、五七九ページ下―五八〇ページ上）にも似た詩句があるが、これは『中論』の方から影響を及ぼしたのであって、その逆ではありえない。さらに八不は、『金光明経《こんこうみょうきょう》』にも挙げられている。

## 『中論』の帰敬序と『般若経』

古来『中論』は『般若経』にもとづくと解せられているから八不も『般若経』から受けているのではなかろうか、と思われる。ところがクマーラジーヴァ訳の『大品般若経《だいぼんはんにゃきょう》』をみると八不がまとまって述べられているところは一箇所もない。もちろん八不の一つ一つを『般若経』の中の諸方から拾い集めてくれれば八不を構成しうるが、『中論』の順序の通りに述べてあるところはない。ところが玄奘《げんじょう》訳の『大般若波羅蜜多経』をみると、八不が一連の否定句の中に含まれて出てくる。

「於二此般若乃至布施波羅蜜多一。竟無三少法有レ入有レ出有レ生有レ滅有レ断有レ常有レ一有レ異有レ来有レ去而可得者二」（一六五巻、大正蔵、五巻、八八八ページ中。四一一巻、大正蔵、六巻、一七〇ページ中。五〇四巻、大正蔵、六巻、五六九ページ中。第四会《え》、第五会には出てこないし、またクマーラジーヴァ訳大品《だいぼん》にも見当らない）（資料第一）

さらにまた、

「如レ是般若波羅蜜多。於二一切法一不向不背。不引不賓。不取不捨。不生不滅。不染不浄。不常不断。不一不異。不来不去。不入不出。不増不減」（二九六巻、大正蔵、六巻、五〇五ページ中）（資料第二）

とあるが、『大般若経』の終わりのほうになると、ほとんど『中論』の帰敬序そのままの文句が出てくる。

「具寿善現白レ仏言。世尊。云何菩薩摩訶薩修二行般若波羅蜜多一時。能学二従レ縁所レ生諸法一。仏告二善現一。若菩薩摩訶薩。修二行般若波羅蜜多一時。如実知下一切従レ縁所レ生法不生不滅不断不常不一不異不来不去。絶二諸戯論一。本性淡白上。善現。是為下菩薩摩訶薩修二行般若波羅蜜多一時。能学中従レ縁所レ生諸法上」（三八四巻、大正蔵、六巻、九八八ページ上〔第一会〕。四七二巻、大正蔵、七巻、三八九ページ上〔第二会〕。ただしここでは「本性淡白」が「本性憺怕」とあり、他はすべて同文。第三会以下には出てこないし、『放光般若』およびクマーラジーヴァ訳『大品般若経』にも見当らない）（資料第三）

これは全く『中論』の帰敬序の、

「不滅不生不断不常不一義不異義不来不去であり、戯論が寂滅してめでたい縁起を説いた正《しよう》覚《がく》者を、論の説法者のうちでの最も勝れた者として敬礼《きようらい》する」

と類似していることは驚くほどである。すなわち『般若経』のこの文に「正覚者を諸の説法者のうちでの最上者として敬礼する」という文句を附して帰敬序としての体裁を整えたにすぎないということもできる。さらに興味のあることは、『中論』においては帰敬序の直後に第一章（原因〔縁〕の考察）において四縁の一つ一つを否定しているが、この玄奘訳『大般若経』においては、逆に、四縁の一つ一つの空、不可得なることを述べた後で、菩薩は縁起を如実に知るべきであるといって、上述の八不を説いている。故に『般若経』のこの部分と『中論』との密接な関係を認めざるをえない。少なくとも既述の『瓔珞経』（仏母品）の文よりもはるかに緊密である。

上述の三資料はクマーラジーヴァ訳『大品般若』には見当らないし、また現在十万頌および二万五千頌般若のサンスクリット本のこの部分は未刊であるから不明である。

結局、ナーガールジュナは、玄奘訳に近い『般若経』の資料第三に相当する部分を借りてきて『中論』の帰敬序としたという結論を得ると甚だ都合がよいけれども、はたしてこのように断定できるかどうかは疑問である。玄奘訳に見るような現形がナーガールジュナ以前に成立していたとは断定できない。クマーラジーヴァ訳大品には見られないのであるから、反対に『中論』のほうから影響を与えて右の（資料第三の）ような説明が付加された、ということも考えられないことではない。

**アサンガの解釈**

八不の詩句に関してなお『順中論』の説明をみよう。

「問うて曰く、汝がこの論を説くに、義に次第無きか、あるいは次第有りや。何の意の因縁もて、議論を説いて所依の法のごとく、かくのごとく論を造るや」（大正蔵、三〇巻、四〇ページ上）

という問いに対して、

「答えて曰く、このかくのごときの義は、世尊がすでに大経のうちにおいて説いていわく」

といって以下に『般若経』の中の文句（大品第三八法施品にあり、玄奘訳『大般若波羅蜜多経』一六五巻、四三一巻、五〇四巻にそれぞれ存する）を引いているが、その最後には、

「若是般若波羅蜜者。彼無少法可取可捨。若生若滅。若断若常。若一義若異義。若来若去。此是真実般若波羅蜜」

となっている。この引用文の後に、アサンガは、

「かの因縁に依っての故に、この論を造る。われはかくのごとく般若波羅蜜のこの方便を知るが故に、われいま解釈す。いわゆる入中論門なり……」

という。故にこの文意から解釈すると、ナーガールジュナは『般若経』のこの部分にもとづいて八不の詩句を説き、『中論』の一篇の眼目とした、とアサンガは解していたらしい。そうしてアサンガはこの八不の詩句を手がかりとして『中論』および『般若経』の思想を解釈している。

　アサンガの引用した『般若経』の文句は前述の資料第一に相当する。すると『中論』帰敬序とほとんど同内容である資料第三は、アサンガの読んでいた『般若経』の中には存在しなかったこととなる。もしもアサンガが前記の資料第三に相当する文を知っていたならば、資料第一を八不の典拠としないで、むしろ『中論』帰敬序そっくりの資料第三を引用したはずである（前者は実は十不であるが、後者は八不を説いている）。故にアサンガの見た『般若経』には資料第一は存していたけれども、資料第三は存在しなかったのかもしれない。そう

であるならば資料第三は後世の成立であり、『中論』の帰敬序は、『般若経』からそっくり得たものではなくて、反対に『中論』の方から『般若経』の増広拡大に影響を及ぼしたという可能性も考えられる。

詳細はなお研究を要するが、とにかく八不の詩句に関して『般若経』（とくに玄奘訳）と『中論』とには密接な関係があるという事実を指摘しておく。

## 7　無　我

**無我とは諸法実相**

仏教の伝統的観念である〈無我〉は、『中論』ではかなり独自の特徴的な意味に理解されている。

仏教の根本思想の一つといわれている「無我」の意義を『中論』は第一八章（アートマンの考察）において説いている。『無畏論』によれば、第一八章の初めに、「問うていわく、――真理の特質は何であるか。どのようなしかたで真理は考察されることになるのであろうか。

答えていわく、――我《が》（アートマン）とわがもの（我所《がしょ》）とを離れることが、真理の特質なのである。前に述べたような道理によって考察したならば、真理を理解することになるのであろう。もしも『どのようなしかたで』と問うならば、答えていわく、……」

といって、次に『中論』のもとの詩句を引いて説明している。故に第一八章における無我の説明は、諸法実相《しょほうじっそう》（事物の真相）を明らかにするためになされていることがわかる。第一詩においては、

「もしも我《が》（アートマン）が〔五つの〕構成要素（五蘊）であるならば、我は生と滅とを有するであろう。もしも我が〔五〕蘊と異なるならば、我は〔五〕蘊の相をもたぬであろう」

といって、アートマン（我）の観念を否定しているが、チャンドラキールティの註解によれば、これは「五求門破《ごぐもんは》」の中に含まれているところの一異門破とみなしうるという（『プラサンナパダー』三四一ページ）。これに関してはさらに第二七章において、第四詩から第八詩までに同じ内容のことが詳しく述べられている。一八章の第二の詩には、

「我（アートマン）が無いときに、どうして〈わがもの〉（アートマンに属するもの）があるだろうか。我（アートマン）と〈わがもの〉（アートマンに属するもの）とが静まる故に、〈わがもの〉という観念を離れ、自我意識を離れることになる」

というが、『無畏論』は、「我と我所なきは即ち是れ真性の相なり」と註釈している。さらに第三詩は、

「〈わがもの〉という観念を離れ、自我意識を離れたものなるものは存在しない。〈わがもの〉という観念を離れ、自我意識を離れたものなるものを見る者は、〔実は〕見ないのであ

る」

という。これは驚異的な発言である。われわれは平生は我欲に悩まされているから、我欲を離れた境地に到達したいと思う。ところが我欲を離れた境地というものが別にあると思う人は、実は真理を見ていないのである。チャンドラキールティの註解によると、〈自我意識が無いこと〉〈わがもの〉という観念を離れたことという独立な原理または実体を考えるならば、実は事物の真相（諸法実相）を見ないこととなるという意味であるという（『プラサンナパダー』三四八ページ参照）。さらに第四詩においては、

「内面的にも外面的にも〈これはわれのものである〉とか〈これはわれである〉とかいう観念の滅びたときに執著はとどめられ、それが滅びたことから生が滅びることになる」

という。ピンガラの註釈には、

「いま聖人には我《が》と我所（わがもの）と無きが故に、諸の煩悩もまた滅す。諸の煩悩が滅するが故に、能く、諸法実相を見る」（大正蔵、三〇巻、二四ページ下）

という説明がみえている。故に『中論』が〈無我〉〈無我所〉を説くのも、上述の諸註釈の文からみると、結局諸法実相を明かすためであるといいうる。また『大智度論』第七四巻にも諸法実相とは我および我所の定まった特質の不可得なることであると説明され、空と同一視されている（大正蔵、二五巻、五八四ページ中）。

さらに無我とは無自性と同義に解されるに至った。チャンドラキールティによれば「無

我」の「我」とは「自体」（本体・本質）の意味であるという。したがって無我とは「無自性」の意味であるとされている（『プラサンナパダー』四三七ページ）。

**無我とは縁起**

このように無我が諸法実相、空、無自性と同じ意味であるならば、当然「無我」とは「縁起」の意味に解してさしつかえないのではなかろうか。『中論』（第二二章・第三詩前半）においても、

「他のものであることに依存して生ずるものは、無我であるということが成り立つ」

ということから、「縁起」すなわち「無我」と解していたのであろう。ピンガラの註釈をみると一層明らかである。

「もし法（事物）にして衆の縁に因って生ぜば、すなわち我有ること無し。五〔本の〕指に因って拳《こぶし》有れども、この拳は〔それ〕自体有ること無きがごとし」（大正蔵、三〇巻、三〇ページ上。この文から見ると、「我」と「自体」とは同義であると考えられていたことがわかる）

さらに『大智度論』の説明をみるといよいよ確かめられる。

「〔あらゆるものは〕我所（わがもの）を離れたがるが故に、空なり。〔あらゆるものは〕因縁によりて和合して生じたるが故に空なり。無常・苦・空・無我なるが故に名づけて空とな

す。……無常・苦・空なるが故に無我なり。自在ならざるが故に無我なり。主無きが故に、名づけて無我と為す。諸法（あらゆるもの）は因縁より生ずるが故に、無我なり。無相・無作なるが故に、無我なり。仮に名字（もてよばれたるもの）なるが故に、無我なり。……」（三一巻、大正蔵、二五巻、二九三ページ下）

といふし、さらに同書によれば、

「菩薩はこの念を作《な》す。――諸法は、空にして、我無く、衆生無し。しかれども因縁によるが故に有なり」（五四巻、大正蔵、二五巻、四四四ページ中）

ともいう。したがって無我というものも、少なくともナーガールジュナの場合には縁起の意味であり、『中論』が諸章において我（アートマン）を否定しているのも結局は縁起を闡明にしようとするためであることがわかる。

若干の学者の研究によれば、最初期の仏教における「諸法無我」という説明は結局縁起説と同趣意であると説明されている（宇井伯寿『印度哲学研究』第二巻、二二四ページ以下、三二五ページ以下）。この点についてはなお研究する必要があるであろうが、少なくともナーガールジュナに始まる中観派については、そのように理解してさしつかえない。

### 縁起による四法印の基礎づけ

仏教では古来「三法印《さんぼういん》」ということを説いた。「三法印」とは「諸行無常」「諸法無我」

「涅槃寂静」をいうのであり、「一切皆苦」を入れると四法印となる。では中観派は他の二項目、すなわち「諸行無常」と「一切皆苦」とをどのように解していたのであろうか。

中観派は無常を空の意味に解している。

「無常を観ずるは、即ち是れ空を観ずるの因縁なり」（『大智度論』二二巻、大正蔵、二五巻、二二二ページ）

「無常は則ち是れ空の初門なり。無常を諦《あきら》かに了せば、諸法は即ち空なり」（同三一巻、大正蔵、二五巻、二九〇ページ下）

さらに他の論書（『壱輪盧迦論《いっちゅるかろん》』）はとくにこのことを強調している。しからば無常も縁起の意味に解釈されていたのではなかろうか。

いま『中論』についてみるに、

「縁起したのではない苦しみがどこにあろうか。無常は苦しみであると説かれている。それ〔無常性〕は自性を有するものには存在しないからである」（第二四章・第二一詩）

といい、チャンドラキールティの註をみると、

「何となれば自性（本体）を有するものは縁って起こりはしない。そうして縁起したのではないものは無常ではない。何となれば存在しない〈虚空の華〉は無常ではないから。……そうしてもしも諸事物が本体（自性）を有することが承認されるならば無常なるものは存在しない」（『プラサンナパダー』五〇六ページ）

という。故に『中論』によれば無常なるものは必ず縁起しているし、また縁起したのではないものは無常ではないというのである。したがって『中論』は諸行無常を縁起によって基礎づけていることが明瞭である。

さらに三法印の中の他の一つである「一切皆苦」も縁起によって基礎づけられていることがわかる。前述の詩の中でも、「縁起したのではない苦しみがどこにあろうか」といっているし、註釈をみると、

「苦は縁より生ぜず。故に則ち苦は無し」（青目釈、大正蔵、三〇巻、三三ページ中）

「縁起が存在しないならば、苦は存在しない」（『無畏論』）

というから、苦は必ず縁起してあらわれたものであると考えていたのであろう。また第一二章（苦しみの考察）においては苦しみが、それ自体によって作られたのでもなく、他のものによって作られたのでもなく、自体と他のものとの両者によって作られたのでもなく、また因が無くして作られたのでもないということを説いているから、結局、苦しみが縁起してあらわれたものであることを意味している。

したがって『中論』は、三法印をことごとく縁起によって基礎づけていることがわかる。最初期仏教においては三法印の意味するところは縁起説と同趣意であるといわれているが（宇井伯寿『印度哲学研究』第二巻、三二七ページ）、いま『中論』は独自のしかたでこの道理を明示しているのである。

# 7　空の考察

## *1*　空と無自性

### (1)　空および無自性の意義

#### 虚無論者と攻撃された中観派

『中論』が空を説いていることはいうまでもない。中観《ちゅうがん》派は空性《くうしょう》論者《ろんじゃ》と自ら称している(『プラサンナパダー』三〇、五〇三、五二一ページ)。ここではこの空の意義を追究したい。

古来、空は「無」または虚無と解されやすい傾向がある。中観派を攻撃する人々は「空」を「無」と同一視し(同書四七五、四九〇ページ)、中観派は一切を否定してその虚無を説いたのであるから虚無《こむ》論者《ろんじゃ》であると論じている。このように空を無の意味に解するならば、中観派は仏教を破壊する恐ろしい邪説となるわけである。第二四章(「四つのすぐれた真理の考察」)の始めには反対者の説が述べられている。

「もしもこの一切が空であるならば、生も滅も存在しない。〔生も滅もないから〕聖なる四つの真理（四諦）の無いことが汝に附随して起こる」（第一詩）

「聖なる四つの真理が存在しないから、完全に熟知すること（知）、〔煩悩を〕断ずること（断）、道を修習すること（修）、〔ニルヴァーナを〕直接に体得すること（証）はありえない」（第二詩）

「それ（知・断・修・証）がないが故に四つの果報（四聖果《ししょうか》）は存在しない。結果がないが故に結果としての状態（位《い》）もなく、また目標に向かって進むこと（向《こう》）もない」（第三詩）

「もしもそれらの四向四果の聖者（八賢聖《はっけんじょう》）が存在しないならば、修行者のつどい（サンガ）は存在しない。また聖なる〔四つの〕真理が存在しないから、正しい教えもまた存在しない」（第四詩）

「法〔宝〕ならびに僧〔宝〕がないが故にどうして仏〔宝〕がありえようか。このように〔空を〕説くならば汝は三宝《さんぼう》（仏・法・僧）をも破壊する」（第五詩）

「空〔を説くもの〕は果報の実有《じつう》、非法、法、および世俗の一切の慣用法をも破壊する」（第六詩）

これらの文句からみると、当時中観派が虚無論者であるとして他派から盛んに攻撃を受けていたということは想像に難くない。チャンドラキールティの註釈をみても中観派は「絶対的な虚無論者」（『プラサンナパダー』三二ページ）、「一切を無なりとなす人」（同書一五九ページ）、「主な虚無論者」（同書三二一ページ）と決めつけられていたことがわかる。したがって中観派はインド一般においてのみならず近代西洋の多くの学者によっても虚無論者であるとされている。

## 中観派の反論

このような非難に対してナーガールジュナは次のように反駁している。

「ここにおいてわれらは答えていう。——汝は空における効用（動機）・空〔そのもの〕および空の意義を知らない。故に汝はこのように論争するのである」（第七詩）

チャンドラキールティの註解によると、それぞれの存在に固有な実体があると主張する有《う》自性論者《じしょうろんじゃ》は空の意義を無と解してこのような非難を浴びせているにすぎないという（同書四九〇ページ）。

「しかるに汝は無を空の意味であると妄《みだ》りに偏執しつつ、戯論《けろん》の網を拡げているのであるから『空におけるはたらき（用《ゆう》）』を知らない」（同書四九一ページ）

「……それ故に空性は戯論の止息を自性としているのに、どうして無であろうか。それ故に汝は『空性』をもまた知らないのである」（同右）

「無という語の意味は空という語の意味ではない。しかるに汝は無という語の意味を空の意味であると妄りに実在視（増益《ぞうやく》）してわれわれを非難する。それ故に汝は空という語の意味をもまた知らないのである」(同右)と註釈している。『中論』の目的とするところはありとあらゆるもの(諸法)の無を闡明《せんめい》するのではなくて、空を闡明することである(同書二三九ページ)。チャンドラキールティは空を無と解する考えを邪見であるといって(『中観への入門』)、空観を断見または無の見解と同一視してはならないと論じている(『プラサンナパダー』二七三ページ)。そうして中観派は虚無論者であるという反対派の非難に対して、「われわれは虚無論者ではない。有と無との二つの説を排斥することによって、われわれはニルヴァーナの城に赴く無二の路を明らかにするのである」(同書三二九ページ)と答えている。また嘉祥大師吉蔵も空観が老子の虚無の思想と混同されることを極力警戒している(『三論玄義』九枚左、一二枚右)。

### 縁起を意味する空

空が無の意味でないとするならば、しからば、どのように解すべきであろうか。中観派によれば空性とは縁起の意味であるという(『プラサンナパダー』四九一、五〇〇ページ)。空とは「縁起せる」という意味であり(同書五〇五ページ参照)、不空とは「縁起せざる」と同義である(同書四〇三ページ)。

「またもしもかの妄取《もうしゅ》(虚妄なる法)が自性上有るならば、それは(他のものに)依存して起こったものではないであろうか。そうして妄取が何ものかに依存して起こるのであれば、それは空性にほかならぬではないか」(『異論の排斥』第六六詩、なお漢訳『廻諍論《えじょうろん》』第六七詩参照)

『中論』をみるとかの有名な三諦偈《さんたいげ》(第二四章・第一八詩)において、「どんな縁起でも、それをわれわれは空と説く」と論じている。前の説明と順序は逆であるが、縁起と空とを共に同義であると考える点は同じである。その他に、中観派の書のうちには、これと同趣意の説明が非常に多い。また三論宗でも「若し因縁によらば即ち是れ空なり」(『中論疏』九三四ページ)といって同様にこの思想を受けついでいる。したがって『中論』第二四章・第三六詩には「縁起空」という語が出てくるが、これはチャンドラキールティの註解にあるように「縁起を特質とする空」(『プラサンナパダー』五〇二ページ)、あるいは「一切法の縁起を特質とする自性空」(同書五一五ページ)の意味であり、空が縁起を意味するということを一語に含めていいあらわしたものであろう。

このように空が縁起の意味であるが故に、反対派が中観派を虚無論者とみなすのは当たらないといって、チャンドラキールティは反対派の非難にも屈せず、

「実に汝は無の意味を空の意味であると妄りに実在視(増益)して過失を指摘している。しかるにわれわれは空の意味を無の意味であるとは説明しない。そうではなくて縁起の意味で

ある〔と説明する〕。それ故にこの空の説を排斥することは正しくない」（同書四九九ページ）と論じ、みずからは「縁起論者」（同書三六八ページ）と称している。

中観派の思想によると、一切の法は相依って成立している、すなわち縁起しているのであり、空と縁起とは同義であるから、ここにおいて始めて一切皆空という主張が基礎づけられ、諸法は空を特質としているともいわれ（『般若心経』岩波文庫、中村訳、二七ページ）、また空は一切のもの（法）の共通な特質であるともいいうるのである（『プラサンナパダー』二四六ページ）。従来中国においても、また近代西洋においても、ナーガールジュナは縁起を否定して空を説いたという解釈がかなり行なわれているが、これはかれの原意を得ていないことは明らかである。縁起と空あるいは不生などとは互いに反対の概念なのではなく、実は同一の概念なのである。このことについては前章で詳しく論じた。

### 縁起を意味する無自性

ここで問題が起こる。『中論』においては、「……は無い」「……は存在しない」という説明がたびたび出てくるから、『中論』は、やはり諸法の無を説いたのではないか、という疑問が起こる。しかしこれも無を説いたのではなくて、諸法が自性上無い、ということを意味するのである。有を否定して無を主張したのではなく、実有を否定して無自性を説いたのである（同書一九八ページ参照）。したがって『中論』は「縁起」「空」を説くとともに「無自性」をも説いているのであり、中観派は自ら無自性論者（同書二四ページ、『さとりの行ないへの入門』パンジカー、四二一ページ）と称している。この無自性という概念も空と同様に縁起という意味である。『中論』には、

「〈それ自体〉（自性）が縁と因とによって生ずることは可能ではないであろう。因縁より生じた〈それ自体〉は〈つくり出されたもの〉（所作《しょさ》のもの）なのであろう」（第一五章・第一詩）

「またどうして〈それ自体〉がすなわち〈つくり出されたもの〉となるであろうか。何となれば、〈それ自体〉は〈つくり出されたのではないもの〉（無所作のもの）であって、また他に依存しないものだからである」（第一五章・第二詩）

小乗においては自性を有する法が因縁の助けをかりて生起するというが、もしも真に自性が実在するならば、「実在するものがどうして因縁を必要とするであろうか」（『プラサンナパダー』三五九ページ）という疑問が起こる。自性を有する法が因縁によって生じるならば、その自性はつくられたもの（所作）であり、他に依存していることとなる。ところがつくられたもの、他に依存するものは「自性」とはいわれない（同書二六〇、二六三ページ）。すでに前に考察したように、自性とは法の「本質」「ありかた」を実体視したものであるから、有部《うぶ》によれば独立に実在するものであらねばならない。しかるにそれがつくられたもの

であり他に依存するということは全く矛盾している（同書二六〇ページ）。また一般に自性は絶対に変化しないものであるから（同書一六〇、五二一ページ）、もしも自性を承認するならば、現象界の変化が成立しえないこととなる（同書三二九ページ）。

ところがこれに反してもろもろの事物（諸法）は無自性であるが故に、現象界の変化も成立しうると中観派は説明している（同書三二九ページ）。

すなわちもろもろの事物はそれ自体の本性を欠いていて、縁起せるが故に成立しているのである（同書一六〇ページ）。各註釈において無自性と縁起とは同義に用いられているが、とくに、年代は後になるが、ハリバドラは、無自性とは縁起の意味であるということを明瞭に断言している。

したがって、『中論』は空あるいは無自性を説くと一般に認められているが、それも実は積極的な表現をもってするならば、少なくとも中観派以後においては「縁起」（とくに「相互限定」「相互依存」）の意味にほかならないということがわかる。

## あらゆる事象を建設し成立させる空観

このように空といい無自性といっても、ともに「縁起」を意味しているのであるから、空観はしばしば誤解されるようにあらゆる事象を否定したり、空虚なものであるとみなして無視するものではなくて、実はあらゆる事象を建設し成立させるものである。『中論』によれ

ば、

「空が適合するものに対しては、あらゆるものが適合する。空が適合しないものに対しては、あらゆるものが適合しない」（第二四章・第一四詩）

という。ナーガールジュナの著『異論の排斥』においても、

「この空性の成立する人にとっては、一切のものが成立する。空性の成立しない人にとっては、何ものも成立しない」

といって同趣意の思想をいだいている（漢訳では「もし人が空を信ぜば、かの人は一切を信ず。もし人が空を信ぜざれば、かれは一切を信ぜず」と訳しているが、けだし適切であろう）。すなわち一切皆空であるが故に一切が成立しているのであり、もしも一切が不空であり実有であるならば一切は成立しえないではないか、というのである。

『中論』第二四章においては、始めに掲げた有自性論者の攻撃に対して積極的に反駁を加えている。

「もしも〈それ自体〉にもろもろの事物の実有であることを認めるならば、もしもそうであるならば汝はもろもろの事物を因縁なきものとみなすのである」（第二四章・第一六詩）

「汝はすなわち結果、原因、行動主体、手段、作用、生起、滅亡および果報を破壊する」（第二四章・第一七詩）

そうして以下においてたてつづけに有自性論者を攻撃している。もしも空を認めないなら

ば四つの真理（四諦）はありえないこととなる（第二〇詩—第二四詩）。しからば四つの真理のそれぞれを知ること・断ずること・証すること・修することが不可能となり（第二六・二七詩）、聖なる四果を得ることはできず（第二八詩）、八賢聖もありえず（第二九詩）、三宝もありえないこととなる（第二九・三〇詩）。また衆生が仏となることも不可能であり（第三一・三二詩）、罪障も福徳も果報も無いこととなり（第三三詩—第三五詩）、一般に修行は無意味となる（第三九詩）。さらに一切の世俗のことがらも成立しえなくなるという（第三六詩—第三八詩）。このように有自性論者（説一切有部など）こそ仏教を破壊するものであり、そうしてもろもろの事物の無自性を説く中観派こそ真に仏教を建設するものである、というのがナーガールジュナの主張である。これも全く空および無自性が縁起、すなわち相互依存ないし相互限定の意味であるが故にこのようにいいうるのであろう。

ただこの相互限定ということは、二つ以上の連関のあるものが、一方から他のものに対して否定的にはたらくことである。相互依存というも、一つのものが、それ自身では成立しえないが故に他のものの力をまつのであるから、やはりそれ自体のうちに否定的契機を蔵しているといいうるであろう。「縁起」というと肯定的積極的にひびくけれども、実は否定を内に蔵した概念であるといわねばならぬ。

## (2)　縁起・無自性・空の三概念の関係

### 三概念の論理的関係

縁起と無自性と空という三つの概念の意味するところは結局同一であるということはすでに明らかであるが、この三者の関係はどうであろうか。すなわちどの概念が基本的であり、どれが派生的であるか、その論理的基礎づけの関係如何、という問題がある。この問題を解決するには、この三者を二つずつ組み合わせて、すなわち縁起と空、縁起と無自性、無自性と空、の三つに分けて考察しよう。

まず、縁起と空との関係をみると、いつも「縁起せるが故に空である」と説明されている(『プラサンナパダー』五九一ページ、また五一二ページ。『大智度論』一七巻、大正蔵、二五巻、一八九ページ中)。ところがこれに反して、「空なるが故に縁起している」という説明はみられない。すなわちつねに縁起が理由であり、空は帰結である。

第二に縁起と無自性との関係をみると、つねに「縁起せるが故に無自性である」と説明されている(『プラサンナパダー』四四〇ページ)。この趣旨の説明はすこぶる多い(同書八八、四五五ページ。『無畏論』国訳、一五二ページ。『大智度論』六一巻、大正蔵、二五巻、四九一ページ中。『十二門論』、大正蔵、三〇巻、一五九ページ下。『入大乗論』上巻、大正蔵、三二巻、四一ページ中)。これに反して、「無自性なるが故に縁起している」という説明はいっこう見出されない。すなわち縁起が理由であり、無自性は帰結である。

第三に無自性と空との関係をみると、つねに「無自性の故に空である」と説明されている。その一例を挙げると、「そしてそれは無自性なるが故に空である」（『プラサンナパダー』五〇〇ページ）とあり、これと同様の説明は各処にみられる（同書五〇四ページなど、『中論疏』四七九ページ下）。また空と同義である「不生」（『プラサンナパダー』二三九ページ）も無自性の故にのべられている（同書三二三ページ）。これに反して「空なるが故に無自性である」という説明はいっこう見出されない。したがって無自性が理由であり、空は帰結である。

故にこれを要約すれば、縁起はつねに理由であり、空は常に帰結である。無自性は縁起に対しては帰結であるが、空に対しては理由である。すなわち縁起という概念から無自性が必然的に導き出され、さらに無自性という概念からまた空が必然的に導き出される。「縁起→無自性→空」という論理的基礎づけの順序は定まっていて、これを逆にすることはできない。

いま中観派の諸書を見ると、はたして右の順序に説明されている。

「若し法、因縁和合より生ぜば、是の法、定性《じょうしょう》（本性）有ることなし。若し法、定性無くば、即ち是れ畢竟《ひっきょう》空なり」（『大智度論』八〇巻、大正蔵、二五巻、六二二ページ上）

「是の法皆因縁和合より生ずるが故に無性なり。無性なるが故に自性空なり」（『大智度論』

四四巻、大正蔵、二五巻、三八二ページ中）「若し衆因縁より生ぜば、則ち自性なし、自性なきは即ち是れ空なり」（『十二門論』、大正蔵、三〇巻、一六六ページ下）

その他、これと同趣意の説明はきわめて多く、実に枚挙に暇がない。また『菩提資糧論釈』四巻においては、縁起↓無自性↓空↓無相↓無願という順に系統を立てて説明している（大正蔵、三二巻、五三二ページ上）。

とにかく、第一の段階として、もろもろの存在は相依って、相互限定により成立しているのであるから、法有の立場において主張するようなそれ自体（自性）を想定することはできないということが説かれ、次いで第二の段階としてそれ自体（自性）が無いからもろもろの存在は空でなければならぬといわれる。この論理的基礎づけの順序は一方的であり、可逆的ではない。

このように縁起・無自性・空の三概念は同義ではあるけれども、その中で縁起が根本であり、他の二つは縁起から論理的に導き出されるものであるから、『中論』が空および無自性を説くにもかかわらず、ナーガールジュナが『中論』（および『六十頌如理論』）の帰敬偈において「縁起を説く」と宣言したのもおのずから明らかであり、そうして『中論』の中心思想は縁起であるという主張がいよいよもって確かめられることとなる。

## 三概念の歴史的関係

以上はこの三概念の論理的関係を考察したのであるが、次にこの三概念の歴史的関係を明らかにしたい。もちろん、この問題を徹底的に論ずるためには諸経論を広く調査せねばならないが、いまその余裕がないから、『般若経』に関して検討することとする。

現在残存している『般若経』の諸本には必ず或る原型があったに相違なく、それが拡大され、あるいは変化して今日のような種々のテクストを残すに至ったのであろう。しかしながらその原型といえどもすでに諸学者の想定したように(梶芳光運「般若経に現われたるその原始形態について」『宗教研究』新第一〇巻、第五号。塩見徹堂「般若経の原形に就いて」『宗教研究』新第一〇巻、第六号)、同時に成立したものではなくて、しだいに前から順を追って附加されていったものであろう。そうだとすると、その間にどのような思想的変遷があったか。それには種々検討すべきことがあるであろうが、ここでは縁起・無自性・空の三概念に関して調べてみたい。

まず、『八千頌般若《はっせんじゅはんにゃ》』サンスクリット原本についてみるに(品《ほん》の数え方はサンスクリット本に従う)、第一品から第七品までは般若空観のたんなる説明と『般若経』護持の功徳の讃《さん》嘆《だん》とに終始している。ところが第八品に至って始めて、「無自性なるが故に空である」として空観を無自性によって基礎づけようという試みがみられる(荻原本、四〇五ページ)。続いてそれ以後にも同様の説明がみられる(第一二品および第一九品。荻原本、五三八、七三六ページ)。『般若経』には嘱累品《ぞくるいぼん》(教えを伝える章)が二つあるが、最初の嘱累品以前においては空観を無自性によって基礎づけようとしている。ところが最初の嘱累品以後になると、さらに縁起が問題とされている。もちろん最初の嘱累品以前(第二七品以前)においてもまれに言及されているが、それは決して重要なものではなく、いわんや『中論』の縁起説と関係をつけることは困難である。ところが第二七品以後になると、これに反して縁起が中心問題とされている。

これを『大品般若《だいぼんはんにゃ》』についてみれば一層明瞭である。いまクマーラジーヴァ訳の『大品般若』によると、最初の嘱累品(第六六品)以前をみるに、空観を基礎づけるに当っては常に「自性空《じしょうくう》の故に」「性空《しょうくう》の故に」「自相性、不可得の故に」「自相空の故に」「自性、無なるが故に」などの説明が用いられている。どれも法が自性を欠いているからという意味に解することができる。もちろんまれに縁起に言及しているところがあるが、ほとんどいうにたりない。

ところが第六六品以後になると、「縁起の故に無自性である」という説明がみられる。すなわち第六六品以前においては空観を無自性によって基礎づけていたが、第六六品以後になると、その無自性をさらに縁起によって基礎づけている。いまや縁起が中心問題となり、縁起に関説することがきわめて多く(たとえば善達品《ぜんだつぼん》第七九、大正蔵、八巻、三九九ページ下。畢定品《ひつじょうぼん》第八三、大正蔵、八巻、四一〇ページ下)、般若波羅蜜《はんにゃはらみつ》(最高の智慧の完成)を行ずる菩薩は縁起を観ずべきであるといい、また縁起は独り菩薩のみの法であり、諸辺の顚《てん》倒《どう》（誤った考え）を除くものであり、縁起を観ずるならば声聞辟支仏地《しょうもんびゃくしぶつじ》に堕せず、阿耨多《あのくた》羅《ら》三藐三菩提《さんみゃくさんぼだい》（このうえない最も高度なさとり）に住するに至るであろうとさえも極言している。従来縁起は辟支仏（独覚）に関連して述べられることが多かったのに、ここでは縁起は声聞辟支仏とは無関係な、菩薩のみの法であるというから、『般若経』の後の部分の作者は小乗の縁起に対して大乗独自の縁起を充分に意識して主張していたことが明らかである。この部分には一般に縁起に関係のある説明が非常に多い。

さらに『勝天王般若《しょうてんのうはんにゃ》』についてみるならば、この傾向は一層顕著である。ここにおいては「縁起を説く」「縁起観を修す」という文句がしばしば見受けられる。そうしてあらゆる存在は縁起せるものであるということを強調し、あらゆる存在は相関的に成立しているから、法の生滅《しょうめつ》は実はありえないと説く。そしてこの「甚深《じんじん》なる縁起」は空と同義であるから、縁起を観ることによって一切皆空を体得すべきであると説いている。このように『勝天王般若』においても、『般若経』の終わりの部分を受けついで、縁起によって空観を基礎づけている。故に『般若経』の初期においては「空」を説くのみであったが、後には「空」を「無自性」によって説明するようになり、さらに『般若経』の末期においてはこれを「縁起」によって基礎づけるようになった。この三概念の論理的基礎づけの順序は、すでに述べたように、縁起→無自性→空（およびその同義語）

であるが、初期大乗仏教における歴史的発展の順序はこれに反して、

空（およびその同義語）↓無自性↓縁起

であり、両者における関係ないし順序は全く正反対である。

### 三　概念の順序が正反対の理由

右の意義を考察したい。元来空観は仏教の根本思想であり、たんに大乗においてのみこれを説くのではない。仏教成立の当初から空の立場は一貫して存続している。すでにドイツのO・フランケや椎尾弁匡博士など二、三の学者は原始仏教聖典の中における空観を研究し、『般若経』の思想はすでに原始仏教聖典の中に含まれていると主張し、その事実を指摘している。さらに近年の研究（宇井伯寿博士や西義雄博士）によれば、小乗においてさえも法空《ほっくう》が説かれているという。通常いわれるように小乗は個人存在の空（人空《にんくう》）のみを説いていたのではなくて、法空をもすでに説いていた。したがって小乗の空観と大乗の空観とに強いて差別をつける必要はないと主張されている。

『般若経』がどのような系統を受けついで成立したかということは独立に研究すべき問題であるが、とにかく、以前から存するこの空観を受けているということだけはいえると思う。『般若経』が何故に空という語をたびたび用いているかという理由は不明であるが、当時説一切有部などの小乗諸派が法の実有を唱えていたのに対して、それを攻撃するために特に否

定的にひびく「空」という概念を用いたのであろう。すなわちあらゆる存在は互いに相依って成立していて独立には存在しえないから、存在するものはそれ自身の中に否定の契機を蔵することによって成立している。したがって空という否定的な語がよく適合したのであろう。そうしてこの「空」を「無自性なるが故に」という理由をもって説明している。

ところが『般若経』の始めの部分が成立したころに、反対派の人々はその主張を聞いて、空を無の意味に解し、空観を虚無論であるとして非難するに至ったのであろう。『般若経』の中間の辺りを読むと、反対者が空観を非難していたという事実の記されていることを知る。そこで後になると、すなわち『般若経』の終わりの部分および『勝天王般若経』においては、空の意味を一層明らかにし誤解を防ぐために、最初期の仏教以来重要であった「縁起」という語をもってきて、それを「相互限定」「相互依存」の意味に解して空および無自性とは縁起の意味であると説明するに至ったのであろう。すなわち縁起によって空および無自性を基礎づけたのである。このように解するならば、縁起・無自性・空の三概念の論理的基礎づけの順序と歴史的に現われた順序とが正反対である理由もおのずから了解しうると思う。

## 『中論』の歴史的・思想的位置

故に『般若経』全体が空観を基礎づける運動の一つの歴史を示している。そうして『般若経』原型成立の末期において、縁起を中心思想としたのを受けついだのが、ナーガールジュナの仏教である。したがって『中論』においてはすでに述べたように縁起が全編の主題とされ、しかもナーガールジュナはこれを独自の天才的論理によって基礎づけている。この歴史的連絡は『中論』の註釈からみても明瞭である。

故に『中論』が著されるよりも遥か以前にすでに大乗仏教は空を説いていたのであるが、空に対して「疑見を生じ」る人が現われ、「種々の過ちを生ずる」に至ったので、そこでナーガールジュナは「何の因縁の故に空であるか」を説明するために、空とは縁起の意味であり、決して反対者の誤解するような意味ではないということを『中論』によって闡明したのである。すなわち空に関して疑見が行なわれていたから、これを縁起によって基礎づけたのである。

したがって『中論』は歴史的には、『般若経』の各層を通じてみられるような空観を基礎づける運動の終わりであるとともに、思想的には『般若経』理解のための始めである。『中論』は空観の入門書であり、アサンガのいったように「中論の解釈に順じて『般若経』の初品法門に入る」べきである。すなわち『般若経』の初品、すなわち端的に空を宣言している部分の内容を明らかにするために、『般若経』は一部一部と附加増大されていったのであるが、この運動の最後に位し、新たに中観派を成立せしめるもととなったのがまさしくこの『中論』である。

## *2* 中道と空見——「三諦偈《さんたいげ》」の解釈に関連して

### (1) 中　道

**三諦偈**

中観派の思想においては中または中道という概念がきわめて重要な位置を占めている。『中論』の原名は東北目録（No.三八二四）によれば Prajñā-nāma-mūlamadhyamakakārikā であり、また Madhyamaka-śāstra ともいわれている。また『入中観論』においては『中論』の詩句を引用する場合に、「『中論』に曰く」というところをたんに「中より」としてあるところもある。またナーガールジュナの学徒は一般に中観派（Mādhyamika 中派）と呼ばれ、あるいは Madhyamakavādin ともいわれ（『さとりの行ないへの入門』パンジカー、三六〇、三九〇、三九七ページ）、まれには「中の心を有するもの」（*Madhyamakacitta*）という変わった呼びかたもされている（『倶舎論』ヤショーミトラ註）。そうして中観派の説は *Madhyamaka*-darśana とよばれている（『プラサンナパダー』二七五ページ）。故にナーガールジュナおよび中観派にとっては、中および中道という観念がきわめて重要なものであることがわかる。

しかるに、このように重要な中道という語が『中論』においてはただ一回出てくるのみである。すなわち「四つのすぐれた真理の考察」という第二四章の第一八詩に言及されているのみであるから、われわれはこれを手がかりにして考察を進めなければならない。

「どんな縁起でも、それをわれわれは空と説く。それは仮に設けられたものであって、それはすなわち中道である」（第一八詩）

とあり、これをクマーラジーヴァは、

「衆因縁生の法、我即ち是れ無なりと説く。亦た是れ仮名《けみょう》と為す。亦た是れ中道の義なり」

と訳しているが、中国では後にこれが多少変更されて、

「因縁所生の法、我即ち是れ空なりと説く。亦た是れ仮名と為す。亦た是れ中道の義なり」

という文句にして一般に伝えられている。天台宗も三論宗も後者を採用しているし、また後者のほうが原文に違うことなくよくその意味を伝えている。この詩句は中国の天台宗の祖とされる慧文《えもん》禅師によって注意されるに至った。

そうして天台宗によってこの詩句は空《くう》・仮《け》・中《ちゅう》の三諦を示すものとされ、「三諦偈《さんたいげ》」とよばれるようになった。すなわちその趣旨は、因縁によって生ぜられたもの（因縁所生法）は空である。これは確かに真理であるが、しかしわれわれは空という特殊な原理を考えてはならない。空というのも仮名であり、空を実体視してはならない。故に空をさらに空じたところの境地に中道が現われる。因縁によって生ぜられた事物を空ずるから非有であり、その空

をも空ずるから非空であり、このようにして「非有非空の中道」が成立する。すなわち中道は二重の否定を意味する。ほぼこのように中国以来伝統的に解釈されてきた。

しかし、この天台以後の解釈がはたしてナーガールジュナの原意を得ているであろうか。すでにわが国においてもこの疑問をいだいた学者もあったが、やはり結局は天台の解釈に従うべきであるとされている。

## 原文による原意の考察

ところが中国以来の伝統的解釈と無関係に『中論』を研究したスチェルバツキー、インドのP・L・ヴァイディヤ、同じくN・ダットなどの二、三の学者は、この詩句はたんに、縁起、空、仮名、中道という四つの概念の同一であることを意味していると考え、三諦の思想に言及していない。そこでわれわれは、原文および諸註釈などによってその原意を考察する必要がある。

まず最初の「因縁所生の法、我即ち是れ空なりと説く」の原文は、「どんな縁起でも、それをわれわれは空と説く」とある。『中論』においては一般に縁起と空とは同義であるから、ここでもそれを意味しているのであろう。このことはチャンドラキールティの註からみても明らかである（『プラサンナパダー』五〇三ページ）。故に中国以来の解釈のように、因縁によって生ぜられた諸法を否定して空と説いたのではなくて、縁起を肯定して、その縁起と空との同義であることを主張しているのである。

　次の「亦た是れ仮名と為す」の原文は「それは仮に設けられたもの（仮名）である」とあり、「それ」が空をさすことはチャンドラキールティの註からみて明らかである（同書五〇四ページ）。しかしながらこの文句の意味は、中国以来の解釈のように、「空亦復《くうやくぶ》空《くう》」（「空もまた否定されねばならない」の意）の意味を説いたのではなくて、空と仮名とが同義であることをいうにほかならない。チャンドラキールティの註によると、空がそのまま仮名であるとともに、また仮名がそのまま空の意味である。空をさらに空ずるという説明はみられない（ただ、漢訳では「仮名」という語に「不空」という意味を認めうると考えて、『中論』本文において空を仮名とみなすのを、非空を空ずるという趣旨であると解するのである。おそらくは翻訳者クマーラジーヴァ、あるいはかれを助けた人々がすでにこのように考えていたのであろう）。

　さらに傍論ではあるが、右の説明は注目すべきものである。仮名とは詳しく訳せば「縁《よ》って施設《せせつ》せられたこと」であるが、右のチャンドラキールティの説明によれば、たとえば一つの車はその車の各部分である車輪などが集まることによって形成されているのであって、各部分を取除いたならば、車というものはどこにも認められないというのであるから、これこそまさしく小乗の有名な析空観《しゃっくうかん》である。このような説明はすでに原始仏教聖典の中に存する（『雑阿含経《ぞうあごんきょう》』四五巻、大正蔵、二巻、三二七ページ中）。また、『大智度論』四二巻においても、『般若経』の「一切の名字に住すべからず」という句を註釈する箇所で、やはり車の喩《たとえ》をもって同様に析空観を説いている（大正蔵、二五巻、三六四ページ下）。従来三論宗・天台宗の説明によると、小乗の空観は析空観であり、大乗の空観は体空観または即空観であるといわれているが、このようにチャンドラキールティの註や『大智度論』に析空観の説明がある以上、必ずしも中国の解釈が絶対的なものであるとはいえないということが明らかである。

最後に「亦た是れ中道の義なり」の原文は「それはすなわち中道である」とあるが、チャンドラキールティの註によると「それ」とは空をさしている（同書五〇四ページ）。空がすなわち中道であり、中国一般の解釈のように空を空じた境地に中道が現われるのではない。では何故に空がそのまま中道といわれるか、という理由をみると、すなわち自性上不生なるものは「有」であるということができない。また自性上不生なるものは無くなるということがないから、「無」ということもできない。「不生」と「空」とは同義であるから、したがって空は有と無という二つの極端（二辺）を離れていることとなる。故に空は二辺を離れた中道である（同右）、ということになる。

## 空・仮名・中道は縁起の同義語

従来中国においては空も一つの極端（一辺）とみなされていたが、インドの中観派においては空は有と無という二つの極端を離れた中道である。中国においては「非有非空の中道」が説かれるが、チャンドラキールティの註によれば必ず「非有非無の中道」であり、「非有非空の中道」という説明は出てこない。元来インドの中観派にとっては「非有非空」とは意味をなさない概念である。有は無と対立しているのであって、決して空と対立するものではない。また空は実有と対立するけれども、決して有と対立することはない。われわれは「空」と「無」とを区別し、また「有」と「実有」とを区別する必要がある。したがって非有非無である空はまた中道ともよばれる。こういうわけで空、仮名、中道は皆縁起の同義語である（同右）。

またチャンドラキールティは他の箇所において、

「このように我と諸法との同一を説く人々は誰でも、常住と断滅とを離れた、縁りて仮設されたことを意味する最上にして深遠な縁起の本性を見ない」（同書二二四—二二五ページ）

というから、チャンドラキールティは中道と仮名と縁起とを同義にみていたにちがいない。

以上は主としてチャンドラキールティの註解について検討してみたのであるが、さらに他の註釈についてみても同様のことがいわれる。まず『無畏論』をみるに、

「我れは因縁生のものを空なりと説く。これは縁りて施設せられたるものなるが故に、因縁生（縁起）ならざる如何なる法もあることなし」（『無畏論』国訳、一六六ページ）

とあるから、天台宗でいうような三諦の説はどこにもみえず、これらの諸語を同義とみなし

ている。また『般若灯論釈』も同様に解しているし、また『大乗中観釈論』の解釈は難解でよく読めないが、同様に解してさしつかえないと思う。残るところはピンガラの解釈であるが、この部分の解釈の中に「空亦復空」という文句があるためにこの第一八詩に三諦の思想がもちこまれたのであろうが、「空亦復空」という文句はここに限らず他の部分においても説かれていることであり、この詩句と本質的関係があると認むべきほどのものであるかどうかは疑問である。かつ空と無とは厳重に区別する必要があるのに、クマーラジーヴァはsūnyatā（空）を「無」と訳すこともあったから、「無」と「空」の問題に関してはクマーラジーヴァの訳を典拠として議論を立てることは不可能である。

さらにナーガールジュナの他の著書についてみても上述の議論はいよいよ確められる。『廻諍論《えじょうろん》』の最後の詩句をみると、

「空と縁起と中道とを同一の意義をもったものだと説き給うた、かの無比なる仏に敬礼し奉る」

といってこの三概念の同義であることを明瞭に断言している。故に天台の解釈がナーガールジュナの原意に適合していないことはいよいよ明瞭である。さらに『大智度論』における説明や『入大乗論』におけるこの第一八詩の引用からみても、このことは確かめられると思う。また『大智度論』にある、

「因縁生の法、是れを空相と名づけ、また仮名と名づけ、また中道と名づく」

という詩句の原文が、もしもこの第一八詩と同一であったならば、クマーラジーヴァ自身もこの四つの概念を同義と考えていたことが明らかである。

次に三論宗の解釈をみるに、嘉祥大師吉蔵自身が三諦の考えをもっていたことは確かであるが、しかし上述の思想もそのまま伝えている。『中論疏』の、三諦偈に対する註釈をみると、四つの解釈が示されている。そのうち、初めの三つは天台の解釈および今日一般に述べられている解釈に近いが、第四の解釈は必ずしもそうではない。

さらにまた嘉祥大師吉蔵がこの第一八詩を多少書き換えて伝えているところがある。それによると、「中論の所説のごとし。因縁所生の法、我即ち是れ空なりと説く、即ち是れ仮名なり、即ち是れ中道なり」（『二諦義』上巻、大正蔵、四五巻、八五ページ中）とあるから、この詩句に三諦の思想を読みこんでいなかったことがわかる。嘉祥大師吉蔵は一般に一つのことに対して種々なる解釈を下す傾向があるから一概に断定することはできないが、とにかく、空と仮名と中道とが共に縁起の同義語であるということを一方においては承認していたことは明らかであろう。

### インドと中国の解釈の相違

要するに第二四章の第一八詩句に関して後世中国においては三論宗も天台宗も種々複雑な説明を試みるに至ったのであるが、インドの諸註釈によってその原意を探るならば、縁起、空、仮名、中道の四つの概念が同趣意のものであるということを説いたにほかならず、後世における ように空をさらに空じた境地に中道が現われると考えたのではないということが明らかであろう。もちろんわれわれは中国仏教思想の独自の意義を認めるのにやぶさかではない。ただわれわれとしては、中国仏教における解釈がインドのもとのものと違うということを指摘するのである。

そこでここに二つの問題が残る。まず第一に「中道」の意味を、中国の解釈から切り離して、さらに深く考察する必要がある。第二にいわゆる「三諦偈」に空見を攻撃する思想が含まれていないとするならば、空見の排斥、すなわちいわゆる「空亦復空」をどのように解釈すべきか。以下、この二つの問題を考えてみたい。

## (2) 中道の意義

### 縁起と中道を同義に解する最初期の仏教

中道の思想はすでに原始仏教聖典のうちにこれを見出すことができる。倫理的な意味において八正道《はつしょうどう》（八種の正しい実践法）が中道であると説かれている箇所もかなり多いが、これとは別に純粋に理論的な意味において「中」または「中道」を説いている箇所がある。「如《によ》来《らい》は二辺をはなれて中によって法を説く」といわれている。そうしてここに注目すべきは、中道の説明が常に縁起の説明に関連してなされていることである。では縁起説が何故に中道を説くことになるのであろうか。

あまねく知られているように、縁起説は〈苦しみなどが自から作られたものでもなく、他のものによって作られたものでもなく、両者（それ自体〔自性〕と他のもの）とによって作られたものでもなく、無因にして作られたものでもない〉ということを主張し、「縁起」とは「これらのもろもろの一方的な見解を離れていること」であるから中道であると説かれている。すなわち、たとえば苦しみについていうならば、苦しみが〈自から作られたものであること〉を説くのは、苦しみを作ったものとそれを感受するものとが同一であることを意味するから常住を執する見解（常見）であり、苦しみが〈他のものによって作られたこと〉を説くのは、これに反して、苦しみを作ったものとそれを感受するものとが別異であることを意味するから断滅を執する見解（断見）であり、両者は二つの一方的な見解（二辺）であるとされている。これに対して縁起はそのいずれでもなく、いわんやそれが〈両者によって作られた〉とか〈無因によって作られた〉とかを説くのではないから、中道であると説明されている。

あるいはまた常住を執する見解のほうは「一切は有である」というのと同一思想であり、断滅を執する見解のほうは「一切は無である」というのと同一思想である（宇井伯寿『印度哲学研究』二巻、三二九ページ）。また前者は「世間は有である」というのと同義であり、後者は「世間は無である」というのと同義である。何となれば、後世の説明によれば、世間とは五蘊《ごうん》であり（荻原本『八千頌般若』五三七ページ）、そうして「一切」とは五蘊であるという説明もあるから、両者をそれぞれ同一視してさしつかえないと思う。そうして如来は同様にこの二つの一方的見解を離れて中道によって法を説くといわれている。

あるいはまた我の存続を認めるのは〈常住を執する見解〉であり、我の断滅を認めるのは〈断滅を執する見解〉であるとし、また「霊魂と身体とは同一である」「霊魂と身体とは異っている」という二つの主張を〈二つの一方的見解〉（二辺）であるといい、如来はこの二つの一方的見解を離れて中道を説くともいう。

このように中道は種々に説明されているけれども、どの場合をみても常に縁起を説く箇所において述べられているということは注目すべきであろう。すでに述べたように『中論』は縁起と中道とを同義に解しているが、この考えはすでに最初期の仏教において見出される。

## 対照的な有部と中観派

縁起が中道と同義であるということは最初期の仏教以来認められていたことではあるが、後世、説一切有部《せついっさいうぶ》などは縁起を時間的生起関係を説く形式として解したから、何故に縁起が中道を意味するか、ということの説明に困難を感じた。

さらに有部には困難な問題がある。最初期の仏教は「一切が有る」「一切が無い」という主張を〈二つの一方的見解〉であるとして斥けたにもかかわらず、有部はその一方的見解である「一切が有る」ということを主張したのであるから、仏教の本来の立場と矛盾することとなる。したがって有部の諸論師はなるべくこの矛盾に触れないように、中道に関しては沈黙を守っている。しかし全然無視することはできなかったのであろう、『大毘婆沙論』においては、「カーティヤーヤナに対する教え」（『化迦栴延経《けかせんねんぎょう》』）に言及しているが、それによると仏教外の諸派は我《が》を立てるから断滅または常住という過失に陥るが、有部は我を想定しないから、断滅または常住という過失に陥ることはなく、実有である法の連続的存在を認める有部の説は常見に堕すとはいえないと論じている。しかしこの解釈が原始仏教聖典の原意に忠実でないことは明らかであろう。

有部が法有の立場に立ったために中道に関して語ることを好まなかったのに反して、中観派は中道を中心問題として扱い、それを縁起の意味であるとした。この点においては中観派は仏教の最初期の立場に復帰したといいうる。

すでに述べたようにナーガールジュナが『中論』第二四章・第一八詩において縁起と中道との同義であることを強調したようにアーリヤデーヴァも同じことを説いている。「是の如く諸仏は十二因縁生法を説き、因中有果無果（原因の中に結果が有るという見解と、無いという見解）を離れ、故に断常に著せず、中道を行じて涅槃に入る」（『百論』破因中有果品第七、大正蔵、三〇巻、一七八ページ上）

嘉祥大師吉蔵も或る箇所では縁起と中道とを区別して考えているが、また他の箇所では両者を同一視していることも少なくない。

またたとえ中道という語を用いなくても、縁起は有または無という二つの一方的見解を離れていると説明されている。その他、これに類する説明はしばしば見受ける。したがって中道は有と無との二つの一方的見解を離れることである。チャンドラキールティの註解における説明は前に述べたが、他の書においても同様に説かれている。

「有相は是れ一辺なり。無相も是れ一辺なり。是の二辺を離れ中道を行ずるは、是れ諸仏の実相なり」(『大智度論』六一巻、大正蔵、二五巻、四九二ページ下)

これと同様の説明は他の書においてもたびたび見出される。また三論宗でも非有非空の中道を説くとともに、非有非無の中道という説明もみられる。

### 空と同義の非有非無の中道

いま『中論』の詩句をみるに、「中道」という語は一度出てくるのみであるが、〈非有非無〉という思想はあちこちにみられる。第五章・第八詩、第九章・第一二詩も非有非無を説いているものであるが、さらに第一五章はピンガラの釈、『無畏論』、ブッダパーリタの註、『般若灯論釈』によれば「観有無品《かんうむぼん》」と題せられているように、積極的に有と無とを問題としている。この章全体が有・無という二つの一方的見解を排斥しているのであるが、とくに第七の詩においては、

「カーティヤーヤナに教える〈経〉において、〈有り〉と〈無し〉という両者が、有と無とを説き給う尊師によって論破せられた」

といって、自己の説が釈尊の本来の仏教に基づくものであるということを主張している。さらにまたチャンドラキールティは種々の大乗経典を引用して自説の典拠としている（『プラサンナパダー』一三四、二七〇、二七六ページ）。

また縁起は非常非断であるといわれ、したがって中道とは非常非断の意味であるとも説かれている。しかしこれも『中論』によれば非有非無から論理的に導き出されるものと考えられている。

「〈有り〉というのは常住に執著する偏見であり、〈無し〉というのは断滅を執する偏見である。故に賢者は〈有りということ〉と〈無しということ〉に執著してはならない」（第一五章・第一〇詩）

といい、これをさらに、

「〈その本性上存在するものは、無いのではない〉というのは常住を執する偏見である。〈以前には存在したが、今は無し〉というのは断滅を執する偏見となるであろう」（第一五章・第一一詩）

といってその理由を説明している。したがって、非常非断も非有非無から説かれるのであるから、一言でまとめるならば、『中論』においては、中道とは非有非無の意味であるといってさしつかえないであろう。

この非有非無の中道は空と同義である。『中論』においては空が縁起の意味であり、また縁起と中道とが同義であるから、さらに中道と空とは同一の意味である。このことはすでに前においていわゆる三諦偈に関して『中論』の諸註釈によって論じたところであるが、他の書においても空は非有非無であると説かれている（『大智度論』五五巻、大正蔵、二五巻、四四八ページ中。七五巻、大正蔵、二五巻、五八七ページ上。『プラサンナパダー』四九五ページなど）。

その他これに類する説明はすこぶる多いが、要するに空とは有無の二つの対立的見解を離れた中道の意味であるといいうる。すなわち空と無とは明瞭に区別されているから、空を無の意味に解することは中観派の真意に適合していないといいうるであろう。後世中国においては非有非空の中道を説いて、多くの場合は空と中道とを区別するが、また或る場合には同一視していることもある。たとえば嘉祥大師吉蔵は「空は二辺なきが故に、中道と称す」（『中論疏』二二九ページ上）といい、これに類した説明もみられる。

**実有と空――独特な仏教的概念**

したがって空は中道と同義であり、有と無との対立を離れていることである。空を無と同一視し有と対立させるのは、ナーガールジュナの原意に適合していないと思われる。では、空は何に対するか、というならば、不空に対立する概念である。空とは「縁起せる」という意味であり、不空とは「縁起せざる」、すなわち「実有」の意味である。ピンガラの註釈によれば不空とは「決定有《けつじょうう》」の意味であり、また『般若灯論釈』は不空を解して、「薩婆多《さつばた》（説一切有部）の人また説いて言《いわ》く。物は実体あり。自性は不空なり」といい、またチャンドラキールティの註解が不空の教証として引用した経文は『倶舎論』などにおいて三世実有法体恒有《さんぜじつうほったいごうう》の説の教証として用いられている経文と同一である。したがって不空とは「実有」の意味であり、中観派の説く空と相対立する（中国においては不空を「妙有」の意味に解することもあるが、インドの諸註釈には見当らないようである）。また空は有と無との対立を超越しているにもかかわらず、不空を説く立場は分別を行なって有と無とにとらわれているということができる。前者は中道に立つ立場であるが、後者は中道を失った立場である。要するに、有と無とは対立し、実有と空とはまた別の対立であるから、有と実有および無と空とはそれぞれ区別する必要があるであろう。

仏教の経論の中において有が空と対して使ってある場合には、その「有」は、きわめて広汎なかつほとんど無内容な「有」の概念を意味するのではなくて、「実有」の意味に解してよいと思う。有と無とは、思惟一般にとって不可欠な基本的な概念であり、あらゆる哲学思想に共通であるけれども、実有と空とは全く仏教的な概念であるといいうる。

以上の論述を図式をもって示すならば、

空（＝非有非無＝中道＝縁起）⟷不空（＝実有）

無⟷有

と要約しうると思う。

ところがこの空という語は否定的な響きをもつから、インドにおいても空と中道とを別な概念とみなし、空は無に近い意味のものと考えられるに至った。したがって中道も非有非空の意味であるとされた。この傾向は経典の中にも見出される。

さらに、唯識関係の書においてはこの傾向が強く現われている。そうして中観派にとっては二つの対立的見解を離れているはずの空がここでは一つの極端説（一辺）とみなされている。

これと同様のことが、中国の解釈に関してもいわれる。嘉祥大師吉蔵はしばしば、空は二つの一方的見解を離れているという説明をも与えてはいるが、多くの場合は空をも一方的見解とみなし、非有非空の中道を説いている。

しかしながら、ナーガールジュナの原意はこれらと一応区別して考える必要があると思われる。

### 非有非無の哲学的意義

このように中道が非有非無の意味であるならば、非有非無という主張がどのような哲学的意義を有するかを、さらに考察したい。この問題に関し、『中論』においてきわめて興味ある問題が論ぜられていることをわれわれは知る。第五章・第六詩の前半において、

「有（もの）が存在しないとき、何ものの無が存在するだろうか」

といって有とともに無を論破しているが、その後で反対派が、「しかし有と無とを観察する者が存在するはずではないか」という問いに対し（『プラサンナパダー』一三一ページ）、同じ詩の後半において、

「有とも異なり、無とも異なる何人《なんぴと》があって有無を知るのであろうか」

と反駁している。チャンドラキールティの註解によると、

「〔有と無〕との両者を知る者であるところの、有と無とから異なるいかなる第三者も存在しない。それ故に有と無とを観察する者は存在しない」（同書一三三ページ）

という。すなわち、有と無と異なる第三者である主観は存在しないという。換言すれば有と無とを客観として持つことは可能であるけれども、それ自身は有でも無でもないところの主観というものはありえない。われわれが仮に主観とは甲という属性を有するものであると定義する場合に、主観は甲という点からみるならば有であるが、非甲、またはその一部である乙という点からみるならば無である。もしもわれわれが何らか主観という原理を認めるならば、それは常に有と無との限定を受けなければならない。有と無との対立の問題を除いて、主観対客観の問題を独立に論ずることは不可能であるというのであろう。また中国において

もこのことは説かれている。

### 有と無という最も根本的な対立

ここにわれわれは西洋近世の哲学との著しい相違をみとめる。西洋近世の哲学は、大まかにいえば、自我の自覚に立って自我を追求する運動の歴史である。したがって最初の、そして最後の問題は常に主観と客観との対立であった。ところが仏教は最初から主観と客観との対立を排除した立場に立って、「ありかた」としての種々の法を説いたのであるが、有部はその法を実有と見なし、中観派はこれを空と説いた。その両者ともに有と無との対立と関連している。法は『中論』などにおいてしばしば bhāva という語で示されているように有とされるならば、法ならざるもの（たとえば空中の華）は無である。しかしその〈空中の華〉も、〈名有《みょうう》〉であるという点からみれば有である。

一般に主観と客観との対立をはなれて、「ありかた」「本質」などを問題とする存在論（Ontologie）的哲学は必ずその窮極において有と無との対立につき当たる（近時のM・ハイデッガーの哲学はその著しい例であろう）。いま、右の『中論』の説明をみるに、主観対客観の問題よりも、いわば「ありかた」の「ありかた」としての有と無との対立の問題のほうが一層根底的なものとみなされていたことがわかる。

有と無とはいわば「ありかた」の「ありかた」とでもいうべきものであって、これを他の

「ありかた」によって規定することは不可能である。もしも「有」を何とか説明しようとするならば必ず「無」という概念を必要とする。また「無」を何とか規定しようとするならば、「無」は「無」であるが故に、もはや「無」ではなくて「有」とならねばならぬ。

故にわれわれが有対無の問題を解決しようとして努力するとしても、やはり有と無との対立にとらわれることになるから、問題はすこしも解決されない。実に有と無との対立はわれわれののがれることのできない宿命である。一切の立論はその根本に有と無との対立を予想しているから、「有無は是れ衆見之根なり」といわれている。

**対立の根底に「相互依存」**

中観派はこの問題に関して非有非無の中道を説いた。『中論』においては法（有 bhāva）の成立しないことを種々の議論によって論証したあとで、「有（もの）が存在しないとき、何ものの無が存在するだろうか」（第五章・第六詩前半）「有がもしも成立しないならば、無もまた成立しない。何となれば、有の変化すること（異相）を人々は無とよぶからである」（第一五章・第五詩）という。嘉祥大師吉蔵はそれを一層徹底的に論じている。

要するに有と無とはそれぞれ独立には存在しえないで、互いに他を予想して成立している概念であるというのである。すなわち、有と無との対立という最も根本的な対立の根底に

「相互依存」「相互限定」を見出したのであった。故に非有非無とは相互依存説（相互限定説）に立って始めていいうることであり、無自性および空という二つの概念が縁起から導き出されるのと同様に、中道の概念もまた中観派特有の「相互限定」という意味における縁起に基礎づけられていることを知る。そうして『中論』は縁起を中心問題としているということが、いまこの中道の問題についてみても同様に確められると思う。

このように最も根本的な対立としての有と無とが否定される以上、あらゆる対立について同様に考えねばならない。我と無我、一と異、常と無常、苦と楽、色法《しきほう》と無《む》色法《しきほう》、可見法と不可見法、有対と無対、有為と無為、有漏《うろ》と無漏、世間と出世間というような対立を離れていることが中道であるといわれ（『プラサンナパダー』三五八ページなど）、さらに中国においては実に多くの相互に対立した概念に関して中道が説かれている（『中論疏』二四〇ページなど）。故に中道とは一言でいえば非有非無であるが、それを拡大していえば、あらゆる対立した一組の概念に関して陳述することができる。

ところで右の論理を逆に表現するならば、絶対者はまた「有にして無」であり、矛盾を内含するものであると考えることができるであろう。こういう表現は、のちの仏教にはみられるが、『中論』ならびにその註釈書のうちには、あまり述べられていないようである。

そうして中観派によるとブッダはこの中道に立ち、相対立した二つの立論に関し完全な沈黙を守るから牟尼《むに》（寂黙《じゃくもく》）であると説かれている（『さとりの行ないへの入門』パンジカー、三四六ページ）。

またこの中道は、対立の排除という意味において「不二《ふに》」ともよばれている（荻原本『菩薩地』三九ページ、『瑜伽師地論《ゆがしじろん》』三六巻、大正蔵、三〇巻、四八七ページ上。『菩薩地持《ぼさつじじ》経《きょう》』二巻、大正蔵、三〇巻、八九三ページ上）。したがってチャンドラキールティは中観派は不二論者であるといい（『プラサンナパダー』三三一ページ）、「有と無との二論を排斥することによって、われわれはニルヴァーナの城に赴く不二の路を明らかにする」（同書三二九ページ）と説いている。

## 『般若経』の中道の典拠

次にやや傍論であるが、『般若経』における中道の典拠を調べてみたい。『般若経』が中道の思想を説いていることは疑いない。しかしあのように膨大であるにもかかわらず、クマーラジーヴァ訳の『大品般若《だいぼんはんにゃ》』をみるに「中道」という語自体は一回も見当たらない。これはすでに諸学者の確言したところである。クマーラジーヴァの訳において中道という語がところどころ出てくるが、それはたんに「中途において」の意味であり、また「中義」という語も出てくるが、これも中道の意味ではなくて、「般若経中の意義」というほどの意味であろう。

このようにクマーラジーヴァの訳にはないにもかかわらず、玄奘《げんじょう》訳をみるともちろんほとんど見当らないけれども、少なくとも一回は、第一会《え》・第二会・第三会において中道という語が現われてくる。

ところがこれに相当する部分を『放光般若』、クマーラジーヴァ訳『大品般若』、玄奘訳第四会・第五会、『八千頌般若《はっせんじゅはんにゃ》』サンスクリット原本をみると、同趣意を説いているにもかかわらず、中道という語は出ていない。これに反して『勝天王般若《しょうてんのうはんにゃ》』になると中道という語が現われている。故に中道という語は後期の『般若経』に挿入されたものであることがわかる。

八不、空、無自性、縁起についてみても、『般若経』自身の発達に沿うて一歩一歩と『中論』に至る準備がしだいに完成していったことを指摘しうるが、いま中道に関しても同様のことがいわれると思う。

### (3) 空見の排斥

#### 空亦復空

すでにいわゆる「三諦偈」の考察において、この詩句が、縁起、空、仮名、中道という四つの概念が同義であることを意味しているにほかならず、ヘーゲル流の否定の否定の考えは述べられていないということを論じたが、しかし『中論』においては空見を排斥している箇所がみられるし、「空亦復空《くうやくぶくう》」は『中論』の中心思想の一つであるとされているから、いまこれからその意義を論じたい。

「空亦復空」とは、クマーラジーヴァの訳した青目《しょうもく》〔ピンガラ〕釈において処々に散見する文句であるが、チャンドラキールティ註をみてもこれにそのまま適合する文句は見当たらない。この思想はすでに『般若経』の中に認められる。十八空または二十空の中の一つである空空はこれを意味しているし、そのほか空見の排斥は各処に説かれている。『中道』もこれを受けているが、中でも次のもろもろの詩句は最も明瞭にこれを説いている。

「もしも何か或る不空なるものが存在するならば、空という或るものが存在するであろう。しかるに不空なるものは何も存在しない。どうして空なるものが存在するであろうか」（第一三章・第七詩）

「一切の執著を脱せんがために勝者（仏）により空が説かれた。しかるに人がもしも空見をいだくならば、その人々を『何ともしようのない人』とよんだのである」（第一三章・第八詩）

「不完全に見られた空は智慧の鈍いものを害する。あたかも不完全に捕らえられた蛇あるいは未完成の咒術のごとくである」（第二四章・第一一詩）

「それ故にその法が鈍いものどもによってよく領解されないことを考えて、聖者（ブッダ）が教えを説示しようとする心はやんだ」（第二四章・第一二詩）

と右のように論じているが、その詳細はやはり諸註釈によって補って解するよりほかにしかたがないと思う。チャンドラキールティは第一三章の第八詩を解釈していう。

「一切の執見によってつくられた執著の脱すること、すなわち、はたらかないことが空である。そして執見によってつくられたものの止息のみは有ではない。しかるにその空においてさえも有の執著をもっている人々に対してはわれわれは答えない。……もしも甲の人が『私はあなたに何も商品を与えないであろう』といった場合に、乙の人がもしもその『何ら商品ならざること』ということを与えよ、といったとしたならば、その人（甲）はいかなる手段によって『商品の無いこと』をとらえさせることができるであろうか。同様に、誰にでも空においてまた有の執著が存するならば、いまや何によってその人々の、空における有の執著が破られるであろうか」（『プラサンナパダー』二四七―二四八ページ）

### 二種の空見

すなわち、空は一切の見を滅することであるにもかかわらず、その空を有と解することであり、他にもこのような解釈がみられる（同書二四七ページ）。

ところがこれに反して空見とは空を無の意味に解すること、すなわち「無に執著することと」であると説かれている場合もある（同書二四八ページ）。『大智度論』をみると方広《ほうこう》道人の説が挙げられ、またこれに類した説明もみられ、中国においては非常に重要視されているが、これも空を無または断滅の意味に解釈しているものである。

したがって空見とは、本来非有非無の意味であるべきはずの空を誤解して、それを有の意味に解するか、また無の意味に解するか、いずれかであり、普通「空見」または「空に執著すること」といわれているものも、さらに突きつめて考えれば、この二種が存することがわかる。チャンドラキールティは第二四章の第一一詩を解釈して、「しかるにこのように『二つの真理』（二諦）の区別を見ないで諸行の空を見るところのその人は、空を見つつ諸行の無を妄りに想定（遍計《へんげ》）するであろう、あるいはまた空を何らか有として存するもの〔とみなし〕、かつその空の依りどころを意味している有の本性をもまた妄りに想定するであろう（その二者のうちのいずれかであろう）。しかるにどちらの場合でも、その人の不完全に見られた空は必ず〔鈍根の人を〕滅すであろう」（同書四九五ページ）といって、次に「一切皆空」を「一切皆無」と解する説を誤った見解（邪見）であるとして、空を無の意味に解する空見を破し（同書四九五ページ）、次に空を有の意味に解して空に基礎づけられているもろもろの事物の有を主張しようとする空見を論破している（同書四九六ページ）。このようにチャンドラキールティは空見に二種あることを明瞭に示している。ピンガラの註釈においても同様のことをいう（大正蔵、三〇巻、一八ページ下）。

故に空自身は有でもなく無でもなく、非有非無の中道と同義であり、ニルヴァーナに至る道であるにもかかわらず、空見とはその空を有または無のいずれかに解することである。すなわち空そのものは対立を絶しているにもかかわらず、これを対立の立場において把捉しようというのが空見である。そうしてあらゆる対立の中で最も根本的な対立は有と無との対立であるから、空見には、空を有と解するものと無と解するものとの二種類があるのも当然である。

### 空という原理を想定する空見

このように空見には二種類あるのみならず、それと同時に空見はこの二種類のみに限られるということに注意せねばならない。何となればもしもこれ以外に第三の空見があって、空を甲という概念の意味に解したとしても、空はもろもろの事物の成立するための根拠であるから、空は最も根源的なものであらねばならぬはずである。したがってその甲という概念は、内包のより少なく外延のより大きな概念によって説明せられねばならない。この論理的経過をたどっていくならば、われわれは結局有と無との対立に突き当たる。甲と非甲との対立よりも有と無との対立のほうが一層根底的なのである。したがって空を甲であるとする説明も結局は有または無とする執見に帰着せねばならないから、空見がこの二種以外にありえないことも当然である。

このように空見には二種あるにもかかわらず、一般には二種に分かたないで、空見という一語の中にまとめて取扱われている。これは何故であろうか。元来二であるべきものが一つのものとみなして論ぜられている理由が問題となる。

しかしこれも有と無との存在論的対立の特殊な構造によって容易に理解されうると思う。空を「有」と解する見解と、空を「無」と解する見解との本質的差違は何であるか。この差違は被規定的概念である空の中に求めることは不可能であるから、規定的概念である「有」と「無」との中に求むべきであるが、しからば「有」と「無」との本質的差違は何であろうか。この問題に対してもしもわれわれが何らかの解答を与えたとしても、その解答はさらに根本的な「ありかた」としての有と無との対立によって解釈されねばならない。

有と無との差違を決定するためにはさらに有と無とによらねばならぬこととなるが、第一次の「有」と「無」との対立と、第二次の「有」と「無」との対立との間には、「第一次」「第二次」ということ以外には何ら本質的な差違を見出しえないから、有と無との本質的差違を概念的に決定することは全く不可能である。したがって空を有と解する空見と無と解する空見とを概念的に定義をもって区別することは不可能である。

ところがこれに反して空観においては、有と無との間に或る共通点がみられる。有と無とは互いに対立しつつもさらに空と相対している。空とは有無を超越し、相互依存、中道などと同義であり、対立を打ち切る立場である。これに反して有と無とは対立を存続する立場である。「空」対「有無」は「超対立」対「対立」の関係である。したがって空を有とみなすのも無とみなすのも、ともに本来超対立的であるべきはずの空を対立の立場において把捉しようとすることである。故に空見が二種あるにもかかわらず二種として把捉されず、常に「空見」という一つの概念の下に理解されているゆえんが明らかであると思う。結局、空見とは空という原理を想定する考えであるといえるであろう。

では何故に空というもの、または原理を考えてはならないのであるか。『中論』においては既述の第一三章の第七詩が最も明瞭に説いているが、それに対するピンガラの註釈では、不空法と空法とは相関概念であるから、もしも不空法が有るならば空法も有るはずであるが、すでに不空法の成立しえないことが証明されているから、それと相関関係にある空法なるものも存在し得ない、と説明している（大正蔵、三〇巻、一八ページ下）。故にこの説明をみてもその基調となっているのは相互依存、相互限定の観念であり、『中論』においてはこの問題に関してもこのような意味の縁起説が支配していることがわかる。

### 誤解されやすい「空」

しかるにこの縁起説の真意を体得しないで、空を特殊のもの、あるいは原理とみなしやすいのが凡夫の立場である。故に中観派は種々の譬喩を用いて空見に陥ることを警戒している。『中論』においては空見は「不完全に捕らえられた蛇」あるいは「未完成の咒術」にたとえられているが（第二四章・第一一詩）、『大智度論』およびピンガラの註釈は薬毒の喩によって表現している。すなわち薬は病を療すために飲むのであるが、もしも病が癒えて後にもなお薬が体内にとどまっていて外に出ないならば、やはり病を起こすことになるのと同様に、空は煩悩を滅すために説かれているのにその空に執著するならば、かえって目的とは逆な結果を生ずることとなるといって、「空見に陥るなかれ」と説いている（『大智度論』三巻、大正蔵、二五巻、二八八ページ上）。

またピンガラの註釈はさらに、煩悩の火は空の水をもって消すことができるけれども、もしも水から火が出たならばこれを消す手段がないように、空見に陥っている者に対してはいかんともしがたいといい（大正蔵、三〇巻、一八ページ下）、またチャンドラキールティの註釈は、『大宝積経《だいほうしゃくきょう》』の中の、空見を論破しているので有名な一節を引用して論じている（『プラサンナパダー』二四八ページ）。これらをみても、当時、空を誤解した人々が非常に多かったということが明らかであるとともに、中観派が極力空見の排斥に努めたこともわかる。

要するに空見とは、空が縁起の意味であり、有と無との対立を絶しているにもかかわらず、これを対立の立場に引下ろして考えることである。「空亦復空《くうやくぶくう》」とはこの空見を排斥しているのであるから、通常いわれる否定、たとえばスピノーザの negatio negationis あるいはヘーゲルの Negation der Negation とはかなり相違しているというべきであろう。ことにヘーゲル哲学は東西の学者によってしばしば引合いに出されるのであるが、それとナーガールジュナの思想とには著しい類似があるにもかかわらず、無限に否定を継続し、正反合の過程を経て窮極目的に向かって発展するという思想は、これを『中論』のうちに見出すことは困難である。『中論』における「空亦復空」は相互依存の説と切り離して考察することは不可能である。

**無と空**

以上、有・無・空という三概念の関係を処々に散説したが、なお最後に問題が残されている。無と空とは十分区別をする必要があるにもかかわらず、ことに『般若経』をみると、諸法の無を説いているような文句が少なくない。

では『般若経』は諸法の空を説いているけれどもそれは無の意味であり、一般に空と無とを区別する必要がないのではないか、という疑問が起こる。たとえその無は無自性の意味であり、空と同義であるとしても、「無自性」という語はやはり「無」という概念規定を含んでいる。

しかしこの疑問も『般若経』の文句自身によって解決されると思う（たとえば『大般若経』三七二巻、大正蔵、六巻、九二六ページ上）。

それによれば一切法は無であるが、しかも有と無とを離れているという。故にここに示されている無には二種あることを知らねばならない。後者の無は有と対立した無であり、前者の無はその対立を打ち切った無である。そうして無という概念は必ず有という概念を予想し、それと対立しているから、後者の無が、真の意味の無であり、前者の無は対立を打ち切ることに仮に命名したものである。すなわち前者は不可説であるのに仮に「無」と名づけたのであり、空と同義である。「無所有」という語もこの意味に解すべきである。

また「無自性」という語の中の「無」の意味も同様に考えられると思う。故に『般若経』の中にたびたびもろもろの事物の無が説かれているけれども、それは対立のうちに終始している凡夫の立場を脱せしめるために仮に説かれたのであって、空と同義であり、有と対立した無とは区別する必要がある。

この究極の空は否定を契機としたものである。だから「空を説く」ということも実は一つの方便である。空を絶対視するならば、その瞬間に空は失われてしまうのである。

## 諸法実相

ところで空に関連して問題とされるのは「諸法実相《しょほうじっそう》」の観念である。ナーガールジュナおよびその系統の人々は「諸法実相」を説くと昔からいわれていた。そこで最後にその意味を検討してみよう。

クマーラジーヴァは『中論』の翻訳の中にこの語を用いた。しかしその原語を調べてみると、クマーラジーヴァはかならずしも同一の原語をこのように訳しているわけではない。そこで、『法華経』『八千頌般若』『十万頌般若』の中で、「諸法実相」または「実相」の原語を検出してみると、五類に分類することができる。

第一類は「法性《ほっしょう》」（dharmatā）とも訳される原語のグループで、「法たること」を意味する。法性とは縁起の理法の定まったことを意味している。

第二類は「真如《しんにょ》」（tathatā）とも訳される語で、その意味は「斯《か》くあること」の意味である。これも、無自性、空などの同義語であるとされる。

第三類は「実際《じっさい》」（bhūtakoṭi）と同義か、それに近い意味のものである。これも法性、真如と同義語で、諸法実相の異名であり、空の同義語であるともされる。「実際」とは、法がそれによって成立している根拠であると同時に、衆生がそれに悟入し復帰する根拠でもある。

第四類は「法の自性」（dharmasvabhāva）または「自性」（prakṛti）のグループである。中観派においては、法は互いに相依って成立していると説かれる。したがって法の自性とは、諸法の相依、すなわち空であるとされるに至った。したがって、それは縁起の如実相、すなわち、相依あるいは相互限定を意味している。

第五類は「真性《しんしょう》の特徴」（tattvasya lakṣaṇa）のグループがあげられる。ここで「真性」（tattva）の意味が問題となるが、その文字通りの意味は「それたること」であり、チャンドラキールティの註によれば、空と同義であり、また「諸法の自性」であるとされる。したがって、これも縁起の如実相を意味するはずである。

以上きわめて簡略にみてきたように、「諸法実相」の原語は多数ではあるが、結局は同一の趣意、すなわち、諸法が互いに相依り相互に限定する関係において成立している如実相を意味し、「縁起」と同義である。

ところで『中論』のうちで「諸法実相」を最も明瞭に説いているのは第一八章（アートマンの考察）であろう。そこにおいては、チャンドラキールティの註およびクマーラジーヴァの訳に照らしても、「縁って生ずること」がそのまま諸法実相としてとらえられ（第一八章・第一〇詩）、縁起について八不が説かれるように諸法実相は不生不滅不一不異不常不断であると説かれる（第一八章・第一、七詩）。

また「他のものによって知られるのではなく、寂静で、戯論《けろん》によって戯論されることなく、分別を離れ、異なったものではない――これが真理の特質（実相）である」（第一八章・第九詩）と説かれるその内容も、『中論』の帰敬序にみられる「戯論が寂滅して幸いである縁起」と内容的に一致する。したがって諸法実相は「他のものによって知られるのではなく」（第一八章・第九詩）であり、すなわち、言語によっては表現されえないものだということになる。

このように諸法実相の意義の説明は、結局のところ「縁起」の説明にほかならないということになるのである。

ところで、『華厳経』にあらわれる「実相」あるいは「諸法実相」に対して、以上検討したところをあてはめてみると、そのまま通用しうるようである。なお従来中国、日本の仏教教学においては縁起と諸法実相とは互いに対立する概念であるかのごとくに取り扱われてきたけれども、その両者は本来同一趣意のものであることは十分留意さるべきであろう。

# 8　否定の論理の実践

## 1　ニルヴァーナ

### 有部のニルヴァーナ論

仏教者のめざすニルヴァーナ（涅槃《ねはん》）とは、いったいどのような状態なのであるか。『中論』の第二五章（ニルヴァーナの考察）において、ニルヴァーナが論ぜられているが、その第四、五、六詩は、ニルヴァーナを有とみなす説一切有部の説を排撃している。

すでに論争の書であるセイロンの上座部の『論事』においても、有部は「ニルヴァーナは有り」といい、ニルヴァーナという実体を認めていたと理解されている。有部によればニルヴァーナとは独立な別の実体であり（『倶舎論』ヤショーミトラ註、二一九ページ）、「滅を本質とするもの」（『プラサンナパダー』五二五ページ）であるという。それは五蘊《ごうん》とは別に実在するものであり（『倶舎論』ヤショーミトラ註、二二八、二二九ページ）、「煩悩と業と苦しみとの連続のはたらくことを決定的に妨げるところの、滅を本質としてい

るものであり、水の流れを妨げる堰《せき》に相当するものである」（『プラサンナパダー』五二五ページ）

と考えられている。故にニルヴァーナとはたんなる渇愛の滅尽をいうのではなくて、そのニルヴァーナという独立なダルマがあるときに、渇愛の滅尽が可能なのであるとされている（同書五二五ページ）。

これははなはだ奇妙な説に思われるかもしれないが、全く理解できないことではない。人がいくら修行してもニルヴァーナの境地に到達しないことを思うと、ニルヴァーナという実体が別にあって、その実体がニルヴァーナへの到達を可能ならしめると考えたのも、理由のないことではないであろう（説一切有部の教学によると、智慧のはたらきによる滅〔択滅無《ちゃくめつむ》為《い》〕という独立の実体がニルヴァーナを可能ならしめるのである）。

### ナーガールジュナの攻撃

このような説に対してナーガールジュナは攻撃を加えている。

「まず、ニルヴァーナは有（存在するもの）ではない。〔もしもそうではなくて、ニルヴァーナが有であるならば、ニルヴァーナは〕老いて死するという特質をもっているということになってしまうであろう。何となれば、老いて死するという特質を離れては、有（存在するもの）は存在しないからである」（第二五章・第四詩）

存在しているものは必ず滅びゆくものである。

有（存在するもの）が老死という特質を離れていることはありえない（『プラサンナパダー』五二五ページ）から、老死という特質のないニルヴァーナは有ではありえない。もしも生滅老死という特質のない有を考えたとしても、それは空中の華のように実在しないものである（同書五二五ページ）。さらに次の第五詩には、

「また、もしもニルヴァーナが有（存在するもの）であるならば、ニルヴァーナはつくられたもの（有為《うい》）となるであろう。何となれば無為である有は決して存在しないからである」

というが、結局前の詩と同一趣意であろう。

要するに、有は必ず老死という特質を有し、かつ有為であり、これに反して老死という特質を有せず、かつ無為である有は考えられないということを論拠としてナーガールジュナは有部のニルヴァーナ論を攻撃しているのであるが、この攻撃が正しいかどうかは疑問である。ニルヴァーナというのも一つの「ありかた」であり、有部はこれを実体視したのであるから、ニルヴァーナを有と考えたとしても、その「有」とは「有るもの」（das Seiende）の意味であり、ト・オンの考えに近いであろう。

これに反してナーガールジュナは「有」を現実的存在（Existenz）の意味に解して有部を攻撃している。

有部の意味する「有」は（ニルヴァーナに関していえば）、時間的空間的規定を超越した有であるにもかかわらず、ナーガールジュナの意味する「有」は時間的空間的規定を受けている現実的存在である。したがってナーガールジュナは、「有は老死という特質を離れていない」とか、「有は有為であらねばならぬ」とかいうのである。故に有部のニルヴァーナ論に対するナーガールジュナの攻撃は急所をついているとはいえないであろう。一般にSein, das Seiende, Existenz, existentiaなどの概念を区別することは哲学上重要な、かつ困難な問題である。ただここではニルヴァーナを有なりとなす場合の「有」の概念に関して、二種の異なった解釈が対立しているという事実は、この問題に関する興味ある材料を提供しているわけである。

さらに次の第六詩には、

「また、もしもニルヴァーナが有（存在するもの）であるならば、ニルヴァーナはどうして〔他のものに〕依らずに存するであろうか。〔しからばニルヴァーナは（他のものに）依って存することとなる。〕何となればいかなる有も〔他のものに〕依らないでは存在しないからである」

という。ここでナーガールジュナはupā-dāという語根の二義性を利用して議論を進めている。それは「依る」という意味と「執著する」という意味がある。ニルヴァーナに執著があるというのはおかしい、ということになるのである。すなわち、もろもろの事物は互いに相依って成立しているけれども、ニルヴァーナは無取（執著することが無い）であり、すなわち〔他のものに〕依らざるものであると経に説かれている。しかるに、もしもニルヴァーナが「存在するもの」（有）であるならば、他によって成立していることとなるから、ニルヴァーナは無取であるという経典の言と相違するではないか、という意味であろう。故に『中論』はこの場合、相依説に立って議論を進めていながら、言葉の魔術を行使しているのである。

**経部のニルヴァーナ論とその反駁**

『中論』においては次に第七詩と第八詩とによってニルヴァーナは無であるという説を排撃している。これは『般若灯論釈』および近代学者のいうように経部《きょうぶ》（サウトラーンティカ派）のニルヴァーナ論を排斥しているのであろう。一般に経部は大乗と密接な関係があるとみなされているし、またすでに指摘したように『中論』のうちには経部と共通な論法が少なくないから、『中論』が今ここで経部の説を排斥しているのは不思議に思われるけれども、しかし中観派は、非有非無の中道、四句分別を絶した諸法実相などを説く立場に立つから、ニルヴァーナを有とする意見とともに無となす意見をも排斥せねばならなかったのであろう。

経部は、ニルヴァーナを無（『プラサンナパダー』五二七ページ）であると解し、あるいは、「無のみなること」ともいう（『倶舎論』ヤショーミトラ註、二二一ページ）。とくに、「のみ」という制限を付するのはニルヴァーナを実体視する考えを防ぐためであると説明されている（同右）。経部は一般に無為法を実体視する説に反対している（『倶舎論』六巻、一五枚左）。また『成実論《じょうじつろん》』も、「またニルヴァーナを無法と名づく」（六巻、大正蔵、三二巻、二八一ページ下）というから同じ考えなのであろう。

このような解釈に対してナーガールジュナは次のように反駁している。

「もしもニルヴァーナが有（存在するもの）でないならば、どうして非有（無）がニルヴァーナであろうか。有が存在しないところには、非有（無）は存在しない」（第二五章・第七詩）

「またもしもニルヴァーナが無であるならば、どうしてそのニルヴァーナは〔他のものに〕依らないでありえようか。何となれば〔他のものに〕依らないで存在する無は存在しないからである」（第二五章・第八詩）

〈無〉というからには、何ものかの無なのである。つまり無は有を前提としている。無は有に依って施設《せせつ》されている（仮に設定されている）（『プラサンナパダー』五二七ページ）。無と有とは相関概念である。故にすでに述べたように、ニルヴァーナが有ではないならば、当然無でもありえない。形式論理学的立場からいうならば、もしも有でなければ、無であることはさしつかえないけれども、相依《そうえ》説《せつ》の立場に立つから一方が否定されるならば他方も否定されねばならないのである。さらにまた有と無とは相関関係にあるから、もしもニルヴァーナが無であるというならば、有によって存することとなるから、ニルヴァーナが「不受」すなわち依らないものであるということがいえなくなる。このようにニルヴァーナを無と解する説も相依説の立場から排斥されている。

## 現代人には飛躍にみえる議論

以上を要約して次のように説く――

「師（ブッダ）は生存と非生存とを捨て去ることを説いた。それ故に『ニルヴァーナは有に非ず、無に非ず』というのが正しい」（第二五章・第一〇詩）

ここでナーガールジュナの議論には若干の飛躍がある。われわれは生存に執著して、妄執によりあくせくしてはならない。しかしまた非生存（断滅）にとらわれて、人生を捨てて虚無主義になってはならない、と原始仏教が説いていたことは事実である。しかし、そこからいきなり、「ニルヴァーナは有でもなく、無でもない」といえるかどうか。もっともそれを説いたナーガールジュナやその言を聞いた当時のインドの人々にはそれほど奇異にはひびかなかったであろう。そのわけは、

有（bhāva）――生存（bhava）

無（abhāva）――非生存（断滅）（vibhava）というふうに、これらの語は同じ語源に由来し、このような対応関係にあるからである（西洋哲学においてラテン語の existentia とドイツ語の Existenz とが同じ語源に由来しながら、かなり意味の相違していることを想起せよ）。ここでもナーガールジュナは言葉の魔術を駆使している。

### その他の説の論破

『中論』においては次に、ニルヴァーナを「亦有亦無《やくうやくむ》」となす説と「非有非無」となす説とを論破している。『般若灯論釈』によれば前者はすなわち犢子部《とくしぶ》という学派の説を論破し、後者は修多羅人《しゅたら》（経典を奉ずる人）の説を論破しているというが（大正蔵、三〇巻、一二九ページ上）、詳細は不明である。必ずしも或る特定の派を相手にしたのではなくて、ニルヴァーナが四句分別（⑴有と、⑵無と、⑶有でありかつ無であること、⑷有でもなく無でもないこと）を絶していることを明らかにするために形を整えて述べたものかもしれない。とにかく今の場合は、『中論』が他派のニルヴァーナ論を攻撃するにも、上述のように相依説の立場によっているという事実を指摘するにとどめておく。

### ニルヴァーナとは

このようにニルヴァーナは四句分別を絶しているが故に、ニルヴァーナは一切の戯論《けろん》の寂滅した境地であると説かれている。

「〔ニルヴァーナとは〕一切の認め知ること（有所得《うしょとく》）が滅し、戯論が滅して、めでたい〔境地〕である」（第二五章・第二四詩前半、なお『プラサンナパダー』五三八ページ参照）

「認め知ること」と訳した「有所得」とは、何ものかを知覚し、それが実在していると思いなすことである。「戯論」とはprapañcaという語を漢訳したのであるが、prapañcaという語が仏典では一般に形而上学的議論を意味するので、「戯論」と訳したのであろう。しかしチベット訳ではprapañcaをspros pa（ひろがり）と訳している。インド哲学一般としては「世界のひろがり」の意味に解せられている。

ともかく、ナーガールジュナによると、ニルヴァーナは一切の戯論（形而上学的論議）を離れ、一切の分別を離れ、さらにあらゆる対立を超越している。したがって、ニルヴァーナを説明するためには否定的言辞をもってするよりもほかにしかたがない。

「捨てられることなく、〔あらたに〕得ることもなく、不断、不常、不滅、不生である。――これがニルヴァーナであると説かれる」（第二五章・第三詩）

これらの諸説明と、『中論』の帰敬序とを比較してみると、縁起とニルヴァーナとに関してほとんど同様のことが述べられていることに気がつく。

### 輪廻とニルヴァーナは同じもの

それでは互いに相依って成立している諸事象とニルヴァーナとはどのような関係にあるのであろうか。『中論』をみると、

「もしも〔五蘊（個人存在を構成する五種の要素）を〕取って、あるいは〔因縁に〕縁って生死《しょうじ》往来する状態が、縁らず取らざるときは、これがニルヴァーナであると説かれる」（第二五章・第九詩）

と説くから、相互に相依って起こっている諸事象が生滅変遷するのを凡夫《ぼんぶ》の立場からみた場合に、生死往来する状態または輪廻と名づけるのであり、その本来のすがたの方をみればニルヴァーナである。人が迷っている状態が生死輪廻であり、それを超越した立場に立つときがニルヴァーナである。

輪廻というのは人が束縛されている状態（『プラサンナパダー』二九〇ページ）であり、解脱とは人が自主的立場を得た状態をいうのである。

故に輪廻とニルヴァーナとは別のものではなく、「等しきもの」（同書五三五ページ）であり、両者は本来同一本質（一味《いちみ》）である（同書五三六ページ）。

「輪廻はニルヴァーナに対していかなる区別もなく、ニルヴァーナは輪廻に対していかなる区別もない」（第二五章・第一九詩）

両者は区別して考えられやすいけれども、その根底をたずねるならば両者は一致してい

る。

「ニルヴァーナの究極なるものはすなわち輪廻の究極である。両者のあいだには最も微細なるいかなる区別も存在しない」（第二五章・第二〇詩）

この思想は独り中観派のみならず、大乗仏教一般の実践思想の根底となっているものである（たとえば『六十頌如理論』第五詩、大正蔵、三〇巻、二五四ページ下、そのほか）。

人間の現実と理想との関係はこのような性質のものであるから、ニルヴァーナという独立な境地が実体としてあると考えてはならない。ニルヴァーナというものが真に実在すると考えるのは凡夫の迷妄である。故に『般若経』においてはニルヴァーナは「夢のごとく」「幻のごとし」と譬えている（荻原本『八千頌般若』一六〇ページ）。それと同時に輪廻というものもまた実在するものではない（『プラサンナパダー』二二〇ページ）。

**諸法実相即ニルヴァーナ**

故に中観派は縁起している諸事物の究極にニルヴァーナを見出したのであるから、諸事物の成立を可能ならしめている相依性を意味する諸法実相がすなわちニルヴァーナであるとも説かれている。

「諸法実相即ち是れ涅槃なり」（青目釈、大正蔵、三〇巻、二五ページ上）

これは全く諸事物がニルヴァーナに裏づけられているが故にこのようにいいうることであ

る。

「諸法中皆有二涅槃性一。是名二法性一（あらゆる事象のうちにみなニルヴァーナの本性が実在している。これを〈定まったきまり〉と名づけるのである）」（『大智度論』三二巻、大正蔵、二五巻、二九九ページ下）

さらにこれと同じ意味で諸法実相は無為であるとも説かれている。『中論』には見当たらないけれども『般若経』はこのように説明しているし（荻原本『八千頌般若』一二六二ページ）、『大智度論』はこれを受けている。

「無為性者。所謂如・法性・実際・涅槃。（「無為」の本性なるものは、すなわち真如・諸事象の定まったきまり、真実の究極の根底、ニルヴァーナなのである）」（『大智度論』七七巻、大正蔵、二五巻、六〇六ページ）

### 「無為」という語の原意に復帰

説一切有部によれば有為法と無為法とは全く別な法であると考えられていたが、中観派によると両者は別のものではなくて、有為法の成立している根底に無為を見出したのである。故に『大智度論』においては、「有為法の実相は無為法である」（三一巻、大正蔵、二五巻、二九〇ページ下、二八九ページ上。八六巻、大正蔵、二五巻、六六四ページ上）と説いている。すなわち「有為法の中にすでに無為法が有る」（『大智度論』九五巻、大正蔵、二五巻、七六ページ中）のである。したがって大乗経典の中には、「縁起を無為と見る」という主張もみられる。これらの説明の意味するところは、上述の『中論』の思想と同一趣意であろう。

なお最初期の仏教においては、個人存在を構成する一切の事象が縁起のことわりに従う如実の相を「真如《しんによ》」とよび、さらにこの真如を〈無為〉とも称したのであるが、決して無為という実体を想定したのではないと考えられている。中観派はその無為という語の原意に復帰して論じているのであるから、この点からみても空観は最初期の仏教の或る種の思想を受けついだものであり、或る意味においては正統説であると考えてさしつかえないであろう。

さらにニルヴァーナは空であるとも説かれている（『プラサンナパダー』三五一ページ、なお一三五ページも参照）。空は「諸法の究竟の相」であるから（『大智度論』七一巻、大正蔵、二五巻、五六〇ページ下）、前と同様の意味において「空即ニルヴァーナ」といいうるであろう。

### 大胆な立言

このようにニルヴァーナは種々に説明されているけれども、その趣意はみな同一である。われわれの現実生活を離れた彼岸に、ニルヴァーナという境地あるいは実体が存在するのではない。相依って起こっている諸事象を、無明《むみよう》に束縛されたわれわれ凡夫の立場から眺めた場合に輪廻とよばれる。これに反してその同じ諸事象の縁起している如実相を徹見するならば、それがそのままニルヴァーナといわれる。輪廻とニルヴァーナとは全くわれわれの立場の如何に帰するものであって、それ自体は何ら差別のあるものではない。

『中論』の帰敬序において、「八不、戯論の寂滅、めでたさ」が縁起に関していわれているが、これらは元来ニルヴァーナに関して当然いわれるべきことである。しかるに縁起に関してこれを述べるのは、相関関係において成立している諸事象とニルヴァーナとの無別無異なることを前提としているのである。

これは実に大胆な立言である。われわれ人間は迷いながらも生きている。そこでニルヴァーナの境地に達したらよいな、と思って、憧れる。しかしニルヴァーナという境地はどこにも存在しないのである。ニルヴァーナの境地に憧れるということが迷いなのである。

### 一切は無縛無解

したがって繋縛《けばく》も解脱も真に有るものではない。一切は無《む》縛《ばく》無《む》解《げ》である。『般若経』は時にこのことを強調しているが（荻原本『八千頌般若』九一―九三、四二六、四三六ページ）、『中論』もこれを受けついでいる。第一六章（繋縛と解脱との考察）において、

「もろもろの形成されたものは生滅の性を有するものであって、縛せられず、解脱しない。生あるもの（衆生）もそれと同様に縛せられず、解脱しない」（第五詩）

という。ニルヴァーナに入るということを人々はややもすれば神秘的に考えやすいが、それはありえないことである。

ニルヴァーナに入るということ自体が実際には存在しないのである。

「もろもろの形成されたものがニルヴァーナに入るということは決して起こりえない。人がニルヴァーナに入るということもまた決して起こりえない」（第四詩）

したがってわれわれはニルヴァーナに入るということに執著してはならない。

「『わたしは執著の無いものとなって、ニルヴァーナに入るであろう、わたしにはニルヴァーナが存するであろう』と、こういう偏見を有する人には、執著という大きな偏見が起こる」（第九詩）

「束縛と解脱とがある」と思うときは束縛であり、「束縛もなく、解脱もない」と思うときに解脱がある（『中論疏』七二五ページ上）。譬えていうならば、われわれが夜眠れないときに、「眠ろう」「眠ろう」と努めると、なかなか眠れない。眠れなくてもよいのだ、と覚悟を決めると、あっさり眠れるようなものである。故に「ニルヴァーナが無い」というのはたんなる形式論理をもって解釈することのできない境地である。結局各人の体験を通して理解するよりほかに仕方がないのであろう。

## 2　ブッダ

### 無戯論の如来

ナーガールジュナが『中論』において述べているブッダ論は、異色のあるものである。一般の仏教徒にとっては恐しくショッキングなものである。

『中論』においては、ニルヴァーナについて説かれたのとほとんど同じことが如来（修行を完成した人）、ブッダに関しても述べられている。ナーガールジュナは、「如来は本体の無いものである」（第二二章・一六詩）といい、第二二章（如来の考察）において種々の論法をもってこれを説いている。かれは反対派のブッダ論を痛烈に攻撃したあとで、

「戯論（形而上学的論議）を超絶し不壊《ふえ》なる仏をいろいろ戯論する人々は、すべて戯論に害せられていて、如来を見ない」（第一五詩）

という。故にナーガールジュナは、反対派のいうような種々に戯論せられたブッダを考える説を排斥したのであるが、如来そのものを否定したのではない。かえって無戯論なる如来を説いているのである（『プラサンナパダー』四四三ページ）。『般若経』においても同様に説いている（荻原本『八千頌般若』七三一ページ）。

これは大変な議論である。当時の教義学者たちがブッダの本体を、ああだ、こうだ、と議

論していたのは全部誤っているということになる。それは教義学を否定することになる。

当時はガンダーラ、マトゥラー、ナーガールジュナ・コーンダなどを中心として美麗細微な仏像が盛んに造られていた。しかし仏のすがたをとやかくいうのは誤りなのである。

この点で『金剛経』の説くところは徹底している。

――身相をもって仏を見てはならない。あらゆる相は皆虚妄であり、諸の相は相に非ず、と見るならば、すなわち如来を見る。かかる如来には所説の教えがない。教えは筏《いかだ》のようなものである。衆生を導くという目的を達したならば捨て去られる――と。

こういう思想は西洋にも無かったわけではない。キリスト教の異端の一派が唱えたキリスト仮現説（docetism）がそれである。キリストは身体をもたず、ただそのように見えた（dokeō）だけにすぎない。つまり仮現であるというのである。この説があらわれたのは可見的世界そのものを悪と汚れとみなすヘレニズムの異教的二元論の影響であるといわれているが、古代教会の教父たちはこの思想と極力戦った。そうして異端と断ぜられたために、この思想は西洋ではついに消失してしまった。

### 真実のブッダとは

では真実のブッダとは何であるか。それはわれわれの経験している世界にほかならない。ニルヴァーナが世間と異ならないように、この無戯論なる如来も世間と異ならないと主張している。

「如来の本性なるものは、すなわちこの世間の本性である。如来は本質をもたない。この世界もまた本質をもたない」（第二二章・第一六詩）

われわれの経験するこの現象世界がそのままブッダなのである。これも、一切の事物と如来とは別なものではなく、究極において一致しているという『般若経』の説を受けついだものであろう（『大品般若』、大如品第五四、大正蔵、八巻、三三五ページ下）。如来の本性が世間の本性であり、如来の本性は甲であり、非甲ではないと限定することはできない。如来はあらゆる対立を超越している。したがって本質が無い（無自性である）といわれる。仏教徒は如来を独立な存在と考えて思弁に陥りやすいが、ブッダとは「名のみ」のものであるから、しばしば、夢、幻、鏡の中の像などに譬えられている（『プラサンナパダー』二八九、四三六、四四九、五四〇ページなど）。

『中論』の説くこのような如来は、諸註釈からみると法身《ほっしん》（仏の真実の身体）を意味している。また『般若経』もしばしば法身に言及している（荻原本『八千頌般若』二六八ページなど）。そうして『般若経』によれば、この如来の法身とは、真如、実際、空などと同じ意味であるという。そうしてこれらの諸語はすでに述べたように縁起と同一の意味であるから、さらにつきつめて考えれば如来の法身とは縁起の理法そのものを意味するに違いない。

「縁生（縁起）とは即ち是れ法なり。法とは即ち是れ如来身なり。……如来身とは即ち是れ

法身なり」（『菩提資糧論』四巻、大正蔵、三二巻、五二九ページ下―五三〇ページ上）

故に相依って起こっているもろもろの事物、またはその理法がそのまま如来である。ただ凡夫は縁起の如実相を知らないから覚者ではなく、したがって一切の諸事象がそのまま如来であるということはいえないのであるが、ひとたび縁起の理法すなわち相依性の意義を体得するならば、凡夫はただちに覚者となり、一切諸法即如来ということが成立するのである。『中論』のニルヴァーナ論とブッダ論とは同様に説明されているから、このことはニルヴァーナについてもいいうるはずである。したがって中観派のニルヴァーナ論やブッダ論は、上述の意味の縁起説に従って理解すべきものであろう。

## *3*　縁起を見る

### 法を見、仏を見ることと同義

ニルヴァーナといっても、ブッダといっても、何も奇異なるものではない。それはもろもろの原因や条件の連鎖の網によって相依って起こっている諸事物のほかに求むべきものではなく、諸法の縁起せる如実相を体得した場合に初めて「さとりを開いたもの」（覚者）といわれるのであるから、「縁起を見る」ということはきわめて重要な意味を有する。

『中論』の第二四章（四つのすぐれた真理の考察）の最後の詩（第四〇詩）に、

「この縁起を見るものは、すなわち苦、集《じゅう》、滅および道《どう》を見る」というが、これは古くから伝えられている句である「縁起を見るものは、すなわち法を見る」を書き換えたものであろう。すなわち「法」という語を「苦、集、滅、道」と書き換えたのであるが、四諦《したい》によって一切諸法を摂することができるから(『倶舎論』一巻、三枚以下)、このように変形したのも何らさしつかえないはずである。

さらにこの「縁起を見るものは、すなわち法を見る」の後に、ときには次に「法を見るものは、すなわち仏を見る」という句が付加されていることがある。クマーラジーヴァはそれと予想して右の詩を、

「是の故に経の中に説く。若し因縁の法を見ば、則ち能《よ》く仏を見、苦集滅道を見ると為す」

と余分な言葉を入れて訳しているし、青目《しょうもく》(ピンガラ)の註釈には、

「若し人、一切法の衆縁(多くの縁)より生ずるを見ば、是の人即ち能く仏の法身を見る。智慧に増益《ぞうやく》して、能く四聖諦《ししょうたい》の苦集滅道を見る。四聖諦を見ば、四果(四つの到達境地)を得、諸苦悩を滅す。是の故にまさに空の義を破するべからず」(大正蔵、三〇巻、三四ページ下)

といい、『般若経』も同様に説明している(大正蔵、三〇巻、一二七ページ下)。したがって「縁起を見ること」「法を見ること」「仏を見ること」の三つは同じことを意味している。

この場合の相関関係によって成立していること、縁起は相依性の意味であるから、諸法の

統一関係、すなわちそれぞれの法を成立せしめる根拠を意味している。そうして「縁起を見る」とはこの統一関係を体得することである。「縁起を」と対格（accusative）をもっていわれているが、決して縁起なるものを客体化して把捉しようとするのではなくて、これを主体的に理解するのである。したがって「縁起を見る」ことの内容を概念をもって表現することは不可能である。

さらにこの「縁起を見ること」は「法を見ること」である。この場合、法が縁起の理法を意味するならば、全く問題はないはずである。またこの「法」を、後世ものといわれるような性質の概念とみてもさしつかえない。何となれば、法がそれぞれの法として成立しているのは全く相依によるのであり、縁起から切り離して法を考えることは不可能であるからである。したがって「法を見る」といっても、説一切有部で想定したような独存孤立しているダルマの本体（法の自性）を認めるという意味ではない（『プラサンナパダー』五五九ページ）。

またブッダという独立な実在があるわけではなくて、縁起をさしているにほかならないから、「縁起を見ること」が同時に「仏を見ること」でもありうる。

### 縁起を見ることで凡夫から覚者へ

この「縁起を見ること」ということは種々に説明されている。それはとりも直さず空を体得することであるとか（『大乗縁生論』、大正蔵、三二巻、四八二ページ）、諸法実相に入ることであるとかいわれる（『プラサンナパダー』五五九ページ、そのほか）、そうして縁起で見るならば一切の戯論が滅するとも説かれている（同書一一ページ）。またすでに原始仏教聖典のうちに、「縁起を見るならば前際中際後際（過去・現在・未来）に関して愚惑に陥ることなし」（『雑阿含経』一二巻、『倶舎論』九巻、一二枚以下など）と説かれているが、『中論』はこれを受けて第二七章（誤った見解の考察）において詳しく説明している。これらの諸説明は異なった点に着目しているけれども結局同一趣旨のものであろう。

要するに縁起説の意味する実践とは、われわれの現実生存の如実相である縁起を見ることによって迷っている凡夫が転じて覚者となるというのである。故に、何人であろうとも縁起を正しく覚る人は必ず等正覚者《とうしょうがくしゃ》（ブッダ）となるであろうという趣旨のもとに、無上等正覚を成ぜんがためにこの縁起説が説かれたのであると説かれている（『稲幹経』）。したがって大乗の『大般涅槃経』（南本、二五巻、三〇巻）においては、ついに、十二因縁は仏性であると説かれるに至った。

さらに等正覚を成ずることがニルヴァーナであるから、縁起を見ることがただちにニルヴァーナに入ることである。したがってブッダパーリタは縁起の教えを「一切の戯論を滅したニルヴァーナの都に至る正しくめでたい道」と説明している（ブッダパーリタ註、一二ページ）。

## 縁起の如実相を見る智慧

この縁起の如実相を見る智慧が〈明らかな智慧〉（prajñā 般若）である（『さとりの行ないへの入門』パンジカー、三四四ページ）。『大智度論』においては、諸法実相を知る智慧が般若波羅蜜《はんにゃはらみつ》であると説明されているが（一八巻、大正蔵、二五巻、一〇九ページ上）、結局縁起を見る智慧を意味していることに変わりはない。したがってチャンドラキールティは自著『入中観論』のなかで、「相依性の真性を見る人は、般若に住するが故に滅を得る」といい、あるいは、「甚深なる縁起の真性を見る菩薩は般若波羅蜜清浄によって滅を得る」ともいう。

般若波羅蜜に関しては古来種々に説明されているけれども、要するに諸法が互いに相依って起こっているという縁起の如実相を見る（さとる）ところの智慧であるといってさしつかえないであろう。このように解することによって、『中論』のもとの詩句の中には一度も「般若」という語が現われていないにもかかわらず、縁起を説く『中論』の詳しい名称に「般若」（prajñā）という語が含まれているゆえんもおのずから明らかであろう。

## 無明の断滅と縁起の逆観

この般若によって縁起を見るならば、無明《むみょう》が断ぜられる。

「この縁起の如実無顚倒《むてんどう》なる修習《しゅうじゅう》の故に無明（無知）は断ぜられる」（『プラサンナパダー』

五五九ページ）とチャンドラキールティはいう。諸法実相を見るならば無明が断ぜられると

もいうが（同書五五九ページ）、これも同じ意味である。

無明が断ぜられるためには、無明は実有であることはできない。もしも実有であるなら

ば、それを断ずるということは不可能である。ナーガールジュナは『中論』の第二三章（顚

倒した見解の考察）において、誤った見解（顚倒）なるものが一般に成立しえないことを主

張している。さらに『大智度論』においては一層積極的にこのことを説明している。すなわ

ち十二因縁を説いた後で、「また次に菩薩が無明の体（本質）を求むるに、即時に是れは明

なり。いわゆる諸法実相を、名づけた実際（究極の根拠）と為す」（九〇巻、大正蔵、二五

巻、六九七ページ上）という。すなわち「無明」そのものは「明」に基礎づけられている。

無明とは「諸法実相を解しないこと」（『さとりの行ないへの入門』パンジカー、三五二ペー

ジ）である。無明を断ずるというのは、人間存在の根源への復帰を意味する。したがって無

明を断ずることが可能なのである。

ここにおいて縁起の逆観が基礎づけられていることを知る。無明が滅するが故に十二因縁

の各項がことごとく滅しうることとなる。『中論』の第二三章においては誤った見解（顚倒）

を論破した後で、

「このように顚倒が滅するが故に、無明が滅する。無明が滅したときに形成力（行）なども

滅する」（第二三詩）

といい、第二六章においても、

「無明が滅したときもろもろの形成されたもの〔諸行〕は成立しない。しかるに無明の滅することは、知によってかの〔十二因縁の〕修習〔連続的念想〕からくる」〔第一一詩〕

「〔十二因縁のもろもろの項目のうちで、〕それぞれの〔前の〕ものの滅することによって、それぞれの〔後の〕ものが生じない。このようにして、たんなる苦蘊〔苦しみの個人存在〕は完全に滅する」〔第一二詩〕

という。したがって『中論』は縁起の逆観を成立せしめていることがわかる。

**最初期の仏教の正統な発展**

そこで問題が起こる。縁起を見ることによって無明が滅することは了解しやすいが、何故に、無明が滅することによって十二因縁の各項がことごとく滅することとなるのであろうか。ブッダは無明を断じたから、老死も無くなったはずである。しかるに人間としてのブッダは老い、かつ死んだ。この矛盾をナーガールジュナはどのように解していたであろうか。『中論』にはこの解答は与えられていない。しかしながら、われわれが自然的存在の領域と法の領域とを区別するならば、縁起の逆観の説明も相当に理解しうるように思われる。自然的存在の領域は必然性によって動いているから、覚者たるブッダといえども全然自由にはならない。ブッダも飢渇をまぬがれず、老死をまぬがれなかった。ブッダも風邪をひいたことがある。しかしながら法の領域においては諸法は相関関係において成立しているものであり、その統一関係が縁起とよばれる。その統一関係を体得するならば無明に覆われていた諸事象が全然別のものとして現われる。

したがって覚者の立場から見た諸事象は、凡夫の立場に映じている諸事象のすがたの否定であある。したがって自然的存在としての覚者には何らの変化が起こらなかったとしても、十二因縁の各項がことごとく滅するという表現が可能であったのであろう。

この「縁起を見る」こと、および縁起の逆観はすでに最初期の仏教において説かれている。ナーガールジュナはこれを受けて、その可能であることを非常な努力をもって論証したのであるから、この点においてもナーガールジュナの仏教は、意外なことには、或る意味では最初期の仏教の正統な発展であると解してもさしつかえないであろう。

# III ナーガールジュナの著作

# 凡例

一　原典のまえには、§をおき、原典がはじまることを示した。
二　原典の内容を要約して〈　〉で見出しを付した場合もある。
三　原典中の（　）内は語の説明、あるいは仏教語を示し、〔　〕内は語を補ったものである。

# 著作概観

第I部の終わりで述べたように、学者の一部には何人かのナーガールジュナがあったにちがいないと主張しているし、ナーガールジュナに帰せられる論書は多数にのぼる。しかし以下のもののみが検討にあたいするものである。

1『中論頌《ちゅうろんじゅ》』（Madhyamaka-kārikā）　ナーガールジュナの主著。二七章四四九詩（漢訳では四四五詩）より成る。第II部で詳述したように、空・縁起など、ナーガールジュナの最も基本的な思想を述べたもの。これに付された多くの、次のような註釈がある。なお一一一ページ以下で註釈書についてふれている。あわせて参照されたい。

(a)『無畏論』（Akutobhayā　何ものも恐れず）　短い註で、チベットの伝承によるとナーガールジュナ自身の註とされる。チベット訳のみ存在し、サンスクリット原典は失われた。近年の研究によると、これは古いものではあるが、ナーガールジュナに仮託されたものであるとされている。

(b)青目釈《しょうもくしゃく》　ピンガラ（青目）の註釈で、クマーラジーヴァの漢訳だけが残っている。

(c)ブッダパーリタ作『ムーラ・マディヤマカ・ヴリッティ』(Buddhapālita : Mūla-madhyamaka-vṛtti　根本中論釈)　チベット訳のみ。

(d)バーヴァヴィヴェーカ(またはバヴィヤ、清弁《しょうべん》)作『般若灯論釈(Bhāvaviveka, or Bhavya : Prajñāpradīpa)　チベット訳、漢訳が存する。

(e)チャンドラキールティ(月称《げっしょう》)作『プラサンナパダー』(Candrakīrti : Prasanna-padā　明句集)　サンスクリット原典、チベット訳がある。詳細な註で『中論頌』の研究にはきわめて有用である。

(f)スティラマティ(安慧《あんね》)作『大乗中観釈論』　漢訳のみ。

(g)アサンガ(無著《むじゃく》)作『順中論』(または『順中論義入大般若波羅蜜経初品《しょぼん》法門』)　『中論頌』の冒頭、帰敬序に述べられている八つの否定(八不)に関する詳細な説明。サンスクリットによる原題はMadhyamaka-śāstra-artha-anugata-mahāprajñāpāramitā-sūtra-ādiparivarta-dharma-paryāya-praveśa(『中論』の意義にしたがって『大般若経』の第一章の教え〔法門〕のうちに入ること)と推定される。

(h)グナマティ(徳慧)作による註釈。

(i)デーヴァシャルマン作になる註釈。チベット訳の断片が存する。

2　『十二門論』(Dvādaśa-dvāra-śāstra　十二の門戸をそなえた論)　漢訳のみ存する。十二の項目のもとに空の理論を述べる。内容的には『中論頌』を抄述したものといえる。

3『空七十論』（Śūnyatā-saptati　空を論ずる七十詩句篇）チベット訳のみ存する。空の思想を七〇詩にまとめて述べたもの。書名は七〇詩であるが、チベット訳では七三詩存する。

4『廻諍論《えじようろん》』（Vigrahavyāvartanī　異論の排斥）ニヤーヤ学派（正統バラモン系統の論理学派）の思想全体に対する批判。しかしかならずしも『ニヤーヤ・スートラ』の思想に対する批判ではない。この批判を通じて空の理論を説いたもの。七〇詩とその註釈より成る。サンスクリット原典およびチベット訳、漢訳が存する。

5『六十頌如理論《ろくじゆうじゆによりろん》』（Yuktiṣaṣṭikā　理論の六十詩句篇）六〇詩によって空の理論を簡潔に説いたもの。チベット訳、漢訳が存する。

6『ヴァイダリヤ・スートラ』（Vaidalya-sūtra　摧破《さいは》のスートラ）、および『ヴァイダリヤ・プラカラナ』（Vaidalya-prakaraṇa　広破論）前者は七二節より成る綱要書形式のもので、後者はこれに対する註釈書。この書においては、初期ニヤーヤ学派の一六項目をきびしく批判している。チベット訳のみ存する。

7『大智度論』（推定によると、原名はMahāprajñāpāramitā-śāstra　大いなる般若波羅蜜の論）漢訳にのみ存し、一〇〇巻より成る。クマーラジーヴァ訳。『大品般若経』に対する註釈書。本書はきわめて尨大なものであったので全訳されず、抄訳された。たんなる註釈にとどまらず『十地経』や『無尽意菩薩品』にもとづいてナーガールジュナ自身の思想と実践とを明かしたものであるが、本書の著者については疑義がある。本書は後世、中国および日本の仏教において重要視された。本書の中には経典からの多くの引用があり、おそらく『中論頌』よりも後に著されたらしい。本書には多くの思想上の問題点が含まれている。第3章『大智度論』も参照。

8『十住毘婆沙論《じゅうじゅうびばしゃろん》』（原名はDaśabhūmika-vibhāṣā-śāstra　一〇種の階梯の註解、であったと考える）漢訳のみ存する。クマーラジーヴァ訳。本書も全訳ではなく、抄訳である。本書は、『十地経』に対する註釈で、信仰にもとづく易行道《いぎょうどう》について述べているので、とくに重要なものとされている。そして阿弥陀仏に対する信仰が易行であり、人が阿弥陀仏の名を聞いて、これを思念し、信仰の心をもってその名をとなえるなら、かれはすみやかにさとりに向って決してしりぞくことのない（不退転の）状態に達することができると述べている。この思想のゆえに、この論書は後世の中国や日本の浄土教に重要視された。本書の著者が『大智度論』の著者と同一かどうかについては疑義がある。しかし、ナーガールジュナは、その全著作を通じて、『無量寿経』の思想に賛同していたことは認められている。第4章『十住毘婆沙論』も参照。

9『大乗二十頌論《だいじょうにじゅうじゅろん》』（Mahāyāna-viṃśikā　大乗についての二十詩句篇）唯心思想的な内容が述べられている。二〇詩より成る短篇。サンスクリット原典、チベット訳、漢訳が存する。第2章『大乗についての二十詩句篇』も参照。

10『菩提資糧論』　漢訳にのみ存する。イーシュヴァラ（自在）による註釈が付され、ダルマグプタ（法護）によって五五八年から五六九年の間に訳された。さとりを開くための種々の要件を訳したもの。

11『因縁心論』（Pratītyasamutpāda-hṛdaya-kārikā　縁起の肝心の説を述べた詩句）サンスクリット原典、チベット訳、漢訳がある。七詩のうちに、ナーガールジュナの縁起の思想を述べたもの。

12『親友への手紙』（Suhṛllekha）チベット訳があり、相当する漢訳は三種で、『龍樹菩薩為禅陀迦王説法要偈』（四三一年、グナヴァルマン〔求那跋摩《ぐなばつま》〕訳）、『龍樹菩薩勧発諸王要偈』（サンガヴァルマン〔僧伽跋摩《そうがばつま》〕訳）、『龍樹菩薩勧誡王頌』（七〇〇―七一一年の間に翻訳、義浄訳）。南インドのサータヴァーハナ王朝の国王あてに詩の形で書かれた書簡形式のもので、ナーガールジュナは王がいかに身を処すべきかを教えている。インドではよく読まれたらしい。チベット訳は一二三詩より成る。第5章『親友への手紙』も参照。

13『ラトナーヴァリー』（Ratnāvalī　宝石の連列）サンスクリット原典、チベット訳、漢訳がある。チベット訳の題名は『ラージャ・パリカター・ラトナマーラー』（Rāja-parikathā-ratnamālā　王に対する訓誡・宝石の頸飾り）であり、漢訳は真諦が五五七―五六九年の間に翻訳した『宝行王正論《ほうぎょうおうしょうろん》』である。『親友への手紙』におけるのと同様の手法によって、王に対する書簡の形で、どのように国を統治すべきかを教えている。社会福祉の問題、犯罪者に対する寛容の問題などについても述べている。五章より成る。また、ナーガールジュナの作とされる讃歌がある。

14『チャトゥフ・スタヴァ』（Catuḥstava　讃頌四篇）サンスクリット原典とチベット訳が存する。この文の一部で声聞乗・縁覚乗・菩薩乗の三乗（三つの実践法）について論じている。アムリターカラはこれに註釈『チャトゥフ・スタヴァ・サマーサールタ』（Catuḥ-stavasamāsārtha）を著した。アムリターカラは、インドにおける仏教の迫害と衰亡のときにチベットに逃がれた学僧である。かれはこの中で菩薩がさとりに至る間の一〇の段階（十地）の枠組みのもとに『チャトゥフ・スタヴァ』を適合させようとしている。

15『讃法界頌《さんぽっかいじゅ》』（Dharmadhātu-stotra　真理の境地を讃美する詩）チベット訳と漢訳がある。法界——それは仏性、如来蔵にほかならない——の意義をたたえたもの。ナーガールジュナに帰せられる。『ダルマダートゥ・スタヴァ』（Dharmadhātu-stava）は同書の註釈であり、中観派の古い文献である。

16『広大発願頌《こうだいほつがんじゅ》』（Mahāpraṇidhānotpāda-gāthā　広大な誓願をおこす詩）漢訳のみ存する。菩薩の徳を身につけたいとする一連の祈願の詩。

以下の文献については作者に関し疑義がある。

17『壱輪盧迦論《いっちゅるかろん》』（Ekaśloka-śāstra　一つの詩句におさめられる教えとそれの説明）漢

訳のみ存する。プラジニャールチ訳。「体自体無常、如是体無体、自体性無体、故説空無常」という一つの詩句《シュローカ》を散文で註解している。

18『大乗破有論《だいじょうはうろん》』（Bhava-saṃkrānti-sūtra　生存の超越）『バヴァ・サンクラーンティ・スートラ』とその解説である『バヴァ・サンクラーンティ・シャーストラ』とは、一つの生存の状態から別の生存の状態への移行に関する小論で、ナーガールジュナに帰せられる。しかし、これが説一切有部のものか中観派のものかはにわかに決定しがたい。

19『福蓋正行所集経《ふくがいしょうぎょうしょしゅうぎょう》』（「徳のある行ないに関する教示の集成」の意）精神的な飾りとして人格をかざる徳のある行為を述べている。スーリヤヤシャスによる漢訳のみ存する。

20『菩提心離相論《ぼだいしんりそうろん》』（「相をはなれた菩提心に関する論書」の意）空の立場に立って菩提心を説明したもの。阿頼耶識《あらやしき》の観念について関説しているので、ナーガールジュナ以降の人の著作であるといえる。漢訳のみ存する。

21『方便心論』（Upāya-hṛdaya　方便の要点）インド論理学における重要な書物であるが、ナーガールジュナの著作ではないと思われる。漢訳のみ存する。

# 1 『中論』

本書の内容については、第II部で詳述した。ここではテキストの全訳のみを提出する。なお以下の翻訳については、論理的脈絡のはっきりとたどれるチャンドラキールティの註釈『プラサンナパダー』にしたがって、サンスクリット原文から訳出した。

§

〔宇宙においては〕何ものも消滅することなく（不滅）、何ものもあらたに生ずることなく（不生《ふしょう》）、何ものも終末あることなく（不断）、何ものも常恒であることなく（不常）、何ものもそれ自身と同一であることなく（不一義）、何ものもそれ自身において分かたれた別のものであることはなく（不異義）、何ものも〔われらに向かって〕来ることもなく（不来）、〔われらから〕去ることもない（不出）、戯論《けろん》（形而上学的論議）の消滅というめでたい縁起のことわりを説きたもうた仏を、もろもろの説法者のうちでの最も勝れた人として敬礼《きょうらい》する。

*この冒頭の立言（帰敬序《ききょうじょ》）が『中論』全体の要旨である。

## 第一章　原因（縁）の考察

**一**　もろもろの事物はどこにあっても、いかなるものでも、自体からも、他のものからも、〔自他の〕二つからも、また無因から生じたもの（無因生）も、あることなし。

*縁起が〈不生〉の意味であるということを説明している。

**二**　縁は四種ある。原因としての縁（因縁《いんねん》）と、認識の対象としての縁（所縁縁《しょえんねん》）と、心理作用がつづいて起こるための縁（等無間縁《とうむけんえん》）と、助力するものとしての縁（増上縁《ぞうじょうえん》）とである。第五の縁は存在しない。

*これを四縁という。

**三**　もろもろの事物をそれらの事物たらしめるそれ自体（〔自性〕、本質）は、もろもろの縁のうちには存在しない。それ自体（本質）が存在しないならば、他のものは存在しない。

**四**　〔結果を生ずる〕作用は、縁を所有するものとして有るのではない。また作用は縁を所有しないものとして有るのではない。縁は作用を所有しないものではない。あるいは縁は作用を所有するものとして有るのであろうか〔そうでもない〕。

**五**　これらのもの〔A〕に縁《よ》って〔結果が〕生ずるのであるという意味で、これらのもの

〔A〕が縁であると、人々はいう。しかし〔結果が〕生じない限りは、これらのもの〔A〕は、どうして〈縁でないもの〉でないということがあろうか（それらのものは縁ではないのである）。

**六**　ものが有るときにも、無いときにも、そのものにとって縁は成立しえない。〔何となれば〕ものが無いときには、縁は何ものの縁なのであろうか。またものがすでに有るときには、どうして縁の必要があろうか（そのものは、すでに有るのであるから、いまさら縁を必要としない）。

**七**　ものは、有るものとしても生起しないし、無いものとしても生起しないし、有りかつ無いものとしても生起しない。こういうわけであるから〔何ものかを〕生起せしめる原因なるものが、どうして成立しえようか（何ものかを生起せしめる原因なるものは、理に合わない）。

**八**　有るものとしてのこのものは、対象を有しない（無所縁）と説かれている。ところでものが対象を有しないのであるならば、どうして〈対象〉（所縁）が成立しうるであろうか。

＊ここでは、四縁のうちの所縁が成立しえないということを主張している。

**九**　もろもろのものがまだ生じないうちに、滅するということはありえない。それ故に〔生じた〕直後に滅するということは、不合理である。またすでに滅したものには、いかなる縁が存するであろうか。

＊これは、四縁のうちの等無間縁が成立しえないということを主張しているのである。

**一〇**　それ自体（本体）の無いもろもろのもの（有）には有性《うしよう》（有ること一般）が存在しないが故に、〈このことがあるとき、このことがある〉ということは可能ではない。

**一一**　もろもろの縁の一つ一つのうちにも、またもろもろの縁がすべて合したうちにも、その〔縁の〕結果は存在しない。もろもろの縁のうちに存在しないものが、どうしてもろもろの縁から生じうるであろうか。

**一二**　もしも「それ（結果）は〔もろもろの縁のうちに存在しては〕いないけれども、それらの縁のうちから現われ出るのである」というのであるならば、〔もしもそうであるならば、〕結果は、縁でないもののうちからでも、どうして現われ出ないのであるか。

**一三**　もしも「結果は〈縁が変化して成立したもの〉である」というならば、その縁は自存（自分自身にもとづいて成立）しているものではない。またもしも結果が自存しているのではない〔縁〕から現われ出るのであるとするならば、その結果は、どうして〈縁が変化して現われ出たもの〉であるといいえようか。

**一四**　それ故に、結果は〈縁が変化して現われ出たもの〉ではない。また〈縁でないものが変化して現われ出たもの〉なのでもありえない。結果が無いのであるから、どうして〈縁〉と〈縁でないもの〉とがありえようか。

## 第二章　運動（去ることと来ること）の考察

一　まず、すでに去ったもの（已去《いこ》）は、去らない。また未だ去らないもの（未去）も去らない。さらに〈すでに去ったもの〉と〈未だ去らないもの〉とを離れた〈現在去りつつあるもの〉（去時）も去らない。

〔第一詩の後半、「現在の〈去りつつあるもの〉が去らないということはいえないはずではないか」と反対者が第二詩を述べる〕

二　動きの存するところには去るはたらきがある。そうしてその動きは〈現在去りつつあるもの〉（去時）に有って〈すでに去ったもの〉にも〈未だ去らないもの〉にもないが故に、〈現在去りつつあるもの〉のうちに去るはたらきがある。

〔第二詩に対して、ナーガールジュナは答える〕

三　〈現在去りつつあるもの〉のうちに、どうして〈去るはたらき〉がありえようか。〈現在去りつつあるもの〉のうちに二つの〈去るはたらき〉はありえないのに。

四　〈去りつつあるもの〉に去るはたらき（去法）が有ると考える人には、去りつつあるものが去るが故に、去るはたらきなくして、しかも〈去りつつあるもの〉が有るという〔誤謬が〕付随して来る。

＊もしも「去りつつあるものが去る」という主張を成立させるためには、〈去りつつあるもの〉が〈去るはたらき〉を有しないものでなければならないが、このようなことはありえない。

**五**　〈去りつつあるもの〉に〈去るはたらき〉が有るならば、二種の去るはたらきが付随して来る。〔すなわち〕〈去りつつあるもの〉をあらしめる去るはたらきと、また〈去りつつあるもの〉における去るはたらきとである。

＊すなわち、もしも「去りつつあるものが去る」というならば、主語の「去りつつあるもの」の中に含まれている「去」と、新たに述語として付加される「去」と二つの〈去るはたらき〉が付随することとなる。

**六**　二つの去るはたらきが付随するならば、〔さらに〕二つの〈去る主体〉（去者）が付随する。何となれば、去る主体を離れては去るはたらきはありえないから。

**七**　もしも〈去る主体〉を離れては〈去る作用〉が成立しえないのであるならば、〈去る作用〉が存在しないのに、どうして〈去る主体〉が存在しうるであろうか〔それ故に〈去る作用〉は存在しない〕。

**八**　まず〈去る主体〉は去らない。〈去る主体でないもの〉も去らない。そうして〈去る主体〉でもなく、〈去る主体でないもの〉でもなくて、〔両者とは〕異なったいかなる第三者が去るのであろうか。

**九**　まず、〈去るものが去る〉ということが、どうして成立しうるのであろうか。〈去る作用〉なしには〈去る主体〉は成立しないのに。

一〇　〈去るものが去る〉と主張する人には、「〈去る作用〉がなくても〈去る主体〉がある」という誤った結論が付随して起こることになる。何となれば、〈去る人〉がさらに〈去る〉というはたらきを認めているからである。

一一　もしも〈去る人が去る〉というならば、二つの去る作用があるということになってしまう。すなわち、その〈去るはたらき〉にもとづいて〈去るもの〉とよばれるところのその〈去るはたらき〉と、〈去るもの〉である人が去るところのその〈去るはたらき〉とである。

一二　すでに去ったところに去ることはなされない。未だ去らないところにも、去ることはなされない。いま現に去りつつあるところにも、去ることはなされない。どこにおいて、去ることがなされるのであろうか。

一三　去るはたらきを開始する以前には、いま現に去りつつあるものは存在しない。またすでに去ったものも存在しない。その二つ〔〈いま現に去りつつあるもの〉と〈すでに去ったもの〉〕においてこそ、〈去るはたらき〉がなされるはずであるのに。未だ去らないもののうちに、どうして〈去るはたらき〉がありえようか。

一四　〔〈すでに去ったもの〉のうちにも、〈いま現に去りつつあるもの〉のうちにも、〈未だ去らないもの〉のうちにも〕去るはたらきを開始することがいかにしても認められないのであるならば、〈すでに去ったもの〉〈いま現に去りつつあるもの〉〈未だ去らないもの〉が、どうして区別して考えられようか。

**一五**　まず第一に〈去る主体〉が住するということはない。また〈去る主体でないもの〉も住することがない。〈去る主体〉でもなく〈去る主体でないもの〉でもないところの、両者とは異なったいかなる第三者が住するであろうか。

**一六**　〈去るはたらき〉なくしては〈去る主体〉が成立しえないときに、まず〈去る主体が住する〉ということがどうして成立しうるであろうか。

**一七**　〔〈去る主体〉は〕〈いま現在去りつつあるところ〉から退いて住するのではない。また〈すでに去ったところ〉から退いて住するのでもない。また〈未だ去らないところ〉から退いて住するのでもない。〈住するもの〉の、行くことと、活動することと、休止することとは、〈去ること〉の〔場合と〕同様であると〔理解さるべきである〕。

**一八**　去るはたらきなるものが、すなわち去る主体であるというのは正しくない。また、去る主体が、去るはたらきからも異なっているというのも正しくない。

**一九**　もしも去るはたらきなるものが、すなわち去る主体であるならば、作る主体と作るはたらきとが一体であることになってしまう。

**二〇**　また、もしも〈去る主体〉は〈去るはたらき〉から異なっていると分別するならば、〈去る主体〉がなくても〈去るはたらき〉があることになるであろう、また〈去るはたらき〉がなくても〈去る主体〉があることになるであろう。

二一　一体であるとしても別体によっても成立することのないこの〔〈去るはたらき〉と〈去る主体〉との〕二つはどうして成立するだろうか。

二二　〈去るはたらき〉によって〈去る主体〉とよばれるのであるならば、その〈去る主体〉はその〈去るはたらき〉を去る（行く）ことはありえない。何となれば、〈去る主体〉は〈去るはたらき〉よりも以前に〔成立している〕のではないからである。実に何者が何者に去るのであろうか。

二三　〈去るはたらき〉によって〈去る主体〉とよばれるのであるならば、その〈去る主体〉はその〔〈去るはたらき〉とは〕異なった他の〈去るはたらき〉を去ることはない。一人の人が進み行くときに、二つの〈去るはたらき〉は成立しえないからである。

二四　〈去る主体〉が実在するものであるならば、〔実在する〈去るはたらき〉と、実在しない〈去るはたらき〉と、実在し、かつ実在しない〈去るはたらき〉と〕三種の〈去るはたらき〉〔のいずれをも〕去ることがない。また〈去る主体〉が実在しないものであるとしても、〔上述の〕三種の〈去るはたらき〉〔のいずれをも〕去ることができない。

二五　また〈去る主体〉が実在し、かつ実在しないものであるとしても、〔上述の〕三種の〈去るはたらき〉〔のいずれをも〕去ることができない。それ故に〈去るはたらき〉と、〈去る主体〉と、〈行くべきところ〉とは存在しない。

## 第三章　認識能力の考察

一　見るはたらき、聞くはたらき、嗅ぐはたらき、味わうはたらき、触れるはたらき、思考作用――これらは六つの認識能力（六根《ろっこん》）である。見られるもの（色、かたち）などが、これらの認識能力の対象である。

二　実に見るはたらき（視覚、眼）は、自らの自己を見ない。自己を見ないものが、どうして他のものを見るのであろうか。

三　〔火は自分を焼かないが、他のものを焼くという〕〈火の喩え〉は〈見るはたらき〉を成立せしめるのに充分ではない。〈見るはたらき〉と〈火の喩え〉とは、〔すでに第二章において〕〈いま現に去りつつあるもの〉と〈すでに去ったもの〉と〈未だ去らないもの〉とによって、すでに排斥されてしまった。

四　何ものをも見ていないときには、〈見るはたらき〉ではない。〈見るはたらき〉が見るというならば、どうしてこのことが理に合うであろうか。

五　〈見るはたらき〉が見るのではない。〈見るはたらきでないもの〉が見るのでもない。〈見るはたらき〉を〔排斥しおわったこと〕によって〈見る主体〉〔の成立しえないことも〕説明されたと理解せよ。

六　〈見るはたらき〉を離れても、離れなくても、〈見る主体〉は存在しない。〈見る主体〉が存在しないから、〈見られるもの〉も、〈見るはたらき〉も、ともに存在しない。

七　母と父とに縁《よ》って子が生まれるといわれるように、眼と色かたちとに縁って認識作用〈識〉が生ずると説かれる。

八　〈見られるもの〉と〈見るはたらき〉とが存在しないから、識などの四つ〈識のほか、感官と対象との接触〈触《そく》〉、感受作用〈受〉、盲目的衝動〈愛〉〉は存在しない。故に執著〈取〉などは一体どうして存在するであろうか。

九　〈聞くはたらき〉〈嗅ぐはたらき〉〈味わうはたらき〉〈触れるはたらき〉〈思考作用〉も、また〈聞く主体〉〈聞かるべき対象〉なども、〈見るはたらき〉について〔論ぜられたことを適用して〕同様に説明されると知るべきである。

## 第四章　集合体〈蘊《うん》〉の考察

一　〈物質的要素の原因〉（すなわち四元素）を離れた物質的要素は認識されえない。また物質的要素を離れた〈物質的要素の原因〉もまた認められない。

二　もしも物質的要素が〈物質的要素の原因〉を離れているのであるならば、物質的要素は原因の無いものであるということになる。しかし、原因をもたないものはどこにも存在しない。

三　それに反して、もしも物質的要素を離れた〈物質的要素の原因〉なるものが存在するのであるならば、結果をもたらさない原因が有るということになるであろう。しかし結果をもたらさない原因というものは存在しない。

四　物質的要素がすでに〔以前から〕存在するのであるならば、〈物質的要素の原因〉なるものは成立しえない。また物質的要素がすでに〔以前から〕存在しないのであるならば、〈物質的要素の原因〉なるものは、やはり存在しえない。

五　さらに原因をもっていない物質的要素なるものは、全く成立しえない。それ故に、物質的要素に関しては、いかなる分別的思考をもなすべきではない。

六　結果が原因と似ているということは成立しえない。結果が原因と似ていないということも〔また〕成立しえない。

七　感受作用（受）と心と表象作用（想）と、もろもろの潜在的形成作用（行《ぎょう》）と——これらすべてのものは、いかなる点でも全く物質的要素と同じ関係が成立する。

八　論争がなされたときに〈空であること〉（空性）によって論破をなす人がいるならば、その人にとってはすべてが論破されていないのであって、すべては論証さるべきこと（論破さるべきこと）と等しいということになる。

九　解説がなされたときに〈空性〉によって非難をなす人がいるならば、その人にとってはすべてが非難されていないのであって、すべては論証さるべきこと（非難さるべきこと）と等しいということになる。

## 第五章　要素（界）の考察

**一**　虚空の特質（相）〔が存在する〕よりも以前には、いかなる虚空も存在しない。

**二**　なにであろうとも、特質をもっていないものはどこにも存在しない。特質をもたないものは存在しないから、どこに特質が現われ出ようか。

**三**　〈特質〉は特質をもたないもののうちに現われ出ることはない、また〈特質〉は特質をすでにもっているもののうちにも現われ出ることはない。また特質は、特質を有するものと、特質を有しないものとは異なった他のもののうちにも、現われ出ることはない。

**四**　〈特質〉が成立しないから〈特質づけられるもの〉（可相）はありえない。〈特質づけられるもの〉が成立しないから特質もまた成立しない。

**五**　それ故に〈特質づけられるもの〉は存在しない。〈特質〉もまた存在しない。〈特質づけられるもの〉と〈特質〉とを離れた〔別の〕ものもまた存在しない。

**六**　有《う》（もの）が存在しないとき、何ものの無が存在するだろうか。有とも異なり、無とも異なる何人《なんぴと》があって有無を知るのであろうか。

＊有と無とはそれぞれ独立には存在しえないで、互いに他を予想して成立している概念であるというのである。すなわち有と無との対立という最も根本的な対立の根底に「相互依存」「相互限定」を見出したのであった。

**七**　それ故に、虚空は有（もの）でもなく、非有（無）でもなく、特質づけられるものでもなく、また特質でもない。そのほかの五つの要素（地、水、火、風、識）も、虚空の場合と似ている（同様であると考察すべきである）。

**八**　しかるに、もろもろのものの有と無とを見る愚者は、経験されるもろもろの対象がやすらぎに帰し、めでたいありさまを、見ることがない。

## 第六章　貪りに汚れることと貪りに汚れた人との考察

**一**　もしも〈貪りに汚れること〉よりも以前に〈貪りに汚れた人〉が、貪りに汚れることを離れて別に存在しうるのであるならば、〔貪りに汚れた〕その人に縁《よ》って〈貪りに汚れること〉が存在しうるであろう。

**二**　しかし〈貪りに汚れた人〉が存在しないのに、どうして〈貪りに汚れること〉が存在しうるであろうか。〈貪りに汚れること〉〔という実体〕が存在するのであろうとも、あるいは存在しないのであろうとも、〈貪りに汚れた人〉についても、この同様の次第が成立する。

**三**　ところで〈貪りに汚れること〉と〈貪りに汚れた人〉とが同一時に生起することはありえない。何となれば、〔もしもそうだとすると〕〈貪りに汚れること〉と〈貪りに汚れた人〉とは、相互に無関係なものとなるであろう。

**四**　〈貪りに汚れること〉と〈貪りに汚れた人〉とがもしも同一であるならば、両者の共在することはありえない。何となれば、ものはそのものとは共在しないからである。また〔その両者が〕全然別異のものであるならば、〔その両者が〕共在することがどうして起こりうるであろうか。

**五**　もしも〔両者が〕同一であるから共在が成立するのであるならば、助伴者がいなくても共在が成立するであろう。またもしも〔両者が〕別異であるからこそ共在が成立するのであるならば、助伴者がいなくても共在が成立するであろう。

**六**　あるいはまた、〔両者が〕別異であるからこそ共在が成立するのであるならば、〈貪りに汚れること〉と〈貪りに汚れている人〉とが互いに異なったものであるということがどうしてすでに成立しているのであろうか。何となれば、その二つのものはすでに共在して〔合している〕のであるから。

**七**　あるいは、もしも〈貪りに汚れること〉と〈貪りに汚れている人〉とが別の異なったものであるということがすでに別々に成立しているのであるならば、他方において両者の共在することを、汝は何のために想定するのであるか。

八　「別々には成立しない」と、そのように考えて、汝は〔両者の〕共在を願う。ところが〔両者の〕共在を成立させるために、汝はさらに〔両者が〕別の異なったものであると考えている。

九　しかるに〔両者の〕別異であることは成立しないから、〔両者の〕共在は成立しない。〔両者が〕別の異なったものであるのに、汝はそのいずれにおいて共在を考えるのであるか。

一〇　こういうわけであるから、〈貪りに汚れること〉が〈貪りに汚れている人〉と倶《とも》に成立することはないし、また両者が倶にならないで〔別々に〕成立することもない。〈貪りに汚れること〉と同様に、一切のことがらが倶に成立することもないし、また倶にならないで〔別々に〕成立することもない。

## 第七章　つくられたもの（有為）の考察

一　もしも生ずること（生《しょう》）が〈つくられたもの〉（有為《うい》）であるとするならば、そこ（すなわち生）には三つの特質〈相〉、すなわち生起〈生〉、存続〈住〉、消滅〈滅〉が存するであろう。もしまた生がつくられたものでないもの（無為）であるならば、どうしてつくられたものをつくられたものとする特質（有為相）があろうか。

二　生などの三〔相〕がそれぞれ異なったものであるならば、有為〔のもの〕の〔生・住・滅という〕特質をなすのに充分ではない。それらが合一するならば、どうして同一時に同一のところにあることができるであろうか。

三　もしも生・住・滅に、さらに〔それらを成立せしめるための〕他の有為相があるならば、こういうわけで無限遡及（無窮《むぐう》）となる。もしも〔これらの生・住・滅に、さらに他の有為相が〕存在しないならば、それら（生・住・滅）は有為でないことになってしまう。

〔反対派いわく〕

四　生を生起させるもの（生生《しょうしょう》）〔と称せらるる生〕はたんに生という原理（本生《ほんしょう》）の生にすぎない。さらに本生は生生を生じる。

〔ナーガールジュナが反駁していわく〕

五　汝の説によって、もしも〈生生〉が〈本生〉を生ぜしめるのであるとするならば、〈本《もと》の生《しょう》〉によって未だ生ぜられていない〈生生〉が、どうしてその〈本生〉を生ずるであろうか。

六　汝の説によって、もしも〈本《もと》の生《しょう》〉によって生ぜられたその〈生の生〉が〈本の生〉を生ずるのであるとするならば、その〈生の生〉によって未だ生ぜられていないその〈本の生〉が、どうしてその〈生の生〉を生ずるのであろうか。

**七**　汝の説によるならば、この〈現に生じつつある本の生〉が、欲するがままにこの〈〈生の生〉〉を生ずることであろう。もしも未だ生じていない〈〈本の生〉〉がこれ〈〈生の生〉〉を生じうるのであるならば。

〔反対者いわく〕

**八**　灯がそれ自身と他のものとをともに照らすように、〈生〉もまた同様にそれ自体（自性）と他のものとをともに生ずるのであろう。

〔答えていわく〕

**九**　灯のうちにも、また灯の存する場所にも、闇は存在しない。灯は何を照らすのであるか。何となれば、照らす光は闇を滅ぼすものであるから。

**一〇**　現に生じつつある灯火によって、どうして闇が滅ぼされるのか。何となれば、現に生じつつある灯火は未だ闇には達していないのに。

**一一**　あるいは、もしも灯火が闇に達しなくても、灯火が闇を滅ぼすのであるとするならば、ここに存在する灯火が全世界にある闇を滅ぼすことになるであろう。

**一二**　もしも灯火がそれ自体と他のものとを照らすのであるならば、闇もまたそれ自体と他のものとを覆って暗くするであろうことは、疑いない。

**一三**　この未だ生ぜざる生がどうしてそれ自体を生ぜせしめるであろうか。もしもすでに生じたものが生ぜしめるものだとすると、すでに生じたのにどうしてさらに生ぜられるであろうか。

**一四** いま現に生じつつあるものも、すでに生じたものも、未だ生じていないものも、けっして生じない。いま現に去りつつあるもの、すでに去ったもの、未だ去らないものについて、このように説明されている。

**一五** この〈現在生じつつあるもの〉が〈生〉のうちに現われ出ないときには、どうして他方において〈生〉に縁《よ》って〈現在生じつつあるもの〉というものがあるといわれるのであろうか。

**一六** 縁によって起こるものは、なにものでもすべて本性上やすらい〔寂静〕でいる。それ故に〈現に生じつつあるもの〉はやすらいでいる。〈生〉そのものもやすらいでいる。

**一七** もしも何らかの〈未だ生ぜざるもの〉がどこかに存在するのであれば、そのものは生起するであろう。しかしそういうものが存在しないのに、どうしてそのものが生起するであろうか。

**一八** もしもこの〈生〉が〈いま現在生じつつあるもの〉を生ずるのであるならば、その〈生〉をさらにいずれの〈生〉が生ずるであろうか。

**一九** もしも他〔の〈生〉〕がこ〔の生〕を生ずるのだとするならば、そこで〈生〉は無限遡及となってしまう。またもしも不生であるのに生じたのだとするならば、一切はみなこのようにして生ずるであろう。

**二〇**　要するに、有（もの）が生ずるということは、理に合わない。また無が生ずるということも、理に合わない。有にして無なるものの生起することもない。このことは以前にすでに論証しておいた。

**二一**　〈いま現在消滅しつつあるもの〉の生ずることはありえない。しかるに〈いま現在消滅しつつあるのではないもの〉はありえない。

**二二**　すでに住したものは、さらに住することがない。未だ住したことのないものもまた住することがない。いま現在住しているものもまた住することがない。未だ生じたことのないものが、どうして住することがあろうか。

**二三**　いま現に消滅しつつあるものが住するということはありえない。またいま現に消滅しつつあるのではないものはありえない。

**二四**　一切のものは常に老・死の特性をもっているものであるから、いかなるものが、老・死なくして住するであろうか。

**二五**　〈住〉の住することは、他の〈住〉によっても、またそれ自体によっても、成立しない。それはあたかも、〈生〉の生ずることが、それ自体によっても、また他のものによっても成立しえないようなものである。

**二六**　未だ滅びないものも滅びない。すでに滅びてしまったものも滅びない。現にいま滅びつつあるものもまた同様に滅びない。

**二七** 要するに、すでに住したものの消滅することはありえない。未だ住したのではないものの消滅することも、またありえない。

**二八** 実に、その〔乳の〕状態によっては、その同じ〔乳の〕状態は消滅することがない。また乙の状態〔酪の状態〕によっても、その甲の状態〔乳の状態〕が消滅することはない。

**二九** 一切のものの生起が起こりえないときには、同様にして一切のものの消滅することも起こりえない。

**三〇** まず、有であるものの消滅することは起こりえない。何となれば、〔あるものが〕有であってしかも無であることは、一つのものにおいては起こりえないからである。

**三一** 無であるものの消滅することも、また起こりえない。あたかも第二の頭を切断することが起こりえないようなものである。

**三二** 消滅するということは、それ自体によってはありえない。消滅するということは他のものによってもありえない。あたかも生起の生起することは、それ自体によっても、他のものによっても、ありえないようなものである。

**三三** 生と住と滅とが成立しないが故に有為は成立しない。また有為が成立しないが故にどうして無為が成立するであろうか。

三四　あたかも幻のごとく、あたかも夢のごとく、あたかも蜃気楼のようなものであると、譬喩をもってそのように生起が説かれ、そのように住が説かれ、そのように消滅が説かれる。

## 第八章　行為と行為主体との考察

一　このすでに実在する行為主体は、すでに実在する行為をなさない。未だ実在していない行為主体もまた、未だ実在していない行為をなそうとは思わない。

二　すでに実在するものにははたらき（作用）が存在しない。そうして行為は行為主体を有しないものとなるであろう。すでに実在するものにははたらきが存在しない。そうして行為主体は行為を有しないものとなるであろう。

三　もしも、未だ実在しない行為主体がまだ実在していない行為をなすのであるならば、行為（業）は原因を有しないものとなるであろう。そうして行為主体も原因をもたぬものとなるであろう。

四　原因（たとえば泥土）が存在しないから、結果も存在しないし、また能動因（たとえば輪など）も存在しない。それ（原因と結果）が存在しないから、はたらきも行為主体も、また能動因も存在しない。

五　はたらき等が成立しないから、法にかなった行ないも、非法の行ないも存在しない。法にかなった行ないも存在しないし、非法の行ないも存在しないから、それから生ずる報いも存在しない。

六　果報が存在しないから、解脱に至る道も天界に至る道も成立しない。そうして一切の行為は無意味となってしまう。

七　すでに有であってまた無であるところの行為主体は、有にして無であるところの行為をなすことがない。何となれば、互いに矛盾している有と無とがどうして一つのものでありえようか。

八　有である行動主体によっては無はつくられない。また無である行動主体によっては有はつくられない。何となれば、汝のその説においては一切の誤謬が付随して起こるからである。

九　すでに実在する行為主体は、未だ実在しない行為をなすことがない。またすでに実在し、かつ未だ実在しない行為をなすことがない。それは、すでに述べたもろもろの理由（第八章・第二詩など）による。

一〇　未だ実在しない行為主体もまた、すでに実在する行為をなすこともない。またすでに実在し、かつ未だ実在しない行為をなすこともない。それは、すでに述べたもろもろの理由（第八章・第七詩など）による。

一一　すでに実在し、かつ未だ実在しない行為主体は、有である行為をなすことはない。また無である行為をなすこともない。ところでそのことは、すでに述べたもろもろの理由〔第八章・第七詩など〕によって知るべきである。

一二　行為によって行為主体がある。またその行為主体によって行為がはたらく。その他の成立の原因をわれわれは見ない。

一三　このように、行為と行為主体とを排斥することによって、執著（取）のことをも知るべきである。行為と行為主体と〔を考察したこと〕によって、そのほかのことがらをも考えるべきである。

## 第九章　過去の存在の考察

一　見るはたらき・聞くはたらきなど、また感受作用（受）などを所有する者〔主体または霊魂〕は、これらのはたらきよりも先に存在する、とある人々は主張する。

二　〔何となれば〕どうして存在しないものに実に〈見るはたらき〉などがあるであろうか。それ故に、それらのはたらきよりも以前に、かの定住しているものが存在する、と。

三　見るはたらき・聞くはたらきなどよりも、また感受作用などよりも、先に定住しているそのものは、では何によって知られるのであろうか。

四　もしも〈見るはたらき〉などが無くても、かの定住せる者が存在しているのであるならば、その定住せる者がいなくても、かの〈見るはたらき〉などが存在するであろうことは、疑いない。

五　或る物によって或る者が表示され、或る者によって或る物が表示される。或る物が無いのに、どうして或る者があろうか。或る者がいないのに、どうして或る物があるだろうか。

六　一切の見るはたらき等より先にある何物も存在しない。また見るはたらき等の互いに異なることによって時を異にし表わされる。

七　もし一切の見るはたらき等よりも先なるものが存在しないならば、どうして見るはたらき等の一つ一つよりも先なるものが存在しようか。

八　もしもかれがすなわち見る主体であり、聞く主体であり、感受する主体であって、一つ一つの〔はたらき〕よりも以前に存在するというのであるならば、しからば、このようなことは理に合わない。

九　またもしも、見る主体と聞く主体と感受する主体とが、それぞれ互いに異なったものであるならば、見る主体があるときに〔別の〕聞く主体があるということになるであろう。そうだとするとアートマン（主体）は多数あることになってしまうであろう。

一〇　もしもまた〈見るはたらき〉〈聞くはたらき〉など、および感受作用などが諸元素から生じてくるのだと〔若干の論者たちが〕主張するとしても、それらの諸元素のうちにも、〔アートマンは〕存在しない。

一一　もしもそれらの〈見るはたらき〉〈聞くはたらき〉など、および感受作用などがそのもの（アートマン）にとって存在しないのであるならば、そのもの（アートマン）は存在しない。

一二　しかも〈見るはたらき〉などよりも以前にある者は、現在にも、また未来にも存在しない。〈有る〉とか〈無い〉とかいう想定は、ここにおいては休止している。

## 第一〇章　火と薪との考察

一　もしも、「薪《たきぎ》がすなわち火である」というのであれば、行為主体と行為とは一体であるということになるであろう。またもしも「火が薪とは異なる」というのであれば、薪を離れても火が有るということになるであろう。

二　また〔火が薪とは異なったものであるとすると、火は〕永久に燃えるものであるということになり、燃える原因をもたないものであるということになるだろう。さらに火をつけるために努力することは無意味となってしまうであろう。そういうわけであるならば、火は作用をもたないものとなる。

**三** 他のものと無関係であるから、〔火は〕燃える原因をもたないものとなり、いつまでも燃えていて、火をつけるために努力することは、無意味となってしまうのである。

**四** それについて、もしも、この故に、燃えつつあるものが薪であるというならば、まず、この薪が燃えつつあるのみであるときに、その薪は何によって燃えるのであろうか。

**五** 異なった別のものは到達されることがないであろう。未だ到達されていないものは、燃えることがないであろう。また燃えないものは、消えることがないであろう。消えないものは、みずからの特質を保ったままで存続するであろう。

**六** もしも薪とは異なった別のものである火が薪に到達するのであるならば、それは女が男に至り、また男が女に至るようなものである。

**七** もしも火と薪との両者が互いに離れた別のものであるとしたならば、薪とは異なる別のものである火が、欲するがままに、薪に至り得るであろう。

＊ここでは男女の譬喩から連想して、このようにいうのである。

**八** もしも薪に依存して火があり、また火に依存して薪があるのであるならば、いずれが先に成立していて、それに依存して火となり、あるいは薪が現われることになるのであるか。

**九** もしも薪に依存して火があるのであるならば、薪はすでに成立している火の実現手段である。こういうわけであるならば、さらに火の無い薪もあることになるであろう。

一〇　或るもの〔甲〕が〔他のもの、乙〕に依存して成立するのに、その〔甲〕に依存して〔乙〕が成立している。もしも、依存されねばならぬものが、〔先に〕成立するものであるとすると、いずれがいずれに依存して成立するのであろうか。

一一　〔他のものに〕依存して成立するところのものは、未だ成立していないはずなのに、どうして依存をなすのであろうか。またもしも、「すでに成立しているものが依存するのである」とすると、そのものが〔あらたに〕〔他に〕依存するということは、理に合わない。

一二　火は薪に依存してあるのではない。火は薪に依存しないであるのではない。薪は火に依存してあるのではない。薪は火に依存しないであるのではない。

一三　火は他のものからくるのではない。火は薪の中には存在しない。この薪に関して、その他のことは〔第二章において〕いま現に去りつつあるもの・すでに去ったもの・未だ去らないもの〔についての考察〕によって説明されおわった。

一四　さらに火は薪ではない。また火は薪以外の他のもののうちにあるのではない。火は薪を有するものではない。また火のうちに薪があるのでもない。また薪のうちに火があるのでもない。

一五　アートマンと執著（すなわち五取蘊《ごしゅうん》）とのすべての関係が、火と薪とによって、残りなく説明された。瓶と衣などとともに〔すべてについて〕説明されたのである。

一六　アートマンは実体を有するものであると考え、もろもろの事物はそれぞれ別異のものであると説く人々は、教えの意義に熟達している人々である、とはわたくしは考えない。

## 第一一章　前後の究極に関する考察

一　偉大な聖者は、以前の究極（はじまり）は知られない、と説かれた。何となれば、輪廻《りんね》は無始無終であり、それには始まりも無く、終わりも無いからである。

二　始めもなく、終わりも無いものに、どうして中があろうか。それ故に、ここでは前も後も同時も成立しえない。

三　もしも生が前にあって、老・死が後《のち》にあるのであるならば、老・死の無い生があるということになるのであろう。そうして不死なる人が生まれることになるであろう。

四　もしも最初に老・死があって、後に生があるのであるならば、その老・死は原因の無いものとなる。未だ生じないものに、どうして老・死があるであろうか。

五　ところで、生が老・死とともにあるということは、理に合わない。そうして現在いま生じつつあるものが死ぬことになるであろう。また〔生と死との〕両者は原因を有しないものとなるであろう。

六　以前・以後・同時というこれらのことの起こりえないところにおいて、どうして、その生とその老・死とを想定して論議するのであるか。

**七**　輪廻に以前の究極が存在しないというばかりではなく、結果と原因、また特質づけられるものと特質、さらに感受作用と感受主体、およびいかなるものであろうとも、あらゆるものに、以前の〔最初の〕究極は存在しない。

## 第一二章　苦しみの考察

**一**　苦しみは、〈自らによってつくられたものである〉（自作《じさ》）、〈他によってつくられたものである〉（他作《たさ》）、〈両者によってつくられたものである〉（共作《ぐうさ》）、〈無因である〉（無因作《むいんさ》）と、ある人々は〔それぞれ〕主張する。しかるにそ〔の苦しみ〕は結果として成立するというのは正しくない。

**二**　もしも〔苦しみが〕自らつくられるものであるならば、しからば〔苦しみは、縁に〕縁《よ》って起こるのではない。何となればこの〔臨終の〕〔五つの〕構成要素（五蘊）に縁ってかの〔次の生涯の五つの〕構成要素（五蘊）が起こるのであるから。

**三**　もしも〔臨終の〕この構成要素（五蘊）がかの〔次の生涯の〕構成要素と異なるのであるならば、あるいはかれがこれよりも異なった他のものであるならば、他のものによってつくられた苦しみがあるであろう。またかの構成要素は、他のものであるこれらの構成要素によってつくられるであろう。

**四** もしも苦しみが自分の個人存在(プドガラ)によってつくられるのであるならば、苦しみを自らつくるところのいずれの〈自分の個人存在〉が、苦しみを離れて、別に存在するのであろうか。

**五** もしも苦しみが他の個人存在から生ずるのであるならば、その苦しみが他人によってつくられて、しかも与えられるところのその個人存在は、苦しみを離れて、〔別のものとして〕どこに存在するのであろうか。

**六** もしも苦しみが他の個人存在から生ずるのであるならば、その苦しみをつくって、しかも他人に与えるところの、いかなる〈他人の個人存在〉が、苦しみを離れて、〔別に〕存在するのであろうか。

**七** 〔苦しみが〕自らつくられることが成立しないから、どこに他人によってつくられた苦しみが存在するであろうか。何となれば、他人がつくるところのその苦しみは、その人にとっては自らつくったものであるはずであるからである。

**八** まず、苦しみは自らつくられたものではない。何となれば、苦しみはそれ自体によってつくられるものではないからである。もしも他人が自らつくったものでないならば、どうして他人のつくった苦しみがあるであろうか。

**九** もしも一人一人によってつくられた苦しみがあるならば、自他両者によってつくられた苦しみがあるであろう。しかし他人がつくったのでもなく自らつくったのでもない無原因の苦しみがどこにあろうか。

一〇　苦しみが〔つくられることについて〕〔上述の〕四種類が認められないばかりでなく、外にある諸事物の〔成立についても、上述の〕四種類は存在しない。

## 第一三章　形成されたものの考察

一　「〈よこしまに執著（妄取）されたもの〉は虚妄である」と世尊は説き給うた。そうしてすべて形成されたもの（行）は妄取法である。故にもろもろの形成されたものは虚妄である。

二　もしもこの妄取されたものが虚妄であるならば、そこでは何が妄取されるか。ところでこのことが尊師（ブッダ）によって説かれたが、それは空を闡明《せんめい》するものである。

三　もろもろのものにとって〈それ自体の無いこと〉（無自性）が存する。何となれば、〔それらのものが〕変化することを見るが故に。それ自体（自性）を有しないものは存在しない。何となれば、もろもろのものに空が存するから。

四　もしも〈それ自体〉が存在しないならば、何ものに〈変化するという性質〉があろうか。もしも〈それ自体〉が有るならば、何ものに〈変化するという性質〉があろうか。

五　それ（前の状態にあったもの）に〈変化するという性質〉が無い。また他のもの（のちの他の状態に達したもの）にも〈変化するという性質〉は適合しない。何となれば、青年は老いることがないから。またすでに老いた者はもはや老いることがないから。

六　もしもそのものに〈変化するという性質〉があるならば、乳そのものが〔乳そのもので ある状態を捨てないで〕酪となるであろう。また乳とは異なる何ものか（たとえば水）に〈酪たる状態〉が起こるであろう〔しかし、そのようなことはありえない。それ故にそれとは異なった何ものかが酪ということは理に合わない〕。

七　もしも何か或る不空なるものが存在するならば、空という或るものが存在するであろう。しかるに不空なるものは何も存在しない。どうして空なるものが存在するであろうか。

八　一切の執著を脱せんがために、勝者（仏）により空が説かれた。しかるに人がもしも空見をいだくならば、その人々を「何ともしようのない人」とよんだのである。

## 第一四章　集合の考察

一　見られる対象と見る作用と見る主体と、これらの三つはおのおの二つずつである（見られる対象と見る作用、見る作用と見る主体、見る主体と見られる対象）。しかし、それらは相互に全面的に集合するには至らない。

**二**　貪りの汚れと貪り汚れる主体と貪られる汚れた対象もまた、そのように見られるべきである。そのほかのもろもろの煩悩も、またそのほかの一二の領域（十二処）も、この三つによって説明される。

**三**　甲と乙と〔互いに異なったもの〕が集合する（たとえば乳と水）。しかし見られる対象などは互いに異なった別のものではない。それ故に集合するには至らない。

**四**　そうして見られる対象などが互いに異なったものであることがありえないばかりでなく、いかなるものにとっても、いかなるものとも異なった別のものであることは、ありえない。

**五**　〔互いに〕異なったものである甲は乙に縁って異なったものとなっているのであって、異なったものがないならば、異なったものではありえない。甲に縁って乙があるならば、乙が甲と異なった別のものであることは、成立しえない。

**六**　もしも甲が乙と異なっているのであるならば、異なった別のものがなくても、異なったものとして〔成立する〕であろう。しかしその甲は乙なくしては異なったものではありえない。それ故にその異なったものは存在しない。

**七**　〈異なったものであること〉は、異なったもののうちには存在しない。異ならないもののうちにも存在しない。そうして〈異なったものであること〉は存在しないのであるから、〈異なったもの〉も存在しないし〈同一のもの〉も存在しない。

**八** 甲が乙と集合することはない。異なった二つのもの（甲と乙）が集合するということは、理に合わない。現在いま集合しつつあるものも、すでに集合したものも、集合する主体も存在しない。

## 第一五章　〈それ自体〉（自性）の考察

**一** 〈それ自体〉（自性）が縁と因とによって生ずることは可能ではないであろう。因縁より生じた〈それ自体〉は〈つくり出されたもの〉（所作のもの）なのであろう。

**二** またどうして〈それ自体〉がそもそも〈つくり出されたもの〉となるであろうか。何となれば、〈それ自体〉は〈つくり出されたのではないもの〉（無所作のもの）であって、また他のものに依存しないものだからである。

**三** もしも〈それ自体〉がないならば、どうして〈他のものであること〉がありえようか。何となれば、〈他のものであること〉のそれ自体は〈他のもの〉であるということであるからである〔だから〈それ自体〉ということは、この点についても成立しない〕。

**四** さらに〈それ自体〉と〈他のものであること〉とを離れて、どこにもの（存在するもの）が成立しえようか。何となれば、〈それ自体〉や〈他のものであること〉が存在するからこそ、もの〔存在するもの〕が成立するのである。

五　有〔存在するもの〕がもしも成立しないならば、無もまた成立しない。何となれば、有の変化すること〔異相〕を人々は無とよぶからである。

六　〈それ自体〉と〈他のものであること〉と、また有と無とを見る人々は、ブッダの教えにおける真理を見ない。

七　カーティヤーヤナに教える〔経〕において、「有り」と「無し」という両者が、有と無とを説き給う尊師によって論破せられた。

八　もしも本性上、或るものが有であるならば、そのものの無はありえないであろう。何となれば、本性の変化することはけっして成立しえないからである。

九　〔物の〕本性が無であるとき何物の変化することがあろうか。また本性が有なるとき何物の変化することがありえるであろうか。

一〇　〈有り〉というのは常住に執著する偏見であり、〈無し〉というのは断滅を執する偏見である。故に賢者は〈有りということ〉と〈無しということ〉に執著してはならない。

一一　〈その本性上存在するものは、無いのではない〉というのは常住を執する偏見である。〈以前には存在したが、今は無し〉というのは断滅を執する偏見となるであろう。

## 第一六章　繋縛と解脱との考察

**一**　もしもろもろの形成されたもの〔諸行〕が輪廻するのであるならば、それらは常住永遠に存するものであって、輪廻しないことになる。また無常なるものどもは輪廻しない。衆生に関しても、この関係は同じである。

**二**　もしも個人存在（プドガラ）が輪廻するというのであるならば、〔五つの〕構成要素〔五蘊〕・〔一二の〕領域（十二処）・〔一八の〕構成要素（十八界）のうちに、五種に求めるとしても、その〔個人存在〕は存在しない。なにものが輪廻するのであろうか。

**三**　〔個人存在を構成する〕〈執着の要素〉から他の〈執着の要素〉へと輪廻してゆく者は、〔神とか人間とかいう〕身体をもたぬものとなるであろう。しかし身体をもたず〈執著の要素〉をもたないいかなる者が、輪廻するのであろうか。

**四**　もろもろの形成されたものがニルヴァーナに入るということは決して起こりえない。人がニルヴァーナに入るということもまた決して起こりえない。

**五**　もろもろの形成されたものは生滅の性を有するものであって、縛せられず、解脱しない。生あるもの〔衆生〕もそれと同様に縛せられず、解脱しない。

**六**　もしも〈執著の要素〉が束縛であるならば、〈執著の要素〉を有する〔主体〕は束縛されていないのである。〈執著の要素〉を有しない〔主体〕も束縛されない。しからば何に住するものが束縛されるのであろうか。

七　もしも束縛される者よりも以前に束縛があるならば、束縛は意のままに束縛するであろう。しかるに、そういうことはない。他のことがらは、いま現に去りつつあるもの、すでに去ったもの、未だ去らないもの〔の考察〕によって説明されおわった。

八　要するに、束縛された者は解脱することがない。束縛されていない者も、解脱することはない。もしも束縛された者がいま現に解脱しつつあるのであるならば、束縛と解脱とは同時であるということになるであろう。

九　「わたしは執著の無いものとなって、ニルヴァーナに入るであろう。わたしにはニルヴァーナが存するであろう」と、こういう偏見を有する人には、執著という大きな偏見が起こる。

一〇　ニルヴァーナが有ると想定することもなく、輪廻が無いと否認することもないところでは、いかなる輪廻、いかなるニルヴァーナが考えられるであろうか。

## 第一七章　業と果報との考察

一　自己を制し、他人をまもり益する慈悲心は、すなわち法にかなった行ないであり、この世とかの世とにおいて果報を受ける種子である。

**二**　行為（業）は、心の中に思うこと（思業《しごう》）と心の中に思ってから表面にあらわされたもの（思已業《しいごう》）とである、といわれ、またその行為には多種類の区別がある、と最高の仙人（ブッダ）によって説かれた。

**三**　そのうちで、心の中に思うことという行為（思業）は、意《こころ》に関するだけのものであると伝えられている。それに対して、心の中に思ってから表面にあらわされた行為（思已業）といわれるものは、身体に関するもの（身業）と、ことばに関するもの（口業）とである。

**四**　(1)ことばと、(2)〔身体による〕動作と、(3)無表と名づけられる〔欲望、汚れから〕未だ離れていないことと、(4)他の無表といわれる〔欲望、汚れから〕離れていることと、

**五**　また(5)〔善い果報の〕享受をもたらす功徳《くどく》（善行）と、(6)同様に〔悪い報いの享受をもたらす〕悪徳（悪行）と、さらに(7)心のうちに思うことと、これらが行為を表示する七つのことがらといわれる。

**六**　もしもその行為（業）が、果報が熟するときに至るまで、存続して住しているならば、それは常住であるということになる。またもしも行為（業）が滅びてしまったならば、すでに滅びおわったものが、どうして果報を生じ得るであろうか。

**七**　芽に始まる〔植物の〕連続が種子から現われ出て、それからさらに果実が現われ出るの

であれば、その連続は、種子が無くては、現われ出ない。

**八**　そうして種子から〔一つの植物の〕連続が起こり、また連続から果実が生ずる。先に種子があって、それにもとづいて果実が現われるのであるから。それ故に断絶しているのでもないし、また常住でもない。

**九**　その心から心の連続が現われ出て、その連続から果報が現われ出る。その連続は、心がなくては、現われ出ない。

**一〇**　そして心から連続が生じ、その連続から果報が生じる。先に行為（業）があって、それにもとづいて果報が生ずるのであるから、断絶でもなく、常住でもない。

**一一**　一〇の白く浄らかな行為の路（白業道《びゃくごうどう》）が、法にかなった行ないを成立させる手段である。この世とかの世とにおける法にかなった行ないの果報は、五つの欲楽《よくぎょう》である。

**一二**　もしもこの分別が〔なされるならば〕、多くの大なる過失が存するであろう。それ故にこの分別はこの点に関しては可能ではない。

**一三**　しかるに、もろもろのブッダ、ひとりでさとりを開く人々（独覚《どっかく》）、教えを忠実に実践する人々（声聞《しょうもん》）がほめたたえられ、そうしてこの場合に適合するこの見解を、わたくしは説くであろう。

**一四**　（行為の影響をもちつづける）輪廻の主体（不失法《ふしっほう》）は債券のようなものであり、業は負債のようなものである。その不失法は、領域（界）に関していえば四種類で、〔欲界、色界《しきかい》、無色界、無《む》漏《ろ》界《かい》にわたっている」。また本性に関していえば無記で、〔善でもなく、悪でもない〕。

一五　これは〔見道《けんどう》の位において断滅される（見道所断）の〕断についていえば、四つの真理（四諦）を観察する段階（見道）において断ぜられるものではなくて、見道のあと、いくども反復・修習する段階（修道《しゅどう》）において断ぜられるものである。それ故に、不失法によってもろもろの業の果報が生ずるのである。

一六　もしも〔不失法が〕見道所断のものとして断ぜられるのであるならば、あるいは業が〔他の人に〕転移することによって断ぜられるのであるならば、業の破壊などの過失が付随して起こることになるであろう。

一七　そうして心から個人存在の連続が〔起こり〕、また個人存在の連続から果報の生起が有り、果報は業に基づいているから、断でもなく、また常でもない。

＊法有《ほうう》の立場に立つ人々はこのように主張して「非常非断」という仏教の根本的立場を守ろうとしているのである。

一八　しかるにこの〔不失法という〕原理（ダルマ）は、現在において、二種類あるすべての業の一つ一つについて一つ一つ生じる。そうして果報の熟したときにも、なお存続している。

一九　その〔不失法は〕果報〔の享受〕を超えおわってから〔修道で〕、あるいは死んだあとで滅びる。そのうちで煩悩のない（無漏）ものは無漏として、また煩悩のある（有漏《うろ》）ものは有漏として区別を示すであろう。

**二〇**　仏によって説かれた〈業が消失しないという原理〉は、空であって、しかも断絶ではなく、輪廻であってしかも常住ではない。

＊法有の立場に立つ人々の主張である。

〔ナーガールジュナの反駁〕

**二一**　何故に業は生じないのであるか。それは本質をもたないもの（無自性）であるからである。またそれが不生であるが故に（生じたものではないから）、滅失することはない。

**二二**　もしも業がそれ自体として（自性上）存在するならば疑いもなく常住であろう。また業は作られたものではないことになるであろう。何となれば常住なるものは作られることがないからである。

**二三**　もしも業が作られたものでないならば、人は自分のなさなかったことについても報いを受けることになるであろう。またその説においては、清浄《しょうじょう》な行ないを実行しないでも〔その果報が得られるという〕欠点が付随して起こることになる。

**二四**　〔そうだとすると〕一切の世の中の活動と矛盾することになることは、疑いない。また善をなした人と悪をなした人との区別が立てられないことになる。

**二五**　もしも業は確立しているものであるから、それ自体の本体のあるものであるというならば、すでに果報が熟し〔報いを受けおわった〕業がさらに再び熟して〔果報を受ける〕ということになるであろう。

二六　そうしてこの業は煩悩を本質としているものであり、そうしてもろもろの煩悩は本性の上では存在しない（空である）。もしもそれらの煩悩が本性の上では存在しないのであるならば、どうして業が本性の上で存在するであろうか。

二七　業ともろもろの煩悩とは、もろもろの身体の生ずるための縁であると説かれている。もしも業ともろもろの煩悩とが空であるならば、身体に関して何を説く要があろうか。

二八　生存せる者（衆生）は無知（無明《むみょう》）に覆われ、妄執（渇愛）に結ばれ、束縛されている。かれは業の報いを享受する者である、かれは、行為主体（業を作る人）と異なっているのでもないし、またそれと同一人なのでもない。

二九　この業は縁から生起したものではないし、また縁から生起したのではないものでもない。それに行為主体（業を作る者）もまた存在しない。

三〇　もしも業が存在せず、行為主体（業を作る者）もまた存在しないのであるならば、業から生ずる報いは、どこに存在するであろうか。また報いが存在しないのであるから、報いを享受する者がどこに存在するであろうか。

三一　教主（ブッダ）が神通《じんずう》を具えているので、神通で現出された人（変化《へんげ》人《にん》）を作り出し、その作り出された変化人が、さらにまた他の変化人を作り出すように、

三二　そのように行為主体（業を作る者）は変化人のかたちをもっている。作り出されたいかなる業も、変化人によって作り出された他の変化人のようなものである。

三三　もろもろの煩悩も、もろもろの業も、もろもろの身体も、また行為主体（業を作る者）も、果報も、すべては蜃気楼のようなかたちのものであり、陽炎《かげろう》や夢に似ている。

## 第一八章　アートマンの考察

一　もしも我《が》（アートマン）が〔五つの〕構成要素（五蘊）であるならば、我は生と滅とを有するであろう。もしも我が〔五〕蘊と異なるならば、我は〔五〕蘊の相をもたぬであろう。

二　我（アートマン）が無いときに、どうして、〈わがもの〉（アートマンに属するもの）があるだろうか。我（アートマン）と〈わがもの〉（アートマンに属するもの）とが静まる故に、〈わがもの〉という観念を離れ、自我意識を離れることになる。

三　〈わがもの〉という観念を離れ、自我意識を離れたものなるものは存在しない。〈わがもの〉という観念を離れ、自我意識を離れたものなるものを見る者は、〔実は〕見ないのである。

四　内面的にも外面的にも〈これはわれのものである〉とか〈これはわれである〉とかいう

**五**　観念の滅びたときに執著はとどめられ、それが滅びたことから生が滅びることになる。

**六**　業と煩悩とが滅びてなくなるから、解脱《げだつ》がある。業と煩悩とは分別思考から起こる。ところでそれらの分別思考は形而上学的論議（戯論《けろん》）から起こる。しかし戯論は空においては滅びる。

**七**　もろもろのブッダは「我《が》（アートマン）が有る」と仮説し、「無我（アナートマン）である」とも説き、また「アートマンなるものは無く、無我なるものも無い」とも説いた。

＊中観派には〈定説〉というものが無いのである。

**八**　心の境地が滅したときには、言語の対象もなくなる。真理は不生不滅であり、実にニルヴァーナのごとくである。

**九**　「一切はそのように〔真実で〕ある」、また「一切はそのように〔真実〕ではない」。「一切はそのように〔真実で〕あり、またそのように〔真実〕ではない」。「一切はそのように〔真実で〕あるのではないし、またそのように〔真実〕ではないのではない」——これがもろもろのブッダの教えである。

**一〇**　他のものによって知られるのではなく、寂静で、戯論によって戯論されることなく、分別を離れ、異なったものではない——これが真理の特質（実相）である。

Aに縁《よ》って〔Aを原因として〕Bが成り立つのであるならば、実にBはAではない〔AとBとは同一ではない〕。またBはAと異なるのでもない。それ故に〔原因は〕断絶するのでもなく、また常恒に存在するのでもない。

一一　〔もろもろの事物の真の本性は〕同一のものでもなく、異なった別のものでもなく、断絶するのでもなく、常恒に存在するのでもない——。これが世の人々の主であるもろもろのブッダの甘露《かんろ》の教えである。

## 第一九章　時の考察

一　もしも現在と未来とが過去に依存しているのであれば、現在と未来とは過去の時のうちに存するであろう。

二　もしもまた現在と未来とがそこ（過去）のうちに存しないならば、現在と未来とはどうしてそれ（過去）に依存して存するであろうか。

三　さらに過去に依存しなければ、両者（現在と未来）の成立することはありえない。それ故に現在の時と未来の時とは存在しない。

四　これによって順次に、残りの二つの時期（現在と未来）、さらに上・下・中など、多数性などを解すべきである。

五　未だ住しない時間は認識されえない。すでに住して、しかも認識される時間は存在しない。そうして未だ認識されない時間が、どうして知られるのであろうか。

六　もしも、なんらかのものに縁って時間があるのであるならば、そのものが無いのにどうして時間があろうか。しかるに、いかなるものも存在しない。どうして時間があるであろうか。

## 第二〇章　原因と結果との考察

一　もしも原因ともろもろの縁との和合によって結果が生ずるのであるならば、しからば結果は和合のうちに存在する。ではどうして和合によって生ずるのであるか。

二　もしも原因ともろもろの縁との和合によって結果が生ずるのであるならば、しからば結果は和合のうちには存在しない。ではどうして和合によって生ずるのであるか。

三　もしも原因ともろもろの縁との和合によって結果が生ずるのであるならば、しからば結果は和合のうちに認識されるはずではないか。しかるに〔実際には〕和合のうちには認識されえない。

四　もしも原因ともろもろの縁との和合のうちに結果がないならば、もろもろの因ともろもろの縁とは、因縁ならざるものと等しくなってしまうであろう。

五　もしも原因が結果に原因たるものを与えおわって消滅するのであるならば、与えられたものと消滅したものとが原因の二つの自体となるであろう。

六　もしも原因が結果に原因を与えないで消滅するならば、原因が消滅してから生じたその結果は、無原因のものとなるであろう。

七　またもしも結果が和合とともに〔同時に〕現われ出るのであるならば、生ずるものと生ぜられるものとが同一時のものであるということになってしまうであろう。

八　またもしも和合よりも以前に結果が現われ出るのであるならば、結果は因と縁とを離れた無原因のものとなってしまうであろう。

九　もしも原因が消滅したときに、結果があるのであるならば、原因が推移したことになってしまうであろう。また以前に生じた原因が再生したということになる。

一〇　すでに消滅してすでに没入したものが、どうしてすでに生じた結果を〔さらに生じうるであろうか〕。またすでに結果と結合して住している原因も、どうして結果を生じうるであろうか。

一一　また結果と結合しないこの原因が、いずれの結果を生じうるであろうか。何となれば、原因は、結果を見ないで、結果を生ずるのでもないし、また結果を見おわってから結果を生ずるのでもないから。

一二　過去の結果が、実に過去の原因と相い合することは決してありえない。また未だ生じないものや、すでに生じたものと相い合することは決してありえない。

一三　すでに生じた結果が、未だ生じない原因と相い合することは決してありえない。また、過去のものや、すでに生じたものと相い合することは決してありえない。

一四　未だ生じない結果が、すでに生じた原因と相い合することは決してありえない。またそれが、未だ生じないものや、すでに滅びたものと相い合することは決してありえない。

一五　相い合することが無いのに、どうして原因が結果を生じうるであろうか。また相い合することが有るときに、どうして原因が結果を生じうるであろうか。

一六　もしも原因が結果について空である〔結果を欠いている〕ならば、どうして結果を生じうるであろうか。またもしも原因が結果について不空である〔結果を欠いていない〕ならば、どうして結果を生じうるであろうか。

一七　不空なる結果は生起しないであろう。不空なる結果は消滅しないであろう。不空なる結果は不滅、不生であるであろう。

一八　空である結果はどうして生起するであろうか。空である結果はどうして消滅するであろうか。空である結果もまた不滅であり不生であるということになる。

一九　原因と結果とが同一であるということは、決してありえない。原因と結果とが別異であるということも、決してありえない。

二〇　もしも原因と結果とが一つであるならば、生ずるもの〔能生〕と生ぜられるもの〔所生〕とが一体になってしまうであろう。また原因と結果とが別異であるならば、原因は原因ならざるものと等しくなってしまうであろう。

二一　それ自体として実在するものである結果を、原因はどうして生ずるのであろうか。それ自体として実在しないものである結果を、原因はどうして生ずるのであろうか。

二二　また〔結果を〕生じないものが原因であるということはありえない。そうして原因であることが成立しないならば、何ものにとって結果が起こるのであろうか。

二三　因と縁とのこの和合がみずから自体を生じないのであるならば、その和合はどうして結果を生ずるのであろうか。

二四　和合によってつくられた結果は存在しない。和合によってつくられたのではない結果も存在しない。結果が無いのに、もろもろの縁の和合がどこに存在するだろうか。

## 第二一章　生成と壊滅との考察

一　生成を離れても、あるいは生成とともにあるにしても、壊滅《えめつ》はありえない。壊滅を離れても、あるいは壊滅とともにあるにしても、生成はありえない。

二　生成を離れて、どうして壊滅がありうるであろうか。〔もしも壊滅があるとするならば、〕生が無くても死があることになるであろう。また生起が無くとも壊滅があるということになるであろう。

三　壊滅がどうして生成とともに〔同一時に〕ありうるであろうか。何となれば、このように、生と死は同時にはありえないからである。

**四** 壊滅が無いのに、どうして生成がありうるであろうか。何となれば、もろもろのものについてみるに、無常性がいかなるときにも存しないというわけではないのである。

**五** 生成がどうして壊滅とともにありうるであろうか。何となれば、生と死とは同時のものではありえないからである。

**六** 互いにともにあるとしても、また互いに離れてあるとしても、成立することのない二つのものが成立することが、どうしてありえようか。

**七** 壊滅には生成がありえない。また無壊滅にも生成はありえない。壊滅には消滅はありえない。無壊滅にも消滅はありえない。

**八** ものを離れては生成も壊滅もありえない。生成と壊滅とを離れては、ものはありえない。

**九** 空なるものには、生成も壊滅もありえない。空ならざるものには、生成も壊滅もありえない。

**一〇** 生成と壊滅とが一つであるということはありえない。生成と壊滅とが別々のものであるということもありえない。

**一一** 汝にとっては、生成も壊滅も直接に見られる、と考えられるであろう。〔しかしそれは、〕生成と壊滅とが愚かな迷いから見られているのである。

一二　有（存在するもの）は有から生じない。有は無から生じない。無から無は生じない。無は有から生じない。

一三　事物は自体（自性）からも生じない。他のものからも生じない。自体と他のものからも生じない。何から生ずるのであろうか。

一四　有（存在するもの）を承認する人にとっては、ものが常住であると考える偏見と、ものが断滅すると考える偏見とが付随して起こる。——何となれば、その有なるものは、常住であるか無常であるかのいずれかであろうから。

〔法有の立場の人の主張〕

一五　有〔の立場〕を承認している人にとっては、断滅ということも無いし、また常住ということも無い。〔われわれの〕この生存というものは結果と原因との生起、消滅の連続であるからである。

〔ナーガールジュナの反駁〕

一六　もしも結果と原因との生起と消滅との連続が生存であるならば、消滅がさらに生ずることは無いから、原因の断滅が随《したが》い起こる。

一七　それ自体として実在するものが非実在となるということは、理に合わない。またニルヴァーナの時には、生存の連続はやすらぎ（寂静）に帰するから、生存の連続は断滅する。

一八　最後の生存が滅びてしまったときに最初の生存が起こるというのは、理に合わない。また最後の生存が未だ滅び去らないときに、最初の生存が起こるというのは、理に合わない。

一九　もしも最後の生存が滅びつつあるときに、最初の生存が生ずるというのであるならば、滅びつつあるものは一つの生存であり、生じつつあるものも他の一つの生存であるということになるであろう。

二〇　もしもいま現に滅びつつあるものといま現に生じつつあるものとが倶《とも》に〔同時である〕ということが理に合わないのであるならば、これらの構成要素（蘊）において死に、またその同じ構成要素において生まれる。

二一　このように三つの時（過去・現在・未来）にわたって〈生存の連続〉があるというのは正しくない。三つの時のうちに存在しない〈生存の連続〉がどうして存在しえようか。

## 第二二章　如来の考察

一　修行完成者（如来）は、個人存在の構成要素（五蘊）そのものではなく、構成要素と異なるものでもなく、如来のうちにもろもろの構成要素があるのでもなく、またそれらのもろもろの構成要素のうちに如来があるのでもなく、如来がそれらの構成要素を所有しているのでもない。ここにいかなる如来があるのであろうか。

二　もしももろもろの構成要素を執著して取ってブッダが成立しているのであるならば、ブッダはそれ自体としては存在しない。それ自体として存在するのではないものが、どうして他のものとして存在するであろうか。

三　他のものであることに依存して生ずるものは、無我《アナートマン》であるということが成り立つ。無我であるものがどうして如来でありえようか。

四　もしもそれ自体が存在しないならば、どうして他のものがありえようか。それ自体と他のものとを離れて、いかなる如来がありえようか。

五　もしも個人存在のもろもろの構成要素を執著して取ることなくしてなんらかの如来があるならば、その如来は今、執著して取るであろう。執著して取ってそこで如来があることになるであろう。

六　個人存在のもろもろの構成要素を執著して取ることがなければ、いかなる如来も存在しない。また執著して取ることもなく、存在しないものが、どうして執著して取ることがあろうか。

七　執著して取られなかったものは存在しない。また執著して取るということは、なんら存在しない。そうして執著して取ることのない如来は決して存在しない。

八　〔個人存在のもろもろの構成要素についてそれらと〕同一であるとか別異であるとか、

五種に求めても存在しない如来が、どうして執著して取ることによって仮に表示されるのであろうか。

九　さらに、執著して取るということもまた、それ自体（自性）としては存在しない。そうしてそれ自体として存在しないものがどうして他のものとして存在するであろうか。

一〇　このように執著して取るはたらきも、執著して取る主体も、全く空である。では、空である如来がどうして空なるものによって仮に設けられるのであろうか。

一一　「空である」といってはならない。そうではなければ、「空ではない」とか、「空であって空ではない」両者であるとか、または両者ではない（空でもなく、不空でもない）というであろう。しかしそれらはいずれも、仮説のために説かれるのである。

一二　この静まった境地（寂静）について、どうして常、無常などの四句が成立するであろうか。またこの静まった境地について、どうして、有限・無限などの四句が成立するであろうか。

一三　しかるに如来は存在するというあつい執著にとらわれている人はニルヴァーナに入った如来についても、「如来は存在しない」と考えて、妄想する。

一四　しかし如来はそれ自体としては空であるから、この如来については「死後に存在する」とか、あるいは「死後に存在しない」とかいう思索は成立しない。

一五　戯論（形而上学的論議）を超絶し不壊《ふえ》なる仏を、いろいろ戯論する人々は、すべて戯論に害せられていて、如来を見ない。

**一六**　如来の本性なるものは、すなわちこの世間の本性である。如来は本質をもたない。この世界もまた本質をもたない。

＊では真実のブッダとは何であるか。それはわれわれの経験している世界にほかならない。

## 第二三章　顚倒した見解の考察

**一**　貪欲と嫌悪と愚かな迷いとは思いから生ずると説かれている。何となれば、それらは浄と不浄と誤った見解（顚倒《てんどう》）とに縁って起こるからである。

**二**　浄と不浄と顚倒とに縁って起こるそれらのものは、それ自体としては存在しない。それ故にもろもろの煩悩は、本体についていえば、存在しない。

**三**　アートマンの存在と非存在（無）とは、いかにしても成立しない。それが無いのに、もろもろの煩悩の存在と非存在とが、どうして成立しえようか。

**四**　これらの煩悩はだれか或る人に属するものとして存在している。しかるにその人が成立しないのである。なにか或るもの（依りどころ）が無いならば、もろもろの煩悩はいかなる人にとっても存在しないのである。

**五**　自分の身体をアートマン（我）とみなす見解の場合のごとく、煩悩に汚れている人について五種にもとめてみても、もろもろの煩悩は存在しない。自分の身体をアートマンとみなす見解の場合のごとく、もろもろの煩悩について五種にもとめてみても、煩悩に汚れた人は存在しない。

六　浄と不浄と顛倒とは、それ自体としては存在しない。いずれの浄と不浄と顛倒とに縁ってもろもろの煩悩が起こるのであろうか。

七　色かたちと音声と味と触れられるものと香りと思考されるものとが、貪欲と嫌悪と愚かな迷いとに対して六種の対象であると考えられている。

八　色かたちと音声と味と触れられるものと香りと思考されるものとは、それのみのものであって、〔実体が無く〕、蜃気楼のかたちをもち、陽炎や夢のようなものである。

九　これらの幻人（魔法によって現出された人々）のごときもの、影像に等しいものにおいて、どうして浄とか不浄とかがありうるであろうか。

一〇　浄に依存しないでは不浄は存在しない。それ（不浄）に縁って浄をわれらは説く。故に浄は不可得である。

一一　不浄に依存しないで浄は存在しない。それ（浄）に縁って不浄をわれらは説く。故に不浄は存在しない。

一二　浄《きよ》らかなみごとなものが存在しないならば、どうして貪欲が起こるであろうか。また不浄なものが存在しないならば、どうして嫌悪が起こるであろうか。

**一三**　もしも無常なるものに関して、常住であると思うこのような執著が顚倒であるならば、空なるもののうちには無常は存在しない。どうして執著が顚倒であるのか。

**一四**　もしも無常なるものに関して、それが常住であると思うこのような執著が顚倒であるならば、無常であると思う執著も、空なるものに関しては、どうして顚倒でないのだ。

**一五**　なにものによって執著するのであろうとも、いかなる執著でも、また執著者でも、また執著されるものでも——それらはすべてやすらぎに帰している。それ故に執著は存在しない。

**一六**　邪であろうとも、正であろうとも、執著は存在しないから、誰にとって顚倒が存するのであろうか。また誰にとって非顚倒が存するのであろうか。

**一七**　顚倒せる者にとってもろもろの顚倒は成立しない。また顚倒していない者にとってももろもろの顚倒は成立しない。

**一八**　いま現に顚倒しつつある者にとってもろもろの顚倒は起こらない。汝みずからよく熟考せよ。何人《なんぴと》にとってもろもろの顚倒が起こるのであろうか。

**一九**　まだ生じないもろもろの顚倒がどうして起こり得るであろうか。もろもろの顚倒がまだ生じないのに、どうして顚倒のうちにある者がありえようか。

**二〇**　事物は自体からも生じない。他のものからも生じない。自体と他のものからも生じない。顚倒した見解をいだくものがどうしてありえようか。

**二一** もしもアートマンと浄きものと常住なるものと安楽なるものが存在するのであれば、アートマンと浄と常住と安楽とは顛倒ではない。

**二二** もしもアートマンと浄きものと常住なるものと安楽とが存在しないのであるならば、無我と不浄と無常と苦しみも存在しない。

**二三** このように顛倒が滅するが故に、無知（無明）が滅する。無明が滅したときに形成力（行）なども滅する。

**二四** もしも実にそれ自体として実在するいずれかのもろもろの煩悩が誰かに属しているのであるならば、どうしてそれを断じて捨てることができるであろうか。誰がそれ自体を捨てることができるであろうか。

**二五** もしも実にそれ自体として実在しているのではないいずれかの煩悩が誰かに属しているのであるならば、どうしてそれを断じて捨てることができるであろうか。誰が実在しないものを断じて捨てることができるであろうか。

## 第二四章　四つのすぐれた真理の考察

〔反対者の非難〕

**一** もしもこの一切が空であるならば、生も滅も存在しない。〔生も滅もないから〕聖なる四つの真理（四諦《したい》）の無いことが汝に附随して起こる。

二　聖なる四つの真理が存在しないから、完全に熟知すること（知）、〔煩悩を〕断ずること（断）、道を修習すること（修）、〔ニルヴァーナを〕直接に体得すること（証）とはありえない。

三　それ（知・断・修・証）がないが故に四つの尊い果報（四聖果《ししょうか》）は存在しない。結果がないが故に結果としての状態（位《い》）もなく、また目標に向かって進むこと（向）もない。

四　もしもそれらの八賢聖《はっけんじょう》（四向四果の聖者）が存在しないならば、修行者のつどい（サンガ）は存在しない。また聖なる〔四つの〕真理が存在しないから、正しい教えもまた存在しない。

五　法（宝）ならびに僧（宝）がないが故にどうして仏（宝）がありえようか。このように〔空を〕説くならば汝は三宝（仏・法・僧）をも破壊する。

六　空〔を説くもの〕は果報の実有、非法、法、および世俗の一切の慣用法をも破壊する。
〔ナーガールジュナの反駁〕

七　ここにおいてわれらは答えていう。――汝は空における効用（動機）・空〔そのもの〕および空の意義を知らない。故に汝はこのように論争するのである。

八　二つの真理（二諦《にたい》）に依存して、もろもろのブッダは法（教え）を説いた。〔その二つの真理とは〕世俗の覆われた立場での真理と、究極の立場から見た真理とである。

**九** この二つの真理の区別を知らない人々は、ブッダの教えにおける深遠な真理を理解していないのである。

**一〇** 世俗の表現に依存しないでは、究極の真理を説くことはできない。究極の真理に到達しないならば、ニルヴァーナを体得することはできない。

**一一** 不完全に見られた空は知慧の鈍いものを害する。あたかも不完全に捕らえられた蛇あるいは未完成の呪術《じゅじゅつ》のごとくである。

**一二** それ故にその法が鈍いものどもによってよく領解されえないことを考えて、聖者（ブッダ）が教えを説示しようとする心はやんだ。

**一三** また、汝が〈空〉を非難しても、われわれには欠点の付随して起こることがない。〈空〉においては欠点が成立しえない。

**一四** 空が適合するものに対しては、あらゆるものが適合する。空が適合しないものに対しては、あらゆるものが適合しない。

**一五** 故に、汝は自分のもっているもろもろの欠点を、われわれに向かって投げつけるのである。汝は馬に乗っていながら、しかも馬を忘れているのである。〔以下においては、本章の始めに掲げた有自性論者の攻撃に対して積極的に反駁を加えている〕

**一六** もしもそれ自体（自性）にもろもろの事物の実有であることを認めるならば、もしもそうであるならば汝はもろもろの事物を因縁なきものとみなすのである。

一七　汝はすなわち結果、原因、行動主体、手段、作用、生起、滅亡および果報を破壊する。

一八　どんな縁起でも、それをわれわれは空と説く。それは仮に設けられたものであって、それはすなわち中道である。

一九　何であろうと縁起して起こったのではないものは存在しないから、いかなる不空なるものも存在しない。

二〇　もしもこの一切のものが空でないならば、〔何ものかの〕生起することも無いし、消滅することも無いであろう。〔そうして〕汝にとっては四つの真理が存在しないということになるであろう。

二一　縁起したのではない苦しみがどこにあろうか。無常は苦しみであると説かれている。それ〔無常性〕は自性を有するものには存在しないからである。

二二　それ自体として存在するものが、どうして再び生起するであろうか。それ故に〈空であること〉を排斥する人にとっては、苦しみの起こる原因〔の真理〕（集諦《じったい》）は存在しない。

二三　それ自体として存在する苦しみが消滅することは、存在しない。汝はそれ自体を固執するから、苦しみの消滅〔の真理〕（滅諦）を破壊する。

**二四**　もしも道がそれ自体として存在するのであるならば、それの修習（実践）は成立しない。しかるに道は修習される。汝の説くそれ自体なるものは、存在しないのである。

**二五**　苦と集と滅とが存在しないときに、苦しみを消滅させるものであるからとて、いかなる道が〔ニルヴァーナを〕得させるであろうか。

**二六**　もしも〔苦しみが〕それ自体として完全に熟知されないならば、それではどうしてそれを完全に熟知しうるであろうか。それ自体（〔自性〕、本体）は確立しているものであると伝えられているではないか。

**二七**　完全に熟知することと同様に〔煩悩を〕断ずること、〔ニルヴァーナを〕直接に体得すること、道を修習することも、四つの果報（四果）も、このように理に合わないことになる。

**二八**　それ自体（自性）を固執する人にとっては、それ自体としては証得されない〔四〕果を、どうして証得することができるであろうか。

**二九**　〔四〕果が存在しないならば、果に安住している人々も、果に向かっている人々（四向）も存在しない。もしもそれらの八種の人々（八輩）が存在しないならば、修行者のつどい（サンガ）も存在しない。

**三〇**　また四つの真理（四諦）が存在しないが故に、正しい教えもまた存在しない。法とつどい（サンガ）が存在しないのに、どうして仏が存在するであろうか。

**三一**　汝には、さとりに縁《よ》らないでも仏があるという欠点が付随して起こる。また汝には、仏に縁らないでもさとりがあるという欠点が付随して起こる。

**三二**　また〔汝の説によると〕、それ自身として仏でない人は、求道者の実践（菩薩行）において、たとえさとりに向かって努めても、さとりを体得することはないであろう。

**三三**　さらにいかなる人も、法にかなった行ない、不法な行ないを、なすことはないであろう。空でないものにとって、何のなすべきことがあるだろうか。何となれば、それ自体（本体）というものはつくられないからである。

**三四**　汝の説によると、法にかなった行ないや不法な行ないがなくても、果報が存在するわけである。汝の説によると、法にかなった行ないと不法な行ないとにもとづいて起こる果報は存在しないわけである。

**三五**　あるいは、汝にとって、法にかなった行ないと不法な行ないとにもとづいて起こる果報が存在するのであるならば、法にかなった行ないと不法な行ないとにもとづいて起こった果報は、汝にとっては、どうして不空であるのか。

**三六**　汝は一切の世俗活動を破壊する。汝は縁起の空であることを破壊する。

**三七**　空である道理を破壊する者にとっては、なすべきことは何もないことになるであろう。なすはたらきは起こされないであろう。そうして、行為主体は何もなさないでいることになるであろう。

三八　それ自体として種々なる状態を欠いている世間は、〔縁起しないものであるから〕、不生不滅で、また常住なるものとなるであろう。
三九　もしも不空であるならば、未だ得ざる者が得ることも、苦しみを絶滅させる行為も、一切の煩悩を断ずることも、存在しえない。
四〇　この縁起を見るものは、すなわち苦、集、滅および道を見る。

# 第二五章　ニルヴァーナの考察

〔反対者いわく〕――
一　もしもこの一切のものが空であるならば、〔何ものかが〕生起することも無く、また消滅することも無い〔はずである〕。何ものを断ずるが故に、また何ものを滅するが故に、ニルヴァーナ〔涅槃〕が得られると考えるのか。
〔中観派が答えていわく〕――
二　もしもこの一切のものが不空であるならば、〔何ものかが〕生起することも無いし、また消滅することも無い〔はずである〕。何ものを断ずるが故に、また何ものを滅するが故に、ニルヴァーナが得られると考えるのか。
三　捨てられることなく、〔あらたに〕得ることもなく、不断、不常、不滅、不生である。

――これがニルヴァーナであると説かれる。

＊ニルヴァーナを説明するためには否定的言辞をもってするよりもほかにしかたがない。

**四**　まず、ニルヴァーナは有（存在するもの）ではない。〔もしもそうではなくて、ニルヴァーナが有であるならば、ニルヴァーナは〕老いて死するという特質をもっているということになってしまうであろう。何となれば、老いて死するという特質を離れては、有（存在するもの）は存在しないからである。

**五**　また、もしもニルヴァーナが有（存在するもの）であるならば、ニルヴァーナはつくられたもの（有為）となるであろう。何となれば無為である有は決してどこにも存在しないからである。

**六**　また、もしもニルヴァーナが有（存在するもの）であるならば、ニルヴァーナはどうして〔他のものに〕依らずに存するであろうか〔しからばニルヴァーナは（他のものに）依って存することとなる〕。何となればいかなる有も〔他のものに〕依らないでは存在しないからである。

**七**　もしもニルヴァーナが有（存在するもの）でないならば、どうして非有（無）がニルヴァーナであろうか。有が存在しないところには、非有（無）は存在しない。

**八**　またもしもニルヴァーナが無であるならば、どうしてそのニルヴァーナは〔他のものに〕依らないでありえようか。何となれば、〔他のものに〕依らないで存在する無は存在しないからである。

**九**　もしも〔五蘊、個人存在を構成する五種の要素を〕取って、あるいは〔因縁に〕縁って生死往来する状態が、縁らず取らざるときは、これがニルヴァーナであると説かれる。

**一〇**　師（ブッダ）は生存と非生存とを捨て去ることを説いた。それ故に「ニルヴァーナは有に非ず、無に非ず」というのが正しい。

**一一**　もしもニルヴァーナが有と無との両者（有にしてかつ無）であるならば、それでは解脱は無でもあり、また有である〔ということになるであろう〕。しかしそれは正しくない。

**一二**　もしもニルヴァーナが有と無との両者（有にしてかつ無）であるならば、それではニルヴァーナは〔他のものに〕依存しないで成立しているのではない〔ことになってしまうであろう〕。何となれば〔有と無との〕両者は〔他のものに〕依存して成立しているからである。

**一三**　ニルヴァーナがどうして有と無との両者でありえようか。ニルヴァーナはつくられたのではないもの（無為）であるが、有と無とはつくられたもの（有為）であるからである。

**一四**　ニルヴァーナのうちに、どうして有と無との両者がありえようか。この両者は同一のところには存在しえない。それは光明と暗黒とが同一のところに存在しえないようなものである。

**一五**　〈ニルヴァーナは無でもなく、有でもない〉という想定は、無と有とが成立してこそ成立しうるのである。

**一六**　〈ニルヴァーナは無でもなく、有でもない〉ということが成立するならば、〈無でもなく、有でもない〉ということが何によって表示されるのか。

**一七**　〈尊師（ブッダ）は死滅したあとでも存在している〉と解することはできない。尊師は死後に〈存在しない〉とも、〈存在しかつ存在しない〉とも、また両者でもない（〈存在しかつ存在しない〉のでもない）と解することもできない。

**一八**　(1)〈尊師はいま現に存在しつつある〉と解することもできない。(2)〈尊師はいま現に存在しているのではない〉とか、(3)〈尊師はいま現に存在しつつありかつ存在しているのではない〉という両者であるとか、(4)またその両者でもない、と解することもできない。

**一九**　輪廻はニルヴァーナに対していかなる区別もなく、ニルヴァーナは輪廻に対していかなる区別もない。

**二〇**　ニルヴァーナの究極なるものはすなわち輪廻の究極である。両者のあいだには最も微細なるいかなる区別も存在しない。

**二一**　如来（ブッダ）は死後に存在するかどうか、世界は有限なものであるかどうか、など、世界は常恒なるものであるかどうか、などというもろもろの見解は、ニルヴァーナと、〔死後の〕のちの世界と、〔生まれる前の〕以前の世界とに依存して述べられている。

二二　一切のものは空なのであるから、何ものが無限なのであろうか。何ものが有限なのであろうか。何ものが無限にして有限なのであろうか。何ものが無限でもなく有限でもないのであろうか。

二三　何が同一なのであるか。何ものが別異なのであろうか。何が常恒であるのか。何ものが無常なのであるか。また何ものが無常にしてしかも常恒なのであるか。また何がその両者（「無常」と「常恒」）ではないのか。

二四　〔ニルヴァーナとは〕一切の認め知ること（有所得《うしょとく》）が滅し、戯論が滅して、めでたい〔境地〕である。いかなる教えも、どこにおいてでも、誰のためにも、ブッダは説かなかったのである。

第二六章　〔縁起の〕十二支の考察

一　無知（無明）に覆われたものは再生に導く三種の行為（業）をみずから為し、その業によって迷いの領域（趣）に行く。

二　潜在的形成力（行）を縁とする識別作用（識）は趣に入る、そうして識が趣に入ったとき、心身（名色《みょうしき》）が発生する。

三　名色が発生したとき、心作用の成立する六つの場（六入）が生ずる。六入が生じてのち感官と対象への接触（触《そく》）が生ずる。

**四**　眼といろ・かたちあるもの（色《しき》）と対象への注意（作意《さい》）とに縁って、すなわち名色を縁としてこのような識が生ずる。

**五**　色と識と眼《げん》との三者の和合なるものが、すなわち触である。またその触から感受作用（受）が生ずる。

**六**　受に縁って盲目的衝動（愛）がある。何となれば受の対象を愛欲するが故に。愛欲するときに四種の執著（取《しゅ》）を取る。

**七**　取があるとき取の主体に対して生存が生ずる。何となれば、もしも無取であるならば、ひとは解脱し、生存は存在しないからである。

**八—九**　その生存はすなわち五つの構成要素（五陰《ごおん》）である。生存から〈生〉が生ずる。老死、苦等、憂、悲、悩、失望——これらは〈生〉から生ずる。このようにして、このたん〔に妄想のみ〕なる苦しみのあつまり（苦陰《くおん》）が生ずるのである。

**一〇**　それ故に無知なる者は、生死流転の根本であるもろもろの形成作用（諸行）を形成するのである。それ故に無知なる者は〔業を〕つくる主体である。知者は真理を見るが故に〔業をつくる主体では〕ない。

**一一**　無明が滅したとき、もろもろの形成されたもの（諸行）は成立しない。しかるに無明の滅することは、知によってかの〔十二因縁の〕修習（連続的念想）からくる。

＊『中論』は縁起の逆観を成立せしめていることがわかる。

一二 〔十二因縁のもろもろの項目のうちで〕、それぞれの前のものの滅することによって、それぞれの〔後の〕ものが生じない。このようにして、このたんなる苦蘊（苦しみの個人存在）は完全に滅する。

## 第二七章 誤った見解の考察

一 「過去世において、われは有ったか、また、無かったか」など、「これらの世界は常住である」などという二種の四つの見解は、過去の一方的見解に依っている。

二 未来の世においてわれは存在しないのであろうか、あるいは他のものとして存在するのであろうか、また、〔世界は〕有終である、などというもろもろの見解（他の二種の四見）は、後の〔未来の〕一方的見解に依っている。

三 「過去世において、われは有った」ということは成立しない。何となれば前の生涯において有ったものは、そのままこの〔われ〕ではないからである。

四 しかしながら、〔前の世にあった〕アートマンがいまこのわれとなっているのであるというならば、執著のもと（個人存在を構成している五要素）が〔アートマンとは〕区別されてしまう。では、執著のもとを離れた〔それとは異なった〕いかなるアートマンが汝に存するのであろうか。

**五**　「執著のもとを離れた〔別の〕アートマンは存在しない」ということが成立したならば、アートマンとは執著のもとであるということになる。では汝にとっては「アートマンは存在しない」ということになる。

**六**　また執著のもとがそのままアートマンなのではない。その執著のもとなるものは消失し、また興起する。実に執著のもとが執著して取る主体であるということが、どうしてありえようか。

**七**　また執著のもとと異なる執著の主体なるものはありえない。何となれば、もしも両者が異なるならば、執著のもとをもたない〔主体〕なるものが認識されるはずである。しかし〔そのようなものは〕認識されない。

**八**　このように、そのアートマンは、執著のもとと異なったものでもないし、また執著のもとと同一でもない。執著のもとをもたないアートマンは存在しない。またそのようなアートマンが存在しないというのでもない。――このように決定される。

**九**　「過去世において、われは存在しなかった」ということは、ありえない。何となれば、前の生涯において有ったものは、〔今のわれと〕異なったものではないからである。

**一〇**　もしも〔いま現在ある〕この〔アートマンが〕〔前世のそれと〕異なったものであるならば、以前の生涯におけるアートマンを捨てて存在するのであろう。しからば以前からのアートマンがそのまま存続することになるであろう。あるいは、不死のものでありながら、また生まれるということになるであろう。

一一　しからば、個人存在の断滅、もろもろの業が果報を実現することなしに滅びてしまうこと、また他人のなした業の報いを別の他人が享受することになるなどの欠点が付随して起こるであろう。

一二　〔アートマンは〕以前には存在しないでいま生起したのではない。何となれば〔もしもそうだとすると〕、欠点が付随して起こることになる。あるいは〔アートマンは〕つくられた本性のものとなってしまうであろう。あるいは原因が無いのに生起したものとなってしまうであろう。

一三　このように「過去においてわれは無かった」とか、「過去においてわれは有った」とか、「われは両者であった」とか、「われは両者ではなかった」とかいうこの見解は成立しない。

一四　「未来の世においてわれは存在するであろうか」とか、「未来の世においてわれは存在しないであろう」とかいうこの見解は、過去世〔に関するもの〕と同様である。

一五　もしも神であったものがこの人間となるのであるならば、〔このような見解は〕常住〔を執するものである〕。また神は生じないものとなるであろう。何となれば、常住なるものは生ずるということがないから。

一六 もしも人間が神と異なったものであるならば、しからば〔このような見解は〕無常〔を執するもの〕となるであろう。もしも人間が神と異なったものであるならば、個体としての連続はありえない。

一七 もしも〔連続している個人存在が〕一部分は神的で、一部分は人間的であるならば、無常でもあり、常住でもあることになるであろう。しかしそういうことは理に合わない。

一八 もしも無常と常住との両者が成立するならば、〈常住でもなく、無常でもない〉ということが、欲するがままに、成立するであろう。

一九 もしも或る人が、どこかから来て、またどこかへ行くというのであるならば、その故に輪廻は無始のものとなるであろう。しかしながら、そのようなものは存在しない。

二〇 もしも、(1)いかなる常住なるものも存在しないのであるならば、(2)いかなる無常なるものが存在するであろうか。また(3)いかなる常住にして無常なるものが存在しうるであろうか。また(4)両者を離れて〔常住でもなく無常でもない〕いかなるものが存在しうるであろうか。

二一 もしも世界が時間的に有限なるものであるならば、どうして他の世界（来世）が存在するであろうか。またもしも世界が時間的に無限であるとしても、どうして他の世界（来世）が存在するであろうか。

二二 個体のもろもろの構成要素より成るこの連続は、灯火の光輝の連続のようにつづいて存在しているから、それ故に、時間的に有限であるとか無限であるとかいうことは、理に合わない。

**二三** もしも個体を構成している、以前の諸要素が壊滅し、そうして個体を構成しているこの諸要素に縁って後の諸構成要素が生起しないのであるならば、世界は時間的に有限なるものとなるであろう。

**二四** もしも個体を構成している、以前の諸要素が壊滅しないで、そうして個体を構成しているこの諸要素に縁って後の諸構成要素が生起するのでないならば、しからば、世界は時間的に無限となるであろう。

**二五** もしも（世界が）一部分は時間的に有限で、また一部分は無限であるというならば、世界は時間的に有限にしてかつ無限なるものであるということになるであろう。しかし、そのことは理に合わない。

**二六** まず、執著して取る主体の一部分が消滅して、他の一部分が消滅しないということが、どうしてありえようか。そうだとするならば、このことは理に合わない。

**二七** また執著のもとの一部分が消滅して、他の一部分が消滅しないということが、どうしてありえようか。このことは成立しえない。

**二八** もしも、時間的に有限であることと無限であることとの両者が成立するのであるならば、〈時間的に有限でもなく、無限でもない〉ということもなるほど成立するであろう。

**二九**　あるいはまた、一切のものは空であるから、〈常住〉などの諸見解は、いずれが、どこで、だれのために、何故に起こるのであろうか。

**三〇**　一切の〔誤った〕見解を断ぜしめるために憐愍《れんみん》をもって正しい真理を説き給うたゴータマにわれは今帰命《きみよう》したてまつる。

## 2 『大乗についての二十詩句篇』

ナーガールジュナの著した短篇に、本章の『大乗についての二十詩句篇』（Mahāyānaviṃśikā）がある。二十の詩句より成り、唯心思想を説いているというので、よく知られている。

サンスクリット原文が近年発見され、トゥッチ博士によって出版された（Giuseppe Tucci; *Minor Buddhist Texts*, Part I〔Serie Orientale Roma IX. Roma : Istituto Italiano per il Medio ed Estremo Oriente, 1956〕, pp. 201-207）。またチベット訳も伝わり、そのテクストとチベット文からサンスクリットへの還元訳も刊行されている（*Mahāyānaviṃśikā of Nāgārjuna*, Edited by Vidhusekhara Bhattacharya, Calcutta : Visvabharati Bookshop, 1931）。漢訳としては、『大乗二十頌論』一巻、宋、施護訳（大正蔵、三〇巻、二五六ページ）がある。わが国では瓜生津隆真氏の訳もある（『龍樹論集』「大乗仏典」14、三四七―三五三ページ、一九七四年、中央公論社）。

いまここではトゥッチ博士の出版したサンスクリット原文から全訳した。

§

## 三宝を礼拝したてまつる

一　ことばではいいあらわされない真理を、慈悲をもってことばで説き示された、その思慮は執著を離れ、不思議な威力ある、ブッダを礼拝したてまつる。

二　それ自体（最高の真理の立場）から見るならば、生起するということもなく、真実には静まるということもない。

虚空のように、もろもろのブッダも、もろもろの生きとし生けるものも、ただ一つの特質をもっているものである。

三　もろもろの形成する力によってつくられたものは、この世においても、かの世においても、生起したのではない。それらは因縁によって生じたものであり、それらはすべてその本体については空である。

〔それらのものの真実相は〕全知者（ブッダ）の智慧の領域（対象）である。

四　一切のものは、それ自体についていえば、影像に等しいと考えられている。

それらは清浄であり、本性の静まったものであり、不二であり、平等であり、あるがままの真如である。(1)

**五**　愚かな凡夫どもは、真実には実在しないわれ（自己）について〈われ（自己）〉であると妄想分別して、苦、楽や通達の知慧を〔考えている〕。かれらは、これらすべてが真実に存在するとみなしている。

**六**　〔かれらに〕輪廻である六つの生存領域（六道）、最高の楽しみ、また地獄における大きな苦しみ、老いと病もまた生じるであろう。

**七**　かれらは虚妄なる妄想を起こして、〔その結果〕地獄などで煮られ〔苦しむのである〕。まさに自分のつくった過失によって焼かれるのである――竹が火に焼かれるように。

**八**　幻のようなものである人々は、もろもろの対象を楽しむ。かれらは、〈依存関係による生起（縁起）〉というかたちのある、幻の道を歩み行く。

**九**　絵師が夜叉《やしゃ》のいとも恐ろしいすがたを自分で描いておきながら、〔それを見て〕おそれおののくように、賢者ならざる人は、輪廻においてそのようにおそれおののく。

**一〇**　ある愚者がみずからぬかるみをつくっておいて、そのなかに落ち込むように、人々は、脱しがたい虚妄なる妄想のぬかるみのうちに沈没しているのである。

**一一**　無なるものを存在とみなして、かれらは苦痛の感覚を受ける。またもろもろの虚妄なる対象が疑いの毒をもってかれらを苦しめる。

**一二**　そこで、たよりとするものをもたない人々を見て、慈悲をしっかりとたもっているも

ろもろのブッダは、
　人々のためをはかって、人々を正しいさとりに向かっていざなう。
一三　かれらもまた、さとりのための資糧《かて》を集めたならば、無上の智慧を体得して、
　妄想の網から解放されて、世の人々の親族であるブッダとなるであろう。
一四　真理の意義を見る人々は、(2)〈世界は不生であり、生起せざるものであるから、空であって、始めと中間と終わりとを離れている〉と観じ、
一五　それゆえに、自己の輪廻をも見ないし、自己のニルヴァーナをも見ない。
　〔すべては〕汚れなく、変化することもなく、始めと中間と終わりにわたって清浄である、と見る。
一六　すでに目覚めた人は、夢の中で経験した対象をもはや見ることがない。
　迷妄のまどろみから目覚めた人は、もはや輪廻を見ることがない。
一七　幻術師が幻をつくり出して、次いで消し去ったときには、なにものも存在していない。
　それが事物の本性（きまり）である。
一八　この一切のものは心のみ（唯心）より成り、幻のすがたのように出現している。
　それ（心のみ）にもとづいて善と悪との業《ごう》が起こり、それにもとづいて善と悪との生存が起こる。

**一九**　人々が世界を妄想しているがごとくには、かれら自身は生起していない。
この生起なるものは妄想であり、外界の対象（事物）は存在しない。

**二〇**　愚かな凡夫どもは、迷妄の闇に覆われて、真実にはそれ自体のない事物について常住であるとか、自己であるとか、快適（楽）であるとかいう想いを起こし、この輪廻の〔迷いの〕生存の海のうちにさまよう。

**結びの詩句**　大乗の船に乗らないならば、誰が、妄想の水に満ちている輪廻の広漠たる大海をわたって、彼岸に達しうるであろうか。

ナーガールジュナ尊師のつくられた「大乗についての二十詩句篇」〔おわる〕。

**註**

（1）トゥッチの刊本では tathatāsamāḥ とあり、英訳には "identical with the absolute" と訳している。Tib. ——de bshin ñid du mñam. しかし漢訳には「無染真如性、無二等寂静」とあるので、tathatā samāḥ と切って解することにした。そのほうが合理的に筋が通ると思う。

（2）原文には sattivārthadarśinaḥ とあるが、トゥッチの訂正にしたがい、tattvārthadarśinaḥ と読む。漢訳にも「悉示正真義」とある。

# 3　『大智度論』

本書の原名は Mahāprajñāpāramitā-śāstra であったと推定されている。般若経典の一つである『摩訶《まか》般若波羅蜜経』（『大品般若経』）に対するナーガールジュナの註釈である。サンスクリット原本は残っていないが、クマーラジーヴァ（三四四―四一三年）が弘始七年（四〇五年）に漢訳したものが残っている（大正蔵、二五巻、一―七五六ページ所収）。

現代ではベルギーのラモット博士による綿密なフランス訳が刊行された（Lamotte, E: *Le Traité de la Grande Vertu de Sagesse de Nāgārjuna*, 4 vols. Louvain : Bureau du Muséon, 1944, 1949, 1970, 1976.）。

中国、朝鮮、日本、ヴェトナムなど東アジア諸国の仏教に非常に影響を及ぼしたこの書は仏教の百科全書ともいうべきもので、ありとあらゆることが論議されている。本巻には、抽象的論議を述べている諸書をかなり紹介したので、以下においては『大智度論』第一三巻のうちで現実生活と関係の深い五戒に関する論議の主要部分を抄訳紹介することにしよう（大正蔵、二五巻、一五四ページ下以下）。

そのほか『大智度論』には興味深い挿話も数多く説かれている。それらはまた全然ことなった興趣をそえるものである。これについては三枝充悳『大智度論の物語』(一)(二)(レグルス文庫、第三文明社、一九七三年、一九七七年)を参照。

このように『大智度論』は多彩である。

## § いかなるものを名づけて悪となすのであるか

### 〈1　殺生の罪〉

もしもある生あるもの(衆生《しゅじょう》)に対して、これは衆生であるということを知って、殺そうという心をおこし、その命を奪うならば、身体による行為によって起こる、目に見えない派生的な物質(無表色《むひょうじき》(1))を生ずる。これを〈殺生《せっしょう》の罪〉と名づける。それ以外に、衆生を繋《つな》いだり、監禁したり、鞭で打つなどは、殺すのを助けるしかたである。また次に、他人を殺せば、殺人の罪となる。自ら〔他人の〕身を殺すのではなくても、心の中で相手は衆生であるということを知って〔何らかのしかたで殺すのは〕殺人の罪である。夜中に人を見て、「〔それは人ではなくて〕杭《くい》や樹木である」と思いなして〔誤って〕人を殺してしまったのとは異なる。故意に衆生を殺すと、殺生《せっしょう》の罪となる。故意ではなくて〔誤って殺したときには〕殺生の罪とはならない。痛快だなと思って楽しんで衆生を殺したならば、殺生の罪を得る。〔精神異常で〕狂っていたり白痴であったのではなくて、〔正常の精神状態で〕生きものの命を断ずるのは、殺生の罪となる。瘡《かさ》のような〔腫れ物〕によるのではなくて、身体の行為によって〔他人を殺したのは〕殺生の罪となる。ただ口で命令したり、あるいは口で命令したばかりではなくて〔自分もなにかの事をして〕殺してしまったのは、殺生の罪となる。ただ心に悪いことを思ったばかりではなくて、〔身体でも何かのことをした〕このようなことがらなどを、殺生の罪の特質となす。この罪をなさないことを名づけて〔不殺生の〕戒めとするのである。もしも人がこの戒めを受けて、〔殺すまいと誓う〕心を生じ、口に「われは今日からのちには殺生をしない」と言って、〔殺すために〕身を動かすこともなく、口にも〔殺すようなことを〕言わず、そうしてひとりで心の中で「みずから、われは、今日からのちにはもはや殺生を致しません」と誓ったならば、これを〈不殺生戒〉と名づける。

ある人が言った――「この不殺生戒は、ある場合には善であり、ある場合には善でも悪でもないもの（無記）である」と。

問うていわく――アビダルマ（教義学）の中に説くところによると、「一切の戒・律儀は、みな善である」と。しかるにいまここで無記であると説くのはなぜであるか。

答えていわく、カーティヤーヤニープトラ（迦多衍尼子《かたえんにし》）のアビダルマ（すなわち『発智《ほっち》論《ろん》』〕のうちには「〔不殺生ということは〕すべて善である」と説いている。ところが他のアビダルマのうちには「不殺生戒は、あるいは善であり、あるいは無記である」と説いている。なぜかというと、もしも不殺生戒をたもつことがつねに善であるならば、この戒をたもっている人は、さとりを得た人と同様に、つねに悪い生存領域（悪道）に堕ちることはないはずである。〔ところが悪い生存領域に堕ちる人も実際にはいるのであるから、〕あるときには〔不殺生戒をたもつことは〕無記であるにちがいない。無記であって、〔善でもなく、悪でもないから、〕報いを受けることがないので、その人は必ずしも天上や人間どものうちに生まれないのである……。

問うていわく――人はすぐれた強い力で他人にうち勝ち、また国は敵を殺すこともあるし、あるいは田畑に猟をして皮革や肉を得るということは、人を救うこと多大である。いま〔汝のすすめる〕不殺生は、どのような利益があるのか。

答えていわく――〔不殺生の戒をたもっている人は〕畏れるところがなく、安楽であって、怖れがない。われがかれを害することがないから、かれもまたわれを害することがない。このゆえに、〔その人は〕恐怖がない。また殺すことを好む人はたとえ帝王の位をきわめても、自分では安心できない。ところが不殺生の戒をたもっている人は、単独でへめぐり歩いても、畏れはばかるところがない。

また次に、殺すのを好む人は、命あるものがかれを見ることを喜ばない。〔これに反して〕

もしも殺すのを好まないならば、生きとし生けるものどもがすべて楽しんでなついてくる……。

このゆえに仏は説きたもうた――十の悪い行ない（十不善業道《じゅうふぜんごうどう》）のうちで、殺すことが最初に挙げられている。五戒のうちでも、やはり最初に挙げられている。人が種々にもろもろの福徳を修しても、もしもその人が不殺生戒をたもっていないならば、益するところはなにもない。何となれば、富貴のところに生まれて、勢力が強大であっても、〔殺生のために〕寿命がなくなったならば、誰がこの楽しみを受けるであろうか。それゆえにあらゆる罪のうちで殺す罪が最も重く、もろもろの功徳のうちでは、殺さぬことが第一であると知られる。世間を見わたしても、命を惜しむということが第一である。何によってそのことが知られるのか。一切の世人が、甘んじて刑罰や、身体を傷つける刑罰や拷問、収奪を受けるのも、ひとえに自分の生命をまもるためなのである。

〈2　盗みの罪〉

与えられない物を取るというのは、他人の物だと知りながら、盗みの心を生じて、物をもとあったところから離して、その物をわれに属させること――これを〈盗み〉と名づける。もしもそのようなことをしないならば、これを〈不盗〉と名づける。そのほかの手段、計算、ないし手をもっていまだその物の存在するところからその物を離さないならば、それを

〈盗みを助けることがら〉と名づける。財物に二種類ある。他人に属するものと、他人に属しないものとがある。他人に属するものを取るのは、〈盗みの罪〉となる。他人に属する物にもまた二種類がある。第一は、集落のうちにあるもの、第二は空地にあるものとである。この二種の物を盗心をもって取れば、〈盗みの罪〉となる。もしも物が空地に置かれているならば、「この物はどの国に近いか」ということをよく調べて検討すべきである。もしもこの物がだれかに所属するということを知ったならば、取ってはならぬ。戒律の書の中に種々の〈不盗〉を説いている。これが〈不盗〉の特質である。

問うていわく――〈不盗〉にはどのような利があるのか。

答えていわく――生命には二種類ある。第一は内的な生命であり、第二は外的な生命である[2]。もしも〔他人の〕財物を奪うならば、これは外的な生命を奪うのである。何となれば、〔人間の〕命は、飲食物、衣類などによって生きつづけていくことができるからである。「劫《こう》」（かすめとる）であろうとも、「奪」（うばうこと）であろうとも、これは〔人間の〕外的な生命を奪うことであると名づける。昔の詩句に説かれているとおりである――

「一切の人々は、衣食によって自ら生きている。それを奪い、あるいはかすめ取るならば、それは命をかすめ取り奪うことであると名づける」

それゆえに、智慧のある人はかすめ取ったり奪ったりしてはならない。

### 〈3　邪婬の罪〉

〈邪婬〉とは、父母、兄弟、姉妹、夫、子ども、世間の法、国王の法に護られている女人を、もしも犯す者があれば、これを〈邪婬〉と名づける。もしもこれらのものに護られていなくても、法によって護られている女人がいる。〈法によって護られている女人〉というのは、どういう人であるのか。一切の出家した女人と、在家の女人で一日だけ斎戒を受けている人々を、〈法によって護られている女人〉と名づける。あるいは暴力によって、あるいは財によって、あるいはだまして誘惑し、あるいは妻が自ら受戒しているときに、あるいは乳児を哺育しているときに、あるいは身体のうちで性的歓楽をなす部分ならざるところで婬すること、ないし花輪で飾られている遊女[3]と遊んで目的を達するとか、こういうふうにして〔女人を〕犯す者を名づけて〈邪婬〉となす。そうして、このような種々のことをしないことを〈不邪婬〉と名づける。

問うていわく——人に護られている女人を犯して人を瞋《いか》らせ、法に護られている女人を犯して法を破るのは、当然〈邪婬〉と名づけるべきであろう。しかし人が自分の妻に婬するのが、どうして邪婬となるのか。

答えていわく——すでに一日のあいだ戒を受けて、仏法のうちにある女人は、たとえ自分の妻でも、いまは自由勝手にしてはならない。受戒のときを過ぎたならば、もはや〈法によって護られている女人〉ではない〔だから、そのときには妻と交わってもさしつかえない〕。

妊娠中の婦人は、身重なのであるから、もと行なっていたことでも今は厭うようになるし、また妊娠中の胎児の健康をそこなうことになる。また嬰児に乳を与えているときにその母を婬するならば、乳が出なくなってしまう。また母が婬欲に執著するから、もはや児を護らなくなる。身体のうちで性的歓楽をなす部分ならざるところというのは、女根でないところである。女が心に楽しもうとねがわないのに、強いて無理なことをするのであるから、これらを〈邪婬〉と名づける。こういうことをしないことを名づけて〈不邪婬〉という。

問うていわく――〔その婦人の〕夫が知らず、見ず、また悩むことがなければ、〔他人の妻を犯したとしても〕何の罪があろうか。

答えていわく――そのような行為は邪であるから、〈邪婬〉と名づけるのであり、これは不正であるとなす。このゆえに、罪になるのである。

## 〈4　いつわりの罪〉

〈妄語〉（うそをつくこと）とは、汚れた心をもって、他人をたぶらかそうと欲して、真実を覆い隠して、実際とは異なったことばを発し、口による業を生ずる。これを〈妄語〉と名づける。妄語の罪は、ことばに従って互いに理解することから生じる。もしもお互いに諒解するということがなければ、真実を伝える語ではなかったとしても、うそをついたという罪にはならない。〈虚偽のことば〉というのは、知っていることを「自分は知らない」と言い、知っていないことを「自分は知っている」と言い、見たことを「自分は見なかった」と言い、見ていないことを「自分は見た」と言い、聞いたことを「自分は聞かなかった」と言い、聞いていないことを「自分は聞いた」と言うのを、虚偽のことば（妄語）と名づける。もしもそういうことをしなければ、「嘘をつかぬ」（不妄語）と名づける。

問うていわく――「うそをつくこと」にどのような罪があるのか。

答えていわく――虚偽のことばを述べる人は、みずからわが身をたぶらかし、そうして後に他人をたぶらかす。事実をいつわりとなし、いつわりを事実となし、真実と虚偽とが顚倒して、善いことがらを受けない。たとえば水瓶をひっくり返すと、もはやこぼれた水を中に入れることができないようなものである。うそをつく人は、心に慚愧《ざんき》がなく、天におもむく道、ニルヴァーナに至る門を閉じてふさいでしまう。この罪のあることをみて知っているから、だから虚偽のことばをのべてはならないのである。また次に真実のことばを観察するならば、その利ははなはだ広大である。真実のことばを語る利益は、おのずから自分から出て、はなはだ得やすいものである。これは一切の出家の人の力によってできることである。このような功徳があるので、在家の人も出家の人も、ともにこの利がある。それは善人の特徴である。また次に、真実を語る人は、その心が正しくまっすぐで、苦しみをまぬがれることが得やすい。たとえば、密林の中から木をひき出す場合に、まっすぐな木材はひき出しやすいようなものである。

問うていわく――もしも〈うそをつくこと〉にこのような罪があるならば、人はなにゆえにうそを語るのであろうか。

答えていわく――ある人は愚かで迷っていて智慧も少ないために、苦しい災難にあえば、うそをついて苦しみから脱しようともがいて、事がばれるのを知らない。そうしてこの世で罪を得て、また来世に大きな罪の報いのあることを知らない。またある人はうそをつくのは罪であるということを知ってはいるけれども、けちであったり、貪ったり、怒ったり、迷いが多いために、うそをつくのである。またある人は貪ったり怒ったりはしないけれども、しかし他人に罪のあることを偽って立証して、心の中で実にそのとおりであると思う。そういう人は死んでから地獄に堕ちる。

〈5　飲酒の罪〉

〈酒を飲んではならぬ〉ということについていうと、酒に三種類ある。一つには穀物からつくった酒、二つには果実からつくった酒、三つには薬草からつくった酒である。果実酒というのは、ブドウ、アーリシタ樹の果実など種々の果実からつくった酒である。薬草酒というのは、種々の薬草を、米や麴や甘蔗の汁のなかにまぜて合すると、変化して酒となるのである。〔これらは〕蹄のある動物の乳からつくった酒と同じである。一切の乳を熱して熟させると、中は酒となることができる。まとめていうと、乾いているもの、あるいは湿っているもの、あるいは清らかな〔純粋の酒〕、あるいは濁っている酒である。これらのものは、人をして心が動揺し、なまけて放逸ならしめる。それを名づけて〈酒〉となすのである。これらをすべて飲んではならぬ、というのが〈不《ふ》飲酒《おんじゅ》〉と名づけられることなのである。

問うていわく――酒を飲むと、身体が冷えるのをとどめ、身を益し、心を歓喜させる。どうして飲んではいけないのだ。

答えていわく――〔酒を飲んでも〕身を益することははなはだ少なくて、損ずることのほうがはるかに多い。このゆえに、飲んではならない。たとえばおいしい汁の中に毒がまじっているようなものである。

**註**

（1）「有《う》作《さ》色《しき》」。行為にもとづいて起こる、目に見えない派生的な物質（無表色）をいう。upādāyarūpa, avijñapti-karman に相当する。

（2）財産は人間の外的な生命であるということはジャイナ教でも説く。

（3）mālāguṇaparikṣiptā. 婚約者である女性が花輪を与えられ飾られるのであるが、遊女も同様なすがたをして現われたのである。

## 4 『十住毘婆沙論』

本書は『華厳経』のうちでも最も古く、また中核となっている「十地品《じゅうじぼん》」（または独立の経典としては『十地経』）にナーガールジュナが註釈を書きしるしたものである。「十住《じゅうじゅう》」とはこの場合「十地」に同じで、大乗の求道者の進むべき十種の階梯をいい、「毘婆沙《びばしゃ》」とはサンスクリットのvibhāṣā の音写であって、「註解」というほどの意味である。サンスクリットの原本もチベット訳もなく、ただ後秦のクマーラジーヴァが紀元五世紀の始めころに漢訳したものが伝えられているだけである（大正蔵、二六巻、四〇ー四五ページ）。

本書の著者がはたして『中論』の著者であるナーガールジュナ、あるいは『大智度論』の著者であるナーガールジュナと同一人であるかどうか疑問とされていて、現在では別人であるという説が有力であるが、いまここでは触れないことにしよう。

この書をとくに取り上げて研究した書として、武邑尚邦『十住毘婆沙論研究』（京都、百華苑、昭和五十四年七月）がある。

この書のうちで第九章「易行品《いぎょうほん》」は古来重要視されているが、そこには浄土思想が述べられている。以下においてはこの第九章のうちで阿弥陀仏の信仰をたたえている部分だけを現代語に訳出することにした。

§

仏法には無量の門がある。世間の道にも、行きがたい〔困難な〕道もあるが、また行きやすい道もある。陸の道を歩いて行くのは苦しいが、水路で船に乗って行くのは楽しいようなものである。菩薩〔求道者〕の〔実践する〕道もまたそのようなものである。あるいは勤め実行して精励努力する人々もいる。あるいは信仰というてだて〔方法〕にたよってやさしい修行をして、すみやかに不退転の境地に達する人々もいる。詩句には、次のように説いている――

「東方の善徳仏、南の栴檀徳仏、
西の無量明仏、北方の相徳仏、
東南の無憂徳〔仏〕、西南の宝施仏、
西方の華徳仏、東北の三乗行〔仏〕、
下方の明徳仏、上方の広衆徳〔仏〕、
これらのもろもろの世尊が、いま十方に現にまします。もしも人がすみやかに不退転の境地に至ろうと欲するならば、恭しく尊敬する心をもって、心のうちにこれらの仏のことを思いつづけて、〔これらの仏の〕名をとなえるべきである」と。

もしも菩薩が、この身のままで不退転の境地に至ることができて、無上の完全なさとりを完成しようと欲するならば、これら十方の諸仏を念ずべきである。これらの諸仏の名をとなえることは、『宝月童子所問経』のうちの〈不退転〉を述べる章のうちに説いたとおりである。

〔以下には以上の十の諸仏の名とその国土についての詳しい説明がつづく。そのあとで、付随的に阿弥陀仏に関する説明が述べられている〕

問うていわく――ところでこの十人の仏の名を聞いて心にじっと思いつづけていたならば、無上の完全なさとりに向かう境地から退くことはないようになることができるであろう。しかしそのほかの仏や、そのほかの菩薩の名を〔心に念じて〕不退転の境地に至ることができるであろうか。

答えていわく――阿弥陀仏などの諸仏およびもろもろの大菩薩の名をとなえて一心に念ずるならば、やはり不退転の境地を得ることができる。そのわけは次に説くとおりである。阿弥陀仏などの諸仏をも恭しく尊敬して礼拝し、その名をとなえるべきである。いまこれから無量寿仏のことを詳しく説くであろう。

世自在王仏、師子意仏、法意仏、梵相仏、世相仏、世妙仏、慈悲仏、世王仏、人王仏、月徳仏、宝徳仏、相徳仏、大相仏、珠蓋仏、師子鬘仏、破無明仏、智華仏、多摩羅跋栴檀香仏、持大功徳仏、雨七宝仏、超勇仏、離瞋恨仏、大荘厳仏、無相仏、宝蔵仏、徳頂仏、多伽羅香仏、栴檀香仏、蓮華香仏、荘厳道路仏、龍蓋仏、雨華仏、散華仏、華光明仏、日音声仏、蔽日月仏、瑠璃蔵仏、梵音仏、浄明仏、金蔵仏、須弥頂仏、山王仏、音声自在仏、浄眼仏、月明仏、如須弥山仏、日月仏、得衆仏、華王仏、梵音説仏、世主仏、師子行仏、妙法意師子吼仏、珠宝蓋珊瑚色仏、破癡愛闇仏、水月仏、衆華仏、開智慧仏、持雑宝仏、菩提華超出仏、真瑠璃明仏、蔽日明仏、持大功徳仏、得正慧仏、勇健仏、離諂曲仏、除悪根栽仏、大香仏、道歎仏、水光仏、海雲慧遊仏、徳頂華仏、華荘厳仏、日音声仏、月勝仏、瑠璃仏、梵声仏、光明仏、金蔵仏、山頂仏、山王仏、音王仏、龍勝仏、無染仏、浄面仏、月面仏、如須弥仏、栴檀香仏、威勢仏、燃灯仏、難勝仏、宝徳仏、喜音仏、光明仏、龍勝仏、離垢明仏、師子仏、王王仏、力勝仏、華園仏、無畏明仏、香頂仏、普賢仏、普華仏、宝相仏、

――これらの諸仏、世尊は、現に十方の清浄なる世界にましまして、みなこのように〔阿弥陀仏の〕名をとなえ、阿弥陀仏の本願を憶念している。もしも人がわれ〔阿弥陀仏〕を念じ、その名をとなえて、みずから帰依するならば、そのまま〈必ずいつかは解脱に達し得る境地〉に入り、〔やがては〕無上の完全なさとりを得る。それゆえに人はつねに阿弥陀仏を憶念すべきである。つぎは詩句をもって〔阿弥陀仏を〕ほめたたえよう。

「〔この仏は〕無量なる光明と智慧とを有し、その身は真の黄金の山のようである。わたくしはいま身と口と意《こころ》とをもって合掌し、頭を垂れて礼拝したてまつる。

その金色の妙《たえ》なる光明は、あまねくもろもろの世界に流れて、衆生にしたがってそのすがたを示現する。(1) それゆえに、わたくしは頭を垂れて、礼拝したてまつる。

もしも人が臨終のときに、かの〔仏の〕国に生まれることができたならば、すぐさま無量の徳をそなえることになる。それゆえに、われは、帰依して礼拝したてまつる。

もしも人がこの仏の無量の力や功徳を念ずるならば、すぐさま、〈必ずいつかは解脱に達しうる境地〉に入る。それゆえに、わたくしはつねに〔この仏を〕念じている。

かの国（極楽浄土）にいる人が、そこで命が終わってから、〔六道のうちに再びもどって来て〕もろもろの苦しみを受けるようなことがあろうとも、その人は悪い地獄に堕ちることがない。それゆえに〔わたくしはこの仏に〕帰依し礼拝したてまつる。

もしも人がかの国（極楽浄土）に生まれたならば、終《つい》に三つの領域（地獄・餓鬼・畜生）および阿修羅の領域に堕ちることがない。わたくしはいま帰依して礼拝したてまつる。

〔その国では〕神々および人々の身体のすがたが同じであり、ちょうど黄金より成る山の頂きのようであり、
もろもろのすぐれた人々がよりどころとしている。それゆえにわたくしは頭や顔を〔この仏の足につけて〕礼拝したてまつる。

もしも人がかの国に生まれることがあれば、天眼通《てんげんつう》（天界と地獄を見通す超自然的な通力）、天耳通《てんにつう》（自在に一切の言語・音声を聞くことのできる通力）をそなえていて、十方にあまねく行きわたり、とどこおりがない。わたくしはもろもろの聖者のうちで最も尊い方に、頭を垂れて礼拝したてまつる。

その国のもろもろの生あるもの〔衆生〕は、神変《じんぺん》（神通力）、および他心通（他人の心をよみとること）や、さらに宿命智《しゅくみょうち》（前世のありさまを知りうる智慧）をそなえている。それゆえにわたくしは帰依して礼拝したてまつる。

またかの国土に生まれた者は〈われ〉という観念をもたず（無我になり）、また〈わがもの〉という執著をもっていない。

〈あれ〉とか〈これ〉とかいう隔ての心を生じない。それゆえに、わたくしは頭を垂れて礼拝したてまつる。

〔その国に生まれた人は〕三界《さんがい》（欲界・色界《しきかい》・無色界）という牢獄をのり超えて脱出して、その目は蓮華の葉のごとくである。

そこにいて仏のことばのとおりに修行する人々（声聞衆《しょうもんじゅ》）は数限りなく多い。このゆえに、わたくしは頭を垂れて礼拝したてまつる。

かの国の人々は、みなその性質が柔和であり、〔とくに努力しないでも〕自然《じねん》に十善を行なう。もろもろの聖者のうちの王〔阿弥陀仏〕に頭を垂れて〔礼拝したてまつる〕。

〔かの国の人々は〕、自分の〔つくった〕業に従って浄らかな明知を生ずる。そういう人々が数限りなくいる。〔この仏は〕人間のうちでの第一の人である。それゆえにわたくしは〔この仏に〕帰依したてまつる。

もしも人が仏になろうと願って、心のうちに阿弥陀仏を念ずるならば、〔この仏は〕時に応じてその人に身を示現するであろう。それゆえにわたくしは、かの仏の本願力に帰依したてまつる。

十方のもろもろの菩薩もやってきて〔この仏を〕供養し、その説法を聴く。それゆえにわたくしは頭を垂れて〔礼拝し〕たてまつる。

十方のもろもろの菩薩も、〔極楽国土に〕来て、供養し、教えを聴いている。それゆえに、わたくしは、頭を垂れて〔礼拝し〕たてまつる。

かの〔浄〕土のもろもろの菩薩は、もろもろの相好《そうごう》をそなえ、それらの相好でみずから身を美しく飾っている。わたくしは今〔この仏に〕帰依し礼拝したてまつる。

かのもろもろの大菩薩たちは、日々に（朝、昼、夕の）三時に、十方の仏を供養したてまつる。それゆえに、わたくしは〔この仏に〕頭を垂れて礼拝したてまつる。もしも人が〔善いことをして〕善根をうえても、疑ったならば、〔極楽世界のうちでその人の生まれたところには、蓮華の〕花が開かない。〔しかし〕信心の清浄なる者は、その生まれたところで蓮華の花が開いて、仏を見たてまつることができる。

十方に現在まします諸仏は、種々の因縁（てだて）によって、かの仏の功徳をたたえたまう。わたくしは今、頭を垂れて〔この仏を〕礼拝したてまつる。

その極楽国土はつぶさに美しく飾られていて、かの天上の神々の宮殿とは異なり、すぐれている。その功徳ははなはだ深く厚い。それゆえに、〔わたくしは、この〕仏の御《み》足を礼拝したてまつる。

この仏の御足のうらにある千輻輪《せんぷくりん》は、柔軟であり、蓮華の色をしている。それを見る者はみな歓喜する。わたくしは頭をこの仏の御足につけて、礼拝したてまつる。

〔この仏の〕眉間の白毫《びゃくごう》の光は、清浄な〔かげりの無い〕月のごとくである。顔の色はますますかがやきを増している。わたくしは頭をこの仏の御足につけて、礼拝したてまつる。

もと過去世において〔この仏が修行者として〕仏道をもとめていたとき、もろもろのすぐれた、みごとなことがらを行じた。これはもろもろの経典に説かれているとおりである。わたくしは、頭を垂れて、〔この仏を〕礼拝したてまつる。

かの仏がことばで説くところでは、人々のもろもろの根深い罪をほろぼして除き、美しいことばで人々を益するところが多い。わたくしは、頭を垂れて、〔この仏を〕礼拝したてまつる。

このみごとなことばを説いて、人々が快楽に執著するという病から救いたまう。すでに人々を救い、今でもなお救っておられる。このゆえに、わたくしは、頭を垂れて、〔この仏を〕礼拝したてまつる。

〔この仏は〕人々と神々とのうちで最も尊いかたであり、もろもろの神々は頭を〔この仏の御足につけて〕礼拝したてまつる。

〔御足に頭をつけて礼拝するので〕七宝よりつくられた冠がこの仏の御足を撫でることになる。それゆえに、わたくしは、〔この仏に〕帰依したてまつる。

一切の聖者のかたがた、およびもろもろの神々と人々の群れが、ことごとく皆ともに〔この仏に〕帰依したてまつる。それゆえに、わたくしもまた礼拝したてまつる。

かの八正道の船に乗って、わたりがたい海をわたってゆく。自らわたり、また人々をわたす。わたくしは、この自在なる人〔阿弥陀仏〕を礼拝したてまつる。

諸仏が無量の劫《こう》にわたって、この仏の功徳をほめたたえても、なお尽すことができない。この清浄な人〔阿弥陀仏〕に帰依したてまつる。

わたくしもまた今このように〔この仏の〕無量の徳をほめたたえている。

この功徳をつむ因縁のゆえに、願わくは、仏はつねにわたくしのことを念《おも》うてください。

わたくしは過去の世において、大なり小なりの福徳を積んだが、
願わくは、今この仏のところ（浄土）で、心がつねに清浄となることができますように。
この福徳を積む因縁によって得たところの最上のすぐれた徳を、
願わくはもろもろの衆生の類もまた皆なことごとく得ることができますように」

〔この次には過去七仏、および未来の弥勒仏を念ずべきことを説き、さらにそのほか過去・現在・未来の多数の諸仏および諸菩薩を念ずべきことを説いている〕

**註**

（1）宋本、元本、明本の三本および宮内庁本にしたがって「示㆓其色㆒」とよむ。

## 5 『親友への手紙』

この『親友への手紙』は、ナーガールジュナが南インドのサータヴァーハナ王朝の国王にあてた手紙であり、ある学者はこの王朝のガウタミープトラ王（二世紀）にあてたものであると考えている。

サンスクリットの原文は存在せず、チベット訳本があり、漢訳では次の三本が存する。

（1）グナヴァルマン（求那《ぐな》跋摩《ばつま》）訳『龍樹菩薩為禅陀迦王説法要偈』

（2）サンガヴァルマン（僧伽《そうぎゃ》跋摩《ばつま》）訳『龍樹観発《かんぽつ》諸王要偈』

（3）義浄訳『龍樹菩薩勧誡王頌』

チベット訳本は一二三の詩句より成る。すでに一九七四年、瓜生津隆真氏の訳（『龍樹論集』「大乗仏典」14、三一七―三五三ページ、中央公論社）があるが、そののち原典と英訳とがチベット人の学僧たちによって刊行された（*Nāgārjuna's Letter to King Gautamīputra*, With Explanatory Notes Based on Tibetan Commentaries and A Preface by His Holiness Sakya Trizin. Translated into English from the Tibetan by Venerable Lozang Jamspal, Venerable Ngawang Samten Chophel, and Peter Della Santina Delhi etc : Motilal Banarsidass, 1978）。

その内容は、大体仏教の古来の倫理思想であり、その上にいくらか大乗仏教の所説が加えられている。「阿弥陀仏」に言及していることは注目すべきである。『親友への手紙』と題せられているように、「親友」（suhṛd）という語は「友人」（mitra）という語よりも、もう少し親しい、愛情のこもった関係を示している。ナーガールジュナはサータヴァーハナ王朝と特別に親しい関係にあったのであろう。

その精神的雰囲気は大体において、西暦二－三世紀においてアンドラプラデーシュ州の仏教の諸霊場に見られるものとほぼ一致する。すなわちアマラーヴァティー、ナーガールジュナ・コーンダ、ジャッガヤペータ、などである。これらの霊場は荒されてしまったが、美術上の名品は博物館に保存されている。アマラーヴァティーの傑作名品は、大英博物館へ二回運ばれたが、一回は船が沈没して、あたら海底の藻屑となってしまった。無事に運ばれたものだけが、現在ロンドンの大英博物館に展観されているのである（これは、プーナの碩学、故D・D・コーサンビ博士から親しく聞いた話である。西洋人の学者は自分たちのやった悪いことや失敗は、とかく隠す傾向があるので、ここに記しておく）。現地アマラーヴァティーにも博物館はあるが、たいしたものは残っていない。名品はマドラスの博物館に展観され、特別にアマラーヴァティー室がつくられている。デリー博物館にも若干保存されている。これらの写真を見て精神的状況を想像しながら、ナーガールジュナの著作、とくに『親友への手紙』をよんでいただきたい。
いまこれらの詩句を精細に検討することは紙数の関係で余裕がないので、どのようなことが説かれているか、その内容の一端を示すことにした。

§

インドのことばで Suhrid lekha（Suhṛllekha, 親友への手紙）
チベットのことばで bśes paḥi spriṅs yig
マンジュシュリー（文殊師利）なる童子に礼拝したてまつる。

一　有徳の性あり、幸ある〔王〕よ。
幸せな方（ブッダ）の御教《み》えから生じたものであって、功徳を積む[1]ために、わたくしがわずかばかりまとめた、これらのアーリヤー韻律〔の語句〕を、あなたはお聞きになるがよろしい。

二　賢者は、たとえ木から作られたものであっても、幸せな方（ブッダ）の身像を敬います。そのように、わたくしのこの詩句がいかに拙劣なものであっても、正しい理法の説示に依存しているのですから、軽んじなさいますな。

**三**　あなたが偉大な聖者（マハームニ＝ブッダ）のことばを聞いて心に理解しておられるとしても、

石灰からつくられた〔白く塗られた邸が〕夜中に月光に照らされて、さらにますます白くならないということがどうしてありえましょうか。

**四**　勝利者（ジナ＝ブッダ）は（1）仏と、（2）法と、（3）つどい（サンガ）と、（4）与えることと、（5）戒め（シーラ）と、（6）神々、との六種を念じて思うことをお説きになりました。それら〔六つ〕のそれぞれの幾多の功徳を念じて心におもいつづけてください。

**五**　身体とことばと心に関してつねに十種の善い行ないの道[2]を守り、酒類を断ち、かくもみごとな生活をお喜びなさいませ。

**六**　富は、移ろうもの、実《じつ》のない虚《むな》しいものであると知って、定められたとおりに、修行僧（ビク）、バラモン、貧しい人々、親しい人々に施与することをしてください。来世に〔よい果報を得るために功徳を積むこと〕に関しては、他の人々に与えるよりも以外のすぐれた友人はほかにございません。

**一一八**　あなたにこのように勧めたことは、

修行僧（ビク）でさえも実行することが困難です。

これらのうちのいずれでも実行しうる性《たち》のものの美徳を修養することによって、生涯を意義あるものとなさいませ。

一一九　あらゆる生きとし生けるもの〔一切衆生〕の善をすべて喜んで、あなた自身のなす三種の善き行ないすべてを、仏たる境地を得るように廻行《えこう》して、それから善（功徳）の集まりをもって、あなたは、

一二〇　無量の（数多くの）生涯に、神々と人間との世界のすべてのヨーガを実修して、聖たる幾多の観世音の行ないをもって、〔世の〕多くの悩んでいる人々を助けて、

一二一　生まれかわっては、病、老い、貪欲、怒りなどを除去して、仏国土における尊き師、無量光〔仏〕（阿弥陀仏）と等しくなって、寿命が無量である世界の守護者とおなりください。

一二二　智慧、戒め、施与から起こった、汚れのない偉大な名声を、天、虚空と地とにおひろげになって、地上における人々と天上における神々とが、いともみめうるわしき天女と歓楽を楽しむのをきっぱりと静めさせ（やめさせ）て、

一二三　煩悩に苦しんでいる生きとし生けるものどもの、恐れ、生と死とを静めて、勝利者

どもの王〔たる境地〕を得て、
世界を超え（出世間）て、名のみによっても安らかで、恐れがなく、衰えることがなく、
そこなわれることのない（不壊《ふえ》の）境地を体得してくださいませ。
偉大なる師、聖なるナーガールジュナから、立派なサータヴァーハナ(3)〔王〕にあてた「親友への手紙」おわる。

**註**

（1）王に向かってナーガールジュナは「汝」「あなた」（khyod=tvam）という語を用いている。対等かむしろ見下しているのであり、威厳をたもっていたことが知られる。

（2）漢訳では「十善業道」という。十種の善い行ない。十悪の反対である。殺生《せっしょう》・偸盗《ちゅうとう》（ぬすみ）・邪婬・妄語（うそを言うこと）・両舌・悪口《あっく》・綺語《きご》（まことに背いておもしろくつくったことば）・貪欲《とんよく》・瞋恚《しんに》（怒りうらむこと）・邪見（まちがった見解）という以上の十悪を行なわないこと。

（3）bde spyod sāta は快楽の意味であるから bde, vāhana を spyod と訳したのであろう。

# Ⅳ　ナーガールジュナ以後

# 1　ナーガールジュナの思想の流れ

**中観派の流れ**

ナーガールジュナは『般若経』に説かれている空の思想にもとづいて、以上のような思想を体系化した。その派は空観《くうがん》、中観《ちゅうがん》などとよばれ、したがってナーガールジュナは中観派の祖であるといわれる。この学派の基本は、前述のように、『中論』である。また第Ⅰ部冒頭で述べたように、ナーガールジュナは八宗《はっしゅう》の祖とも称せられる。それはかれが後世大乗仏教の多数の流れに対して、多かれ少なかれ影響を残しているからである。かれの後世への影響を細部にわたって組織的にここに述べることは不可能である。以下、まず中観派の流れについて簡単に概説しよう。

ナーガールジュナの弟子としてはアーリヤデーヴァ（提婆《だいば》、一七〇—二七〇年ころ）が挙げられる。かれは『中論』にもとづく中観派の思想を、サーンキヤ学派などの諸学派に対する批判を通じて述べたものである『百論』を著した。現在ではこの漢訳のみが存する。また『四百論《しひゃくろん》』はアーリヤデーヴァの主著で、一六章から成っている。内容は主として他学派に対する批判を基本とするもので、唯識派の思想とも関連を持つ。漢訳、チベット訳があり、

**中観派の流れ**

ナーガールジュナ（龍樹）（150～250年頃）
｜
アーリヤデーヴァ（提婆）（170～270年頃）
｜
ラーフラバドラ（羅睺羅）（200～300年頃）

| スヴァータントリカ派 | プラーサンギカ派 |
| --- | --- |
| バーヴァヴィヴェーカ（清弁）（490～570年頃） | ブッダパーリタ（仏護）（470～540年頃） |
| シャーンタラクシタ（寂護）（725～784／788年頃） | チャンドラキールティ（月称）（600～650年頃） |
| カマラシーラ（蓮華戒）（740～795／797年頃） | シャーンティデーヴァ（寂天）（650～700年頃） |
| ヴィムクティセーナ（解脱軍）（9世紀） | プラジニャーカラマティ（950～1030年頃） |
| ハリバドラ（獅子賢）（9世紀） | アティーシャ（982～1054年） |

サンスクリットの断片も発見された。このほかに『百字論』にはじまるいくつかの論書がアーリヤデーヴァの著作とされるが、それについては問題が残る。

またアーリヤデーヴァの後継者としてラーフラバドラ（羅睺羅《らごら》、二〇〇—三〇〇年ころ）がある（なお、一部にはラーフラバドラをナーガールジュナの師であるとする説もある）。かれについての伝記は不明であるが、般若波羅蜜や『法華経』をほめたたえた詩編がかれの著作であったといわれている。しかし実際には、アーリヤデーヴァののちにはこの系統は一時沈滞したとみられる。

ふたたび中観派が活発となるのは五世紀のころになってからであった。すなわち、このころにブッダパーリタ（仏護《ぶつご》、四七〇—五四〇年ころ）という人が現われた。かれは『中論』に対して註釈を著した。これはチベット訳にのみ存するものである。かれの立場およびその系統の人びとはプラーサンギカ派と称せられる。この派の祖がブッダパーリタであると考えられ、その立場はかれの著した註釈の中に表明されている。その基本は、どのような主張であれ、それはかならず誤謬（プラサンガ）に帰着するとし、徹底的な誤謬の指摘を通じて、存在の空であることを相手にさとらせようとすることである。したがって、この派では、この派自体の主張は持たない。そしてこの傾向は、すでにナーガールジュナのうちに存したと考えられる（プラサンガの論法については、詳しくは一二九ページ以下参照）。

こうしたブッダパーリタの立場はまたバーヴァヴィヴェーカ（またはバヴィヤ、清弁《しょうべん》、四九〇―五七〇年ころ）によって批判された。バーヴァヴィヴェーカの考えるところでは、空なることは日常経験的な領域においては独立の推論（スヴァタントラ）、独立の論証式によって表明できるとした（しかし真の意味の空は論証を超えたものだと理解していた）。こうしたかれの立場、およびかれの系統に属する人びとをスヴァータントリカ派と称する。

バーヴァヴィヴェーカの著作としては『中論』の註釈である『般若灯論釈』があり、また『中観心論頌《ちゅうがんしんろんじゅ》』とこれに対する自身による註『中観心論註思択焔《しちゃくえん》』、さらに『大乗掌珍論《だいじょうしょうちんろん》』がある。『般若灯論釈』については漢訳とチベット訳があり、『中観心論頌』にはサンスクリット原典の存在が知られるとともにチベット訳が存する。また、『中観心論註思択焔』はチベット訳が存し、『大乗掌珍論』は漢訳が存する。なおその他いくつかの文献がバーヴァヴイヴェーカの作とされるが問題が多い。

プラーサンギカ派にはチャンドラキールティ（月称《げっしょう》、六〇〇—六五〇年ころ）が現われた。かれは『中論』に対して註釈『プラサンナパダー』を著して、ブッダパーリタの立場に立ってバーヴァヴィヴェーカを批判した。この註は、『中論』に対する註のうちで唯一の現存するサンスクリット註である。また、かれは『中観への入門』を著したが、これはチベット訳のみ存在する。さらにいくつかのものがチャンドラキールティの著としてチベット訳に残っている。

その後、時代を経て現われたシャーンティデーヴァ（寂天《じゃくてん》、六五〇—七〇〇年ころ）も、この派に含められることがある。かれは有名な『さとりの行ないへの入門』を著した。この書は、大乗仏教の求道者にとって奉仕の精神がいかに重要かを詠じた、一種の抒情詩である。このほか、経典の多くを引用し、これに語らせる形で六波羅蜜《ろくはらみつ》（布施・持戒・忍辱《にんにく》・精進《しょうじん》・禅定《ぜんじょう》・智慧）の重要性を説いた『学道の集成』、そしてこれと深い関係のある『諸経文の集成』がその著作である。なお、『さとりの行ないへの入門』には、十世紀から十一世紀にかけて現われたプラジニャーカラマティが註釈（パンジカー）を著した。またチベット仏教を復興したアティーシャ（九八二—一〇五四年）もこの派に属すると考える場合もある。

なおプラーサンギカ派はとくにチベット仏教において重要視されている。

一方、バーヴァヴィヴェーカの系統であるスヴァータントリカ派には、シャーンタラクシタ（寂護《じゃくご》、七二五―七八四／七八八年ころ）やその弟子であるカマラシーラ（蓮華《れんげ》戒《かい》、七四〇―七九五／七九七年ころ）（両者はチベットにインド仏教を導入した）を加えることもある。前者には『真理綱要』や『中観荘厳論《ちゅうがんしょうごんろん》』があり、後者には、シャーンタラクシタの著作への註釈にならんで、仏教修行の綱要書である『修習次第《しゅうじゅうしだい》』がある。さらに、ヨーガーチャーラ派の祖マイトレーヤ（弥勒《みろく》、二七〇―三五〇年ころ）の著作である『現観荘厳論《げんかんしょうごんろん》』を『般若経』（『大品般若《だいぼんはんにゃ》』）によって註解したヴィムクティセーナ（解脱軍、九世紀）、これよりも少し遅く、同じく『現観荘厳論』を『八千頌般若《はっせんじゅはんにゃ》』によって註解したハリバドラ（獅子賢、九世紀）その他をさらにこの派に含めることもある。

### 中国・日本で

ナーガールジュナの思想の流れは中国にも伝えられた。それは、クマーラジーヴァ（鳩摩《くま》羅什《らじゅう》）の翻訳によるナーガールジュナの著作『中論』『十二門論』およびアーリヤデーヴァの『百論』にもとづく宗派として成立した。それは三論宗《さんろんしゅう》とよばれる。この派の大成者は嘉《か》祥《じょう》大師吉蔵《だいしきちぞう》（五四九―六二三年）である。かれは安息（パルチア）出身の人であったが、『華厳経』と『法華経』の思想をふまえつつ、中国思想の地盤の上にユニークな思想を展開した。しかし唐の中葉ころまでにはその力は衰えた。

日本にはナーガールジュナの伝統は、やはり三論宗として伝来した。それは高句麗《こうくり》出身で、吉蔵の弟子でもあった慧灌《えかん》が六二五（推古三三）年に来日して伝えたものである。かれは元興寺《がんごうじ》において三論をひろめた。その弟子には福亮《ふくりょう》や智蔵などがいたが、平安時代の末には密教と融合しておとろえてしまった。

なお、中国において成立した、以上の三論の上に『大智度論』を加えて教理の基本とした四論宗《しろんしゅう》——これはのちに三論宗に融合してしまった——も同様の流れに属するものである。また『中論』や『大智度論』などをもととして、空・仮・中の三諦円融、一心三観にはじまる教理を持つ天台宗——智顗《ちぎ》によって大成された——もナーガールジュナの思想にもとづくといえよう。

またナーガールジュナの著した『十住毘婆沙論』の浄土教関係の部分は、後世の浄土教の重要なささえとなり、またさらに密教も『華厳経』などの影響を受けてはいるが、ナーガールジュナの思想の延長の上に位置づけることもできよう。

このように、ナーガールジュナが後世に与えた影響はきわめて大きいものがあった。

## 2 比較思想からみたナーガールジュナ

### 中世の神秘思想

大乗仏教の〈空〉の思想を理論づけたナーガールジュナおよびその後の中観派の思想は、〈世界思想史〉を「古代思想」「普遍思想」「中世思想」「近代思想」の四段階ととらえたときに、〈中世〉に位置づけられる（わたくしのいう〈世界思想史〉については、「中村元選集［決定版］」別巻一『古代思想』三ページ以下を参照。またこの四段階の区分法については、同書四〇ページ以下を参照）。

ここで〈中世〉というのは、ほぼ普遍的宗教の興起したのち、近代的思惟の始まるまでの時期をいう。政治史的社会史的視点からみるならば、古代末期の「世界国家」または「普遍的国家」の消失から「近代国家」の出現に至るまでの中間の時期であるということができよう。西洋でいえば、ほぼキリスト教が興起し、ローマの古代帝国が崩壊し、教権の支配が確立し、のちに宗教改革が起こるまでの時期をいう。東洋諸国でも、年代的に多少のずれはあってもこういう意味での〈中世〉を限ることはできるであろう。

中世においては新たに形成された社会的基盤の上に宗教の権威が確立した。まず聖典が定められ、それが権威をもって後の時代に伝えられた。それが註解され説明されて、神学・教義学が成立し、中世の主流となった。まず早くは、西洋ではアウグスチヌス（三五四—四三〇年）、南アジアではブッダゴーサ（四一五—四五〇年ころ）、北方仏教（大乗）ではヴァスバンドゥ（三二〇—四〇〇年ころ）がほぼ同時代である。この時代以後学派が成立した。インドではバラモン教の系統ではいわゆる六派哲学、仏教のほうでも諸哲学学派において根本の原典がつくられ、それらが後の学者によって解釈敷衍《ふえん》された。中国では後漢以後こういう傾向が現われて、鄭玄《じょうげん》（一二七—二〇〇年）は儒学の典籍を註解し、王弼《おうひつ》（二二六—二四九年）は老子をそれぞれ独自の立場で註解した。

ところでこれに対立するものとして、西洋では否定神学とよばれるものが成立した。その顕著な現われはキリスト教神秘主義の源流であるディオニシウス・アレオパギタに帰せられる『ディオニシウス偽書』である。この書の著者は、神についての積極的言説から成る肯定神学が第一の道であるのに対して、それは、第二の道である高次の否定神学によって補われねばならず、それによって超本質的な光のうちに神秘的に沈潜し神と合する恍惚境にはいる第三の道が開けると主張した。この思想は中世の神秘家に深い影響を及ぼした。アジアにおいて、ちょうどそれに対応するものとして、われわれは空の理論を説いた大乗仏教の神秘家たちに眼を向けねばならない。

## 〈空〉――実体の否定

大乗仏教、ことにナーガールジュナは、もろもろの事象が相互依存において成立しているという理論によって〈空〉の観念を理論的に基礎づけた。

この実体を否定する〈空〉の思想に対して西洋では全面的な実体否定論はなかなか現われなかった。少なくとも一般化しなかった。アリストテレースの〈実体〉の観念が長年月にわたって支配していたのであるから、それは当然のことであろう。この点でラッセルの〈実体〉批判は注目すべきである。かれは西洋で長年月にわたって優勢であったアリストテレースの〈実体〉の観念を手きびしく批判していう、

「『実体』という概念は、真面目に考えれば、さまざまな難点から自由ではあり得ない概念である。実体とは、諸性質の主語となるもので、そのすべての性質から区別される何物かである、と考えられている。しかし諸性質をとり去ってみて、実体そのものを想像しようと試みると、われわれはそこに何も残っていないことを見出すのである。この問題を別な方法で表現すれば、ある実体を他の実体から区別するものは何であるか、ということになる。それは、性質の相異ではないという。なぜなら実体の論理によれば、諸性質の相異ということは、当の諸実体の間に数的多岐性を前提していることになるからだ。したがって二つの実体は、それ自身どのようにも区別し得ることなしに、ただ単に二つでなければならないという。それではどのようにしてわれわれは、それらのものが二つであることを見出し得るので

あろうか？

実際には『実体』とは、さまざまな出来事を束にして集める便宜的方法に過ぎない。……それは、その諸生起がひっかかっているはずの単なる空想上の吊りかぎに過ぎない。地球がよりかかるための象を必要としないように、それらの諸生起も実際には吊りかぎを必要としてはいない。地理的な地域という類似の事例にあっては、（例えば）『フランス』というような語が単なる言語的便宜であり、その地域のさまざまな部分を超越して『フランス』と呼ばれるような事物は存在しない、ということは誰にだって理解できるのである。同じことが、『スミス氏』にも当てはまる。それは、多数の出来事に対する一つの集合的な名称なのである。もしわれわれが、それ以上のものだと解釈すれば、それはまったく知り得ない何物かを指示することになり、したがってわれわれの知っていることの表現には、その何物かは必要でなくなるのである。一言にしていえば、『実体』という概念は形而上学的な誤謬であり、主語と述語とから成る文章の構造を、世界の構造にまで移行させたことにその原因があるのだ」（『西洋哲学史』市井三郎訳、上巻、二〇五ページ）

かれは〈実体〉という観念は成立しえないというのである。この議論はナーガールジュナやアーリヤデーヴァの実体批判にちょうど対応するものである。

ヘレニズム時代の西洋に〈空〉（空性）に対応する観念を見出そうとするならば、諸法実相（事物の真相）の異名である実際《じっさい》（bhūtakoṭi）が plērōma（full, perfect nature）に相当し、kēnōma や Philo の vacuum がこれに相当するであろうといわれている。さらに〈空〉に対応するものを西洋中世に求めるならば、「神の沙漠」、ロイスブルーク（一二九三—一三八一年ころ）の「怠惰な空虚」、エックハルト（一二六〇—一三二七年）の言った「何人《なんぴと》も落ち着くことのできない静かな曠野」「赤裸なる祈り」「神に至らんとする赤裸なる志」——それは完全な自己帰投によって可能となるのであるが、——またロイスブルークやタウラー（一三〇〇—一三六一年ころ）の説くはかりなき深淵などであろう。この「深淵」は、自己否定と自己滅却に専心せる人々によって心から歓迎された。これは仏教の「無我」の教えに相当するものである。

## 絶対の否定

インドで『リグ・ヴェーダ』以来、ことにウパニシャッドにおいて絶対者は否定的にのみ把捉されうると説いていた。これはとくに般若経典が繰り返し説くところであるが、とくにナーガールジュナはこの点を『中論』で明言していう。

「心の境地が滅したときには、言語の対象もなくなる。真理は不生不滅であり、実にニルヴァーナのごとくである」（第一八章・第七詩）

古代西洋の哲学者たちは実体を何らかの意味で承認していたけれども、究極の実体は概念作用をもって把捉することができないという見解は、非常に古く、おそらくナーガールジュナからあまり遠く隔らない時代に現われている。

新プラトーン派およびグノーシス派の思想形態、殊にプロクロスやダマスキオスのような後代の新プラトーン主義者たち、またそれらがキリスト教的な形態をとったものとしてオリゲネースやディオニシウス・アレオパギタなどの諸著作がそれである。とくに後者の『神秘神学』は『般若心経』のキリスト教版であるとさえいわれている。

ウィリアム・ジェームズの指摘した事実であるが、ディオニシウス・アレオパギタは、絶対の真理を否定的なことばでのみ叙述した。何となれば万有の原因は霊魂でもなく、知性でもなく、また説いたり考えたりすることのできないものなのである。絶対者は、数もなく、順序もなく、大いさもない。その中には、微小性、平等、不平等、相似、不相似は存在しない（――まさに般若経典の文句である――）。それはいかなる叙述をも超えている。ディオニシウスはこれらの限定をすべて否定する。それは、真理がそれらを欠いているからではなくて、それらすべてを超えているからである。真理はそれらの上にあらねばならぬ。絶対者を認識する否定的方法が、ニコラウス・クザーヌス、ジォルダノ・ブルーノーなどによって唱導されたことも、これに関連して考慮されねばならない。

究極の原理としての〈空〉に対応する思想を、古代中国にも見出すことができる。老子はいう。

「道はつねに何事もしない。

だが、それによってなされないことはない」（『老子』第三七章）

そこで〈空〉の観念と老荘思想の「虚無」との関係が問題となるが、仏教が中国に移入されたころの指導者は、「空」と「虚無」とを同一視して考えていた。ただし中国で仏教が盛んになると、仏教を老荘思想に近づけて説く必要がなくなったので、仏教徒たちのあいだでは「虚無」という語はおのずから使われなくなった。

**否定の論理**

中観派の哲学者たちは現象世界における変化を否定して、真理は言語では表現できないものであるという理論を述べた。ナーガールジュナは『中論』の冒頭「帰敬序《ききょうじょ》」において次のようにいう。

「〔宇宙においては〕何ものも消滅することなく、何ものもあらたに生ずることなく、何ものも終末あることなく、何ものも常恒であることなく、何ものもそれ自身と同一であることなく、何ものもそれ自身において分たれた別のものであることはなく、何ものも〔われらに向かって〕来ることもなく、〔われらから〕去ることもない、という縁起のことわりを、仏は説きたもうた」

ここにいう〈縁起〉とは、すでに述べたように相依していることという意味であり、〈空〉と同義である（一七九ページ以下、二三四ページ以下参照）。かれは変化そのものを否定した。本性上はいかなる変化も起こらないのであり、したがって人が悲しむべき理由もなければ喜ぶべき理由も存在しないというのである。

しかし道教の徒は必ずしもそれと同じ教説を述べなかった。王弼は〈道〉を「無」なりとして言及しているが、しかしその場合にこの「無」が何を意味するかということについて、明らかに説明することをしなかった。しかし他の註解によると「何もないこと」の意に解せられている。換言すれば、今日われわれが数学上のゼロとして述べるものにほぼ等しいのである。ゆえに道は無であるから、第一原因または有の世界における事物の最初の起動者と見なすことはできない。反対に、事物をこのようにあらしめる内在的な自然傾向のゆえに、事物があらわれるありかたにほかならぬということになるのである。

張載《ちょうさい》（一〇二〇—一〇七七年）は「無」として解釈されていた「空」という仏教の教理に反対した。かれは客観的な宇宙の実在を証明するために、気（vital force）という形而上学的概念を中心的なものとして採用した。かれの議論は、かれが苦心して蒐集し反省した経験的事実から、導き出されたものである。しかしながらそれは必ずしも、張載が、感官による知覚が知識の根源であり外界の存在は心の意識していることに還元されるという意味での認識論的経験論者であったということではない。張載は方法論に関しては懐疑論者であった。かれは言った、「もしも人が、他人にとっては疑わしくはないと思われるものを疑うことができるならば、かれは進歩しつつあるのである」と。いかなる命題も、それがそのとおりであると証明されるまでは、その信憑性を疑うことにしていたのである。
ナーガールジュナの運動否定の論理は、しばしばゼーノーンの運動否定論に対比されるが、この点についてはすでに一五二ページ以下で述べたので、それを参照されたい。

**否定の否定——無立場の立場**

ナーガールジュナはさらに進んで主張する。——〈空〉という原理さえもまた否定されねばならない。すなわち否定そのものが否定されねばならないのである。否定の否定が要求されるのである。一般に大乗仏教では否定の否定を説く（「空《くう》亦《やく》復《ぶ》空《くう》」）。ナーガールジュナは『中論』でいう。

「もしも何か或る〈不空〉なるものが存在するならば、〈空〉という或るものが存在するであろう。しかるに〈不空〉なるものは何も存在しない。どうして〈空〉なるものが存在するであろうか」（第一三章・第七詩）

ところでもしも〈空〉というものが存在しないのであるならば、〈空〉はもはや〈空〉ではありえないことになる。この観念を継承して、中国の天台宗は、三重の真理（三諦）が融和するものであるという原理をその基本的教義として述べた。この原理によると、（1）一切の事物は有論的な実在性をもっていない、すなわち空である（空諦）。（2）それらは一時的な仮りの存在にほかならないたんなる現象である（仮諦）。（3）それらが非実在であってしかも一時的なものとして存在しているという事実は中道としての真理である（中諦）。存在するいかなる事物もこの三つの視点から観察されねばならない、と説く。

否定の否定（二重の否定）という思想は、西洋ではマイステル・エックハルトによっても表明された（P・ドイセン『一般哲学史』第一巻第二編、一三六ページ参照）。さらにまた〈空〉の哲学は定まった教義なるものをもっていない（一二九ページ以下参照）。

## 実践の基礎づけ

このような否定の論理をもてあそんだ人々は、実践に関しては一切の執著やこだわりを離れることを生活目標としていたらしい。

ところで空論者は虚無論者、ニヒリストではないか、ということがすでに古代インドにおいても問題とされていた。

これに対して大乗仏教徒は答えていう、――〈空〉の教義は虚無論を説くのではない。そうではなくて「空」はあらゆるものを成立せしめる原理であると考えられた。それは究極の境地であるとともに実践を基礎づけるものであると考えられた。それはもろもろの倫理的価値を成立せしめる真の基底であるということを、大乗仏教は主張した。空の中には何ものも存在しない。しかも、あらゆるものがその中から出て来るのである。それは鏡のようなものである。鏡の中には何ものも存在しない。だからこそあらゆるものを映し出すことが可能なのである（そこで「大円鏡智」という表現が成立する）。

宗教的な直観智による認識は、鏡が対象を映すことにたとえられる。神聖さを映すための道具として鏡を譬喩に用いることは、中国、インド、仏教、ギリシアおよびキリスト教においてなされていることである。大乗仏教、とくに唯識説では、われわれの存在の究極原理であるアーラヤ識が転ぜられて得られる智を大円鏡智と呼んでいる。

〈空〉はすべてを抱擁する。それに対立するものがない。その〈空〉が排斥したり対立するものは何もないのである。実質についていえば、「空」の真の特質は、「何もないこと」であると同時に、存在の充実である。それはあらゆる現象を成立せしめる基底である。それは生きている空である。あらゆる形がその中から出て来る。空を体得する人は、生命と力にみたされ一切の生きとし生けるものに対する慈悲（maitrī, karuṇā）をいだくことになる。慈悲とは、〈空〉——あらゆるものを抱擁すること——の、実践面における同義語である。大乗仏教によると、あらゆるものが成立する根本的な基礎は〈空〉である。だから「空を知る」ということは〈一切智〉（全智）とよばれる。

空は水晶の玉に似ている。それは、それの反映するものによってのみわれわれの肉眼に見えるのである。それを花の前に置くと、その中に花が現われる。それを虚空の前に置くと、そこには何もないように見えるが、それは虚空の空虚なすがたを反映しているにほかならない。その本体は未知のままである。水晶が種々の像を反映するように多様な現象のすがたがおのずから〈空〉の中に現われてくるのである。われわれが空を体得すると、善き行ないがおのずから現われてくる。空の実践は闊達な境地に立って行なわれる。こだわるところがない。この点で鳥が虚空を自由に飛翔するという譬喩がしばしば用いられる。

大乗仏教では、このような実践を基礎づけるものとして、空観が提示された。実践は空観に基礎づけられたものでなければならない。『金剛経』では「まさに住するところなくして、しかもその心を生ずべし」という。菩薩は無量無数無辺の衆生を済度するが、しかし自分が衆生を済度するのだ、と思ったならば、それは真実の菩薩ではない。かれにとっては、救う者も空であり、救われる衆生も空であり、救われて到達する境地も空である。この思想は中国の道教にも承継されている。「汝は汝の能力で他人を救うことを自慢してはならない」（道士、第一四五則）

当時のヒンドゥー教（とくに『バガヴァッド・ギーター』）においては、行為の結果いかんをめざさず、ただ義務のためにのみ義務を実践すべしということを説き、積極的に行為の意義を強調する。「ヒンドゥー教の神秘説がバラモン教の神秘説から実に大きく区別される点は、――そしてキリスト教の神秘説からも区別されるのであるが、――静寂主義的な理想がヒンドゥー教の神秘説から遠く離れているということである」（シュヴァイツァー『インド思想家の世界観』）。普通、西洋思想は活動を強調し、東洋思想は観念的であると考えられているが、この時代に関するかぎり、むしろ逆であった。

『バガヴァッド・ギーター』では無執著の行為ということを強調する。これこれの行為をすれば、これこれの良い報いがある、というようなことを考えないで、執著を離れて行動せよというのである。これに類する思想は西洋ではパウロによって説かれている。すなわち、内面的に世界から自由であることを外面的に表示する必要はない、ということをパウロは次のように記している。

「妻のある者はないもののように、泣く者は泣かないもののように、喜ぶ者は喜ばないもののように、買う者は持たないもののように、世と交渉のある者はそれに深入りしないようにすべきである。なぜなら、この世の有様は過ぎ去るからである」(「コリント人への第一の手紙」七・二九—三〇)

キリスト教の否定神学についても、同様のことをいうことができる。ルドルフ・オットーはいう。「この〈否定神学〉とは、信仰や感情を消失して無に帰せしめることを意味しているのではない。むしろ反対に、そのうちには最も高貴な献身の精神を含んでいる。クリソストムが最も厳粛な告白と祈禱をなしとげたのは、そのような〈否定的〉な属性をとりあげたからである。かれはそれによって再び示したのであるが、感情や体験は概念的思索よりもはるかかなたに達し得るものであり、形式においては否定的な概念は、象徴(われわれがideogramとよんだもの)となって、たとい絶対に不可言説であったとしても、やはり最高度に積極的であるところの意味内容を示し得るのである。そうしてクリソストムの例は、

〈否定神学〉が、純粋に宗教的な根から、すなわちヌーメン的なものの経験から起こり得るし、また起こらねばならぬ、ということを同時に示してくれる」（『聖なるものの観念』）。ディオニシウス・アレオパギタの否定的な叙述、ベルナールの「不知」、ロイスブルークの「あらゆる愛人が自己を失うかすかな沈黙」、エックハルトやベーメの思想は、この線に沿って進んだものである。エックハルトは〈無〉の哲学による〈解脱〉をめざしていた。

ロイスブルークは「神を見る人」についていった——「かれの精神は未分であり、区別をもっていない。それ故に一体のほかには何ものをも感じないのである」と。この観念は大乗仏教における〈無分別智〉（区別することのない知識）に対応するものであろう。

人間の行動の基本的な徳としての〈慈悲—愛〉と絶対者の〈知識〉とが実質的には同じものであるという見解は必ずしも仏教だけに限られたものではなかった。〈智〉と〈慈悲〉とが実質的には同じものであるという大乗の見解は、トマス・アキナスの複雑な論証の中にも含意されている。かれによると、「神のみがその本質によって善なのである」（『神学大全』第一部）。「神はあらゆる存在する物を愛する」（同書）が、それと同時に、「神のうちには最も完全な知識が存在する」（同書）

この観念はその後、西洋人のあいだに定着した。若干の文人によっても当然のことと見なされていた。

このように東西のあいだに対応関係がみられるけれども、西洋においては否定神学や神秘主義は何といっても附随的なものであり傍流にすぎなかったが、東アジア・南アジアにおいては、少なくとも教義的には主流となっていた。空観のような思想は、西洋ではひろく根を下すことができなかったが、東洋では大乗仏教を通じて一般化した（浄土真宗の教学といえども、空の理論を基礎としている。少なくとも教義の上では表面的には基本思想とみなされていたのである）。ここに、東と西とでは重点の置き方が異なっていたといいうるであろう。

# インド仏教史

| 西暦 | 関連事項 |
|---|---|
| 前三〇〇〇〜二五〇〇 | インダス文明 |
| 一三〇〇頃 | アーリヤ人のインド侵入 |
| 一〇〇〇〜 | アーリヤ人、ガンジス河流域へ進出 |
| 五〇〇頃 | 都市の成立。六師外道の活躍。ゴータマ・ブッダ（前四六三〜前三八三）。マハヴィーラ（前四四四〜前三七二） |
| 三二七 | アレクサンドロス大王のインド侵入 |
| 三一七 | マウリヤ王朝始まる |
| 二五〇頃 | アショーカ王即位（前二六八〜前二三二）。仏教、全インドにひろがる。上座部と大衆部の分裂。原始仏教聖典の原型成立 |
| 二〇〇頃 | ヒンドゥー教興起 |
| 一五〇頃 | 説一切有部成立 |
| 一〇〇頃 | 小乗諸部派の分裂終わる。『バガヴァッド・ギーター』の原型成立。アジャンターの石窟始まる |
| 後一〇〇頃 | 大乗仏教興起。『大毘婆沙論』成立。マヌ法典成立。カニシカ王の統治（一三二〜一五二） |
| 二〇〇頃 | ナーガールジュナ（一五〇〜二五〇）。アーリヤデーヴァ（一七〇 |

| 一般事項 | |
|---|---|
| 前一五〇〇 | 中国、殷がおこる |
| 七七一 | 中国、春秋時代へ |
| 五五一 | 孔子生まれる |
| 四六九 | ソクラテス生まれる |
| 三七〇頃 | 荘子生まれる |
| 三〇〇頃 | 日本、弥生時代へ |
| 二七二 | ローマ、イタリアを統一 |
| 二二一 | 秦の始皇帝、中国を統一 |
| 四頃 | イエス生まれる |
| 後二三九 | 倭の邪馬台国、魏に遣使 |

| | | |
|---|---|---|
| | 〜二七〇)。ガンダーラ美術興隆へ | |
| 三〇〇頃 | ラーフラバドラ（二〇〇〜三〇〇）。チャンドラ・グプタ即位（グプタ王朝始まる）。アサンガ（三一〇〜三九〇）。ヴァスバンドゥ（三二〇〜四〇〇） | 三七五頃　ゲルマン民族、大移動開始 |
| 四〇〇頃 | 法顕、インド、スリランカを旅行（三九九〜四一三）。サンガバドラ（四〇〇頃）。クマーラジーヴァ、長安へ（四〇一）。ブッダゴーサ（四一五〜四五〇）。ディグナーガ（四〇〇〜四八〇） | 四七六　西ローマ帝国滅亡 |
| 五〇〇頃 | ブッダパーリタ（四七〇〜五四〇）。スティラマティ（四七〇〜五五〇）。バーヴァヴィヴェーカ（四九〇〜五七〇）。ダルマ広州につく（五二〇）。ダルマパーラ（五三〇〜五六一） | 五三八　百済、日本に仏教を伝える<br>五七〇頃　マホメット生まれる |
| 六〇〇頃 | 玄奘、インドへ（六二九〜六四五）。チャンドラキールティ（六五〇頃）。ダルマキールティ（六五〇頃）。シャーンティデーヴァ（六五〇〜七〇〇）。義浄、インド、南海を旅行（六七一〜六九五） | 五九三　聖徳太子、摂政に<br>六一八　唐興る |
| 七〇〇頃 | シャーンタラクシタ（七二五〜七八四／七八八）。カマラシーラ（七四〇〜七九五／七九七）。シャンカラ（七〇〇〜七五〇）。イスラーム、西北インドに侵入（八世紀） | 七一〇　平城京に遷都<br>七五二　東大寺大仏開眼 |
| 八〇〇頃 | ハリバドラ（九世紀） | |
| 一〇〇〇頃 | アティーシャ（九八二〜一〇五四） | 一〇九六　第一回十字軍 |
| 一二〇三 | イスラームによってヴィクラマシーラ寺院焼却、仏教衰滅に向かう | 一一九二　源頼朝、鎌倉幕府を開く |

# 文献案内

大乗仏教の主要な流れの一つである空の理論、すなわちナーガールジュナに発する中観派の研究は、とくに二十世紀に入って、日本および西洋において大いに盛んとなった。そのため、文献はきわめて多く、それを網羅してここに掲げることは不可能である。ここでは本巻に特にかかわりの深いナーガールジュナの著作のテクストを中心に掲げる。

なおナーガールジュナ著作の漢訳のほとんどは『国訳一切経・中観部』(大東出版社)の中に書き下し文で見ることができる。

## 一 著作

### (1) 『中論』およびその註釈

(a) 『ナーガールジュナの中論、チャンドラキールティによる註釈〈プラサンナパダー〉付き』ルイ・ドゥ・ラ・ヴァレ・プーサン編(De la Vallée Poussin, Louis: *Mūlamadhyamakakārikās de Nāgārjuna avec la Prasannapadā commentaire de Candrakīrti*, Bibliotheca Buddhica IV, St-Pētersbourg, 1903-1913)。『中論』の註釈のうち、サンスクリットによる現存の唯一のものとしても有名。

(b) 『無畏論』(北京版西蔵大蔵経、九五巻、一五一―四七ページ)。ナーガールジュナの自註といわれる。

(c)『青目釈』（大正大蔵経、三〇巻、一―三九ページ）

(d)『ブッダパーリタ註』（北京版西蔵大蔵経、九五巻、七三―一二九ページ）。『根本中論釈ブッダパーリタ』ワレーザー編（Walleser, M.: *Buddhapālitā Madhyamakavṛtti*, Bibliotheca Buddhica XVI, St-pêtersbourg）

(e)『般若灯論釈』（バーヴァヴィヴェーカ註、大正大蔵経、三〇巻、五〇―一三六ページ。北京版西蔵大蔵経、九五巻、一五三―二六二ページ）。『般若灯論、バーヴァヴィヴェーカによるマディヤマカ・スートラ註』ワレーザー編（Walleser, M.: *Prajñāpradīpa, A Commentary on the Madhyamakasūtra by Bhāvaviveka*, Bibliotheca Indica, Work 229, New Series, No. 1391, 1916）

(f)『大乗中観釈論』（大正大蔵経、三〇巻、一三六―一五八ページ）

(2)『十二門論』（大正大蔵経、三〇巻、一五九―一六七ページ）

(3)『空を論ずる七十詩句篇（空七十論）』（北京版西蔵大蔵経、九五巻、一三―一四ページ）

(4)『異論の排斥』ジャヤスワルおよびラーフラ・サーンクリティヤーヤナ編（Jayaswal, K. P. and Rāhula Sānkṛtyāyana: 'Vigrahavyāvartanī by Ācārya Nāgārjuna with the Author's Commentary', *Journal of Bihar and Orissa Research Society*, 23, pt. 3, 1937, App.）。『異論の排斥』ジョンストンおよびクンスト編（Johnston, E. H. and Kunst, A.: *The Vigrahavyāvartanī of Nāgārjuna with the Author's Commentary*, Mēlanges Chinois et Bouddhiques, Vo. 19, 1951）。『廻諍論』（大正大蔵経、三二巻、一三ページ以下）

(5) 『理論の六十詩句篇』（北京版西蔵大蔵経、九五巻、一一―一二ページ）。『六十頌如理論』（大正大蔵経、三〇巻、二五四ページ以下）

(6) 『摧破のスートラ』（北京版西蔵大蔵経、九五巻、四七―五二ページ）。Kajiyama, Y.: 'The Vaidalyaprakaraṇa of Nāgārjuna', *Miscellanea Indologica Kiotiensia*（『インド学試論集』）Nos. 6-7, 1965, pp.129-155.

(7) 『大智度論』（大正大蔵経、二五巻、五七ページ以下）

(8) 『十住毘婆沙論』（大正大蔵経、二六巻、二〇―二二ページ）

(9) 『大乗についての二十詩句篇（大乗二十頌論）』トゥッチ編（Tucci, G.: 'Mahāyāna Viṃśikā of Nāgārjuna', *Minor Buddhist Texts*, pt. I, Rome, 1956, pp. 193-207)。『大乗二十頌論』（大正大蔵経、三〇巻、二五六ページ）

(10) 『菩提資糧論』（大正大蔵経、三二巻、五一七ページ以下）

(11) 『親友への手紙』（北京版西蔵大蔵経、一〇三巻、二一三―二一六ページ。一二九巻、二三五―二三八ページ）

(12) 『宝石の連列（ラトナーヴァリー）』トゥッチ編（Tucci, G.: 'The Ratnāvalī of Nāgārjuna', *Journal of Royal Asiatic Society*, 1934, pp. 307-325; 1936, pp. 237-252, pp. 423-435)。『宝行王正論』（大正大蔵経、三二巻、四九三ページ以下）

(13) 『讃頌四篇（チャトゥフ・スタヴァ）』トゥッチ編（Tucci, G.: 'Two Hymns of the Catuḥ-stava of Nāgārjuna', *Journal of Royal Asiatic Society*, 1932, pp. 316-331; 689-705. なお、Tucci, G.: 'Catuḥ-stava-samāsārtha of

Amṛtākara', *Minor Buddhist Texts*, pt. I, Rome, 1956, pp. 233-246. 参照)

(14) 『生存の超越』（北京版西蔵大蔵経、九五巻、七〇―七三ページ。一〇三巻、二七五ページ）。『大乗破有論』（大正大蔵経、三〇巻、二五四ページ以下）

(15) 『壱輪盧迦論』（大正大蔵経、三〇巻、二五三ページ以下）

## 二　著作の日本語訳

(1) 『宇井伯寿著作選集』4、大東出版社、一九六八年。『中之頌』という題のもとに宇井伯寿博士により『中論』が和訳されている。

(2) 『仏典II』（世界古典文学全集7）、筑摩書房、一九六五年。平川彰博士による『中論』の部分訳。

(3) 『在家仏教』一九五四年八月号―一九五五年四月号。渡辺照宏博士による『中論』の部分訳。

(4) 『宇井伯寿著作選集』5、大東出版社、一九六八年。宇井伯寿博士による『十二門論』の訳を含む。

(5) 『龍樹論集』（大乗仏典14）、中央公論社、一九七四年。『六十頌如理論』『空七十論』『廻諍論』『ヴァイダルヤ論』『宝行王正論』『勧誡王頌』『大乗二十頌論』『因縁心論』の和訳が含まれている。

(6) 山口益『中観仏教論攷』弘文堂、一九四四年。『理論の六十頌篇』『摧破のスートラ』の和訳を含む。

(7) 山口益『梵本・西蔵本に依る国訳廻諍論』真宗大谷派安居事務所、一九四四年。『異論の排斥』の和訳。

## 三 『中論』に対する註釈の和訳

(1) 池田澄達訳『根本中論無畏論訳註』東洋文庫論叢第一六、一九三二年。
(2) 寺本婉雅訳『梵漢独対校西蔵文和訳・龍樹造・中論無畏疏』大東出版社、一九三七年。
右の二書は『無畏論』の和訳。
(3) 荻原雲来訳「プラサンナパダー(月称作明解中論釈)和訳」(『荻原雲来文集』一九三八年、五五六ページ以下)
(4) 山口益訳『月称造中論釈I・II』弘文堂、一九四七―一九四九年(初版)、一九六八年(再版)
上記二書はチャンドラキールティの『プラサンナパダー』の部分訳である。なお外国語による同書の部分訳としては、ロシアのスチエルバツキーの英訳(一・二五章)、ポーランドのシャイエルによる独訳(五・七・八・一四・一五・一六章)、オーストラリアのドゥ・ヨングの仏訳(一八・一九・二〇・二一・二二章)、スイスのメイによる仏訳がある。

なお、特に本巻に用いた吉蔵の著作は次のとおりである。
(1) 『三論玄義』(『大日本続蔵経』七三巻、三)
(2) 『中論疏』(『大日本続蔵経』七三巻、三―四)

また中観思想一般についての適切な書物としては、次のものがある。
(1) 梶山雄一・上山春平『空の論理〈中観〉』(仏教の思想3)、角川書店、一九六九年
(2) 山口益『空の世界』理想社、一九六七年

(3)　山口益『般若思想史』法蔵館、一九五一年

また実存主義の立場からナーガールジュナをとりあげたものとして、K・ヤスパース著、峰島旭雄訳『仏陀と龍樹』（ヤスパース選集5）、理想社、一九六〇年

なお中観思想をさらに深く研究するためには、次の書のあることをしるしておこう（五十音順）。

(1)　稲津紀三『龍樹空観の研究』（大東出版社、一九三四年）

(2)　江島恵教『中観思想の展開』（春秋社、一九八〇年）

(3)　小川一乗『空性思想の研究――入中論の解読』（文栄堂、一九七六年）

(4)　猿渡貞男『中道の倫理的価値』（啓林館、一九七五年）

(5)　田中順照『空観と唯識観――その原理と発展』（永田文昌堂、一九六八年）

(6)　長尾雅人『中観と唯識』（岩波書店、一九七八年）

(7)　安井広済『中観思想の研究』（法蔵館、一九六一年）

KODANSHA

本書は、小社刊「人類の知的遺産」シリーズ13の『ナーガールジュナ』（一九八〇年刊）を底本としました。

中村　元（なかむら　はじめ）

1912年，島根県松江市生まれ。東京大学印度哲学梵文学科卒業。1954年から73年まで，東京大学教授を務めた。専攻は，インド哲学・仏教学。文化勲章受章。1999年没。編著書に，『東洋人の思惟方法』『原始仏教』『佛教語大辞典』など多数があるほか，『中村元選集』32巻別巻8巻がある。

講談社学術文庫

定価はカバーに表示してあります。

龍《りゅう》　樹《じゅ》

中村《なかむら》　元《はじめ》

2002年6月10日　第1刷発行
2024年9月18日　第45刷発行

発行者　森田浩章
発行所　株式会社講談社
東京都文京区音羽2-12-21 〒112-8001
電話　編集（03）5395-3512
販売（03）5395-5817
業務（03）5395-3615

装　幀　蟹江征治
印　刷　株式会社ＫＰＳプロダクツ
製　本　株式会社国宝社



ISBN4-06-159548-2

# 「講談社学術文庫」の刊行に当たって

これは、学術をポケットに入れることをモットーとして生まれた文庫である。学術は少年の心を養い、成年の心を満たす。その学術がポケットにはいる形で、万人のものになることは、生涯教育をうたう現代の理想である。

こうした考え方は、学術を巨大な城のように見る世間の常識に反するかもしれない。また、一部の人たちからは、学術の権威をおとすものと非難されるかもしれない。しかし、それはいずれも学術の新しい在り方を解しないものといわざるをえない。

学術は、まず魔術への挑戦から始まった。やがて、いわゆる常識をつぎつぎに改めていった。学術の権威は、幾百年、幾千年にわたる、苦しい戦いの成果である。こうしてきずきあげられた城が、一見して近づきがたいものにうつるのは、そのためである。しかし、学術の権威を、その形の上だけで判断してはならない。その生成のあとをかえりみれば、その根は常に人々の生活の中にあった。学術が大きな力たりうるのはそのためであって、生活をはなれた学術は、どこにもない。

開かれた社会といわれる現代にとって、これはまったく自明である。生活と学術との間に、もし距離があるとすれば、何をおいてもこれを埋めねばならない。もしこの距離が形の上の迷信からきているとすれば、その迷信をうち破らねばならぬ。

学術文庫は、内外の迷信を打破し、学術のために新しい天地をひらく意図をもって生まれた。文庫という小さい形と、学術という壮大な城とが、完全に両立するためには、なおいくらかの時を必要とするであろう。しかし、学術をポケットにした社会が、人間の生活にとってより豊かな社会であることは、たしかである。そうした社会の実現のために、文庫の世界に新しいジャンルを加えることができれば幸いである。

一九七六年六月　　野間省一